Makt–trussel–mening-rammeverket:
En oversikt

Denne publikasjonen er utarbeidet av British Psychological Societys Division of Clinical Psychology som et samarbeidsprosjekt mellom medlemmer i et av våre medlemsnettverk. Den representerer forfatternes synspunkter og ekspertbidrag.

Sitering

I teksten: Johnstone, L. & Boyle, M. (2018)

I bibliografier og alle publikasjonslister: Johnstone, L. & Boyle, M. with Cromby, J., Dillon, J., Harper, D., Kinderman, P., Longden, E., Pilgrim, D. & Read, J. (2018). *The Power Threat Meaning Framework: Overview*. Leicester: British Psychological Society.

Oversatt av Ingvill Christina Goveia

British Library Cataloguing-in-Publication Data

A catalogue record for this book is available from the British Library.

ISBN 978-1-85433-821-1

Published by
The British Psychological Society
St Andrews House
48 Princess Road East Leicester LE1 7DR
www.bps.org.uk

Forespørsel om kopiering m.v. rettes til British Psychology Society: permissions@bps.org.uk

Innholdsfortegnelse

Forord til den norske utgaven 7

Takk 9

Introduksjon 11

Del 1. En beskrivelse av rammeverket, de viktigste prinsippene, formål og omfang 15

Del 2. Oversikt over teori og forskning 21

Del 3. Makt–trussel–mening-rammeverket 27

Del 4. Foreløpige hovedmønstre utledet fra det grunnleggende mønstret 36

Del 5. Personlige narrativer innenfor makt–trussel–mening-rammeverket 85

Konklusjon 100

Vedlegg 101

    Vedlegg 1 102

    Vedlegg 2 114

    Vedlegg 3 117

    Vedlegg 4 120

    Vedlegg 5 123

    Vedlegg 6 125

    Vedlegg 7 127

    Vedlegg 8 129

    Vedlegg 9 134

    Vedlegg 10 136

    Vedlegg 11 138

    Vedlegg 12 140

    Vedlegg 13 143

    Vedlegg 14 145

Referanser 149

Forord til den norske utgaven

Kjære leser

Med dette presenteres en norsk oversettelse av *The Power Threat Meaning Framework (PTMF)*, på norsk kalt *Makt–trussel–mening-rammeverket* (*MTM-rammeverket* eller *MTMR*), først utgitt i januar 2018 av The British Psychological Society, Division of Clinical Psychology.

Det gjøres mye godt psykisk helsearbeid, og det er et tverrpolitisk mål å utvikle tjenestene ytterligere gjennom medbestemmelse og økt oppmerksomhet på betydningen av relasjoner og nettverk. Nasjonalt senter for erfaringskompetanse innen psykisk helse arbeider for at erfaringsbasert kunnskap skal tas i bruk i tjenestene på psykisk helse- og rusfeltet. Vi opplever økende forståelse for den kunnskapen som kommer fra levde liv. De livserfaringer vi gjør oss, påvirker alle sider ved helsen vår.

MTMR er et konseptuelt alternativ til en diagnostisk modell for psykiske vanskeligheter. Utfordringer og væremåter som innenfor et diagnostisk rammeverk vil forstås som symptomer på sykdom, forstås i MTMR som menneskelige responser og uttrykk som gir grunnlag for å utforske og forstå emosjonell smerte, fortvilelse, uvanlige opplevelser og væremåter. Personers utfordringer og væremåter forstås i dette rammeverket altså ikke som patologi, men som et uttrykk for mestrings- og overlevelsesmekanismer som har en mening, og som må forstås på bakgrunn av den relasjonelle, sosiale og samfunnsmessige konteksten.

The Power Threat Meaning Framework-dokumentet foreligger i to versjoner: et hoveddokument på over 400 sider og et oversiktsdokument (dette dokumentet) på vel 150 sider, som beskriver prinsippene i MTMR. For en detaljert fremstilling av de filosofiske prinsippene og forskningen som understøtter MTMR, henvises til den engelske hovedpublikasjonen.

Noen engelske begreper lar seg ikke enkelt oversette. Med forfatternes tillatelse har vi i slike tilfeller føyd til forklarende fotnoter eller beholdt det engelske begrepet i parentes. Eksempler på dette: «Meaning» i konteksten «makt, trussel, mening» betyr ikke «oppfatning», men den *betydning* man tillegger en hendelse. «Distress» har ikke en enkel, entydig oversettelse. Her har vi valgt «emosjonell smerte» eller bare «smerte», «fortvilelse», noen ganger «nød», «krise» eller «ulykkelighet». «Agency» blir av enkelte forskere oversatt til «agentskap». Vi har valgt å bruke «aktørskap» eller «styring i eget liv».

Der betegnelser på psykiatriske diagnoser er brukt i teksten, har vi fulgt faglige konvensjoner som kan være litt ulike i Norge og i Storbritannia. Eksempelvis er «borderline personality disorder» oversatt til «emosjonelt ustabil personlighetsforstyrrelse», som er en mer vanlig brukt betegnelse i Norge. Der det henvises til spesifikke *ICD*-diagnoser, har vi selvsagt benyttet de gjeldende begrepene.

Dokumentet forener fag- og erfaringskunnskap ved at personer med egenerfaring, i dokumentet betegnet som «overlevere» (eng: survivors), har vært tungt representert i arbeidet. «Overlever» som betegnelse kan ha en dobbel betydning. Den kan enten henspille på en person som har gjennomlevd vanskeligheter og kommet over dem, eller den kan ha en mer kritisk betydning av «en som har overlevd på tross av behandlingen vedkommende har fått». Vi regner med at denne dobbeltheten er tilsiktet og har beholdt overlever-begrepet i oversettelsen.

Vi mener at rammeverket, til tross for nasjonale ulikheter av både organisatorisk, språklig og kulturell art, har relevans med sine allmennmenneskelige beskrivelser, også i en norsk kontekst.

Forfatterne står helt og holdent ansvarlig for innholdet. Nasjonalt senter for erfaringskompetanse innen psykisk helse har bidratt til å oversette teksten til norsk for å øke tilgjengeligheten for flere. Hovedmålgruppen for denne teksten er tjenesteutøvere, både nåtidige og fremtidige. Samtidig vil den være aktuell også for tjenestemottakere og andre interesserte lesere. Vi håper den norske oversettelsen vil bli tatt imot som et konstruktivt bidrag til gode diskusjoner og refleksjoner.

Takk til British Psychological Society som ga tillatelse til å oversette og tilpasse dokumentet til norske forhold, og til oversetter Ingvill Christina Goveia.

Stor takk også til ekstern ressursgruppe som velvillig og på dugnad har bidratt med innspill til arbeidet med den norske oversettelsen. Vegard Høgli har vært vår kontaktperson og gruppens koordinator. Høgli har jobbet i 40 år som samfunnsmedisiner: som assisterende fylkeslege, som medgründer i stiftelse for kvalitetsarbeid i helsetjenesten, i administrasjonen Helse Sør RHF og senere Helse Sør-Øst RHF og de siste ti år som kommuneoverlege i Skien. Han har også praksiserfaring som allmennlege og legevaktlege.

Høgli har hatt med seg Julia Hagen, ph.d., rådgiver ved RVTS Midt på St. Olavs hospital og forsker 2 i psykisk helsearbeid ved NTNU Samfunnsforskning; Tore Dag Bøe, professor ved Universitetet i Agder; Bård Bertelsen, ph.d., førsteamanuensis i psykologi ved Universitetet i Agder og psykologspesialist ved Familievernkontoret i Arendal; Sigrid Ramdal, psykolog ved Skolehelsetjenesten i Oslo kommune; og Marianne Therese Smogeli Holter, ph.d., postdoktor i psykologi ved Universitetet i Oslo.

Skien, februar 2023
Nasjonalt senter for erfaringskompetanse innen psykisk helse.

Tone Larsen Hoel, *seniorrådgiver*   **Hilde Hem**, *daglig leder*

erfaringskompetanse.no

Nasjonalt senter for erfaringskompetanse innen psykisk helse

Takk

Hovedforfattere

- **Dr. Lucy Johnstone,** klinisk psykologspesialist og selvstendig instruktør
- **Professor Mary Boyle,** professor emeritus i klinisk psykologi, University of East London

Bidragsytere – forfattere og prosjektgrupper

- **Dr. John Cromby,** dosent i psykologi, ULSB, University of Leicester
- **Dr. Jacqui Dillon,** overlever, aktivist og nasjonal leder for Hearing Voices Network i England
- **Dr. David Harper,** dosent i klinisk psykologi, University of East London
- **Dr. Eleanor Longden,** postdoktor, forskningsleder for forskning på brukeropplevelser, avdeling for forskning på psykoser, Greater Manchester Mental Health NHS Foundation Trusts
- **Professor Peter Kinderman,** professor i klinisk psykologi, University of Liverpool
- **Professor David Pilgrim,** æresprofessor i helse- og sosialpolitikk, University of Liverpool
- **Professor John Read,** professor i klinisk psykologi, University of East London

Forskningsassistanse og redaksjonell bistand

- **Dr Kate Allsopp,** forsker, University of Liverpool

Konsulentgruppe bestående av tjenestebrukere og pårørende

- **Lucy Goldsmith**
- **Nicky Hayward**
- **Sam Shakes**
- fem andre bidragsytere som ønsker å være anonyme

Kritisk lesegruppe

Med spesiell oppmerksomhet på mangfoldsspørsmål:

- **Jan Bostock,** klinisk psykologspesialist og faglig leder, Northumberland Tyne & Wear NHS Foundation Trust
- **Dr. Jonathan Gadsby,** forskningsstipendiat, Mental Health and Learning Disabilities Nursing, Birmingham City University
- **Dr. Sarah Kamens,** postdoktor i psykologi, Wesleyan University i USA
- **Guilaine Kinouani,** psykoterapeut & likestillingskonsulent
- **Gilli Watson,** klinisk psykologspesialist, Devon Partnership NHS Trust

Øvrige bidragsytere

- **Dr. Kate Allsopp,** forsker, University of Liverpool
- **Alison Branitsky,** Mount Holyoke College i USA
- **Dr. Maria Castro Romero,** førsteamanuensis i klinisk psykologi, University of East London, for hjelp med intervjuer og med kapittel 7 i hovedpublikasjonen
- **Dr. Samantha Cole,** klinisk psykologspesialist (helsepsykologi)
- **Dr. Selma Ebrahim,** klinisk psykologspesialist
- **Dr. Jo Ramsden,** klinisk psykologspesialist (rettspsykiatri)
- **Dr. Clive Weston,** klinisk psykologspesialist (psykisk utviklingshemming)
- **Phil Wilshire,** faglig leder for sosial omsorg og sosialt arbeid, Avon and Wiltshire Mental Health Partnership NHS Trust, for viktige innspill til kapittel 8 i hovedpublikasjonen

Vedlegg

Takk til

- **Ishtiaq Ahmed,** leder for samfunnsutvikling, Sharing Voices Bradford
- **Isabel Clarke,** klinisk psykologspesialist
- **Dr. Angela Kennedy,** klinisk psykologspesialist
- **Dr. Shelley McCann,** klinisk psykolog
- **Professor Nimisha Patel,** professor i klinisk psykologi
- **Dr. Sami Timimi,** avdelingsoverlege, spesialist i barne- og ungdomspsykiatri
- **Fiona Venner,** daglig leder, Leeds Survivor Led Crisis Service
- medlemmer av MAC-UK

Fagvurdering

Vi takker for kommentarer til den endelige publiserte versjonen fra representanter for ledelsen i DCP[1], DCPs «Beyond diagnosis»-komité og Psychosis and Complex Mental Health Faculty.

Vi vil også takke følgende personer for hjelp og støtte med prosjektet:

- **Dr. Steven Coles,** tidligere styreleder for «Beyond diagnosis»-gruppen
- **Richard Pemberton,** tidligere styreleder for DCP
- **Dr. Esther Cohen-Tovée,** styreleder for DCP
- **Helen Barnett,** avdelingsrådgiver, medlemstjenester (ved British Psychology Society, overs. anm.)
- **Dr. Stephen Weatherhead,** tidligere direktør for DCP Professional Standards Unit

---

1   British Psychological Society, Division of Clinical Psychology (overs. anm.)

Introduksjon

I 2013 publiserte Division of Clinical Psychology i British Psychological Society en posisjonserklæring med tittelen «Classification of behaviour and experience in relation to functional psychiatric diagnoses: Time for a paradigm shift». Den ble publisert i forbindelse med en utbredt erkjennelse av at nåværende klassifikasjonssystemer, som *DSM* og *ICD*, har grunnleggende svakheter. Anbefaling nummer tre i posisjonserklæringen er: «Å støtte arbeid i samarbeid med tjenesterbrukere for å utvikle en multifaktoriell og kontekstuell tilnærming som innlemmer sosiale, psykologiske og biologiske faktorer» (Division of Clinical Psychology, 2013, s. 9, vår oversettelse). Rammeverket som er beskrevet her, The Power Threat Meaning Framework – i denne norske utgaven kalt *makt–trussel–mening-rammeverket* (*MTM-rammeverket*) (overs. anm.) – er resultatet av et prosjekt som har arbeidet mot å oppfylle dette målet.

Prosjektgruppens mål var å utarbeide et grunnlagsdokument som viser det filosofiske, teoretiske og empiriske grunnlaget for et slikt rammeverk, og som beskriver hvordan det kan fungere som et konseptuelt alternativ til psykiatrisk klassifikasjon av emosjonell smerte og problematiske væremåter. Det finnes, og har alltid eksistert, alternativer til diagnose på en individuell én-til-én-basis, som problembeskrivelser og kasusformuleringer. Det vi så langt har manglet, er et støttende konseptuelt rammeverk som fungerer på et mer utvidet grupperings- og mønsteridentifiseringsnivå.

Makt–trussel–mening-rammeverket har potensial til å ta oss lenger enn medikalisering og diagnostiske antakelser. Det introduserer alternative måter å tenke på når det gjelder en rekke grunnleggende spørsmål, inkludert: Hva slags teoretiske rammeverk og antakelser er hensiktsmessige for å forstå emosjonell smerte, uvanlige opplevelser og problematiske væremåter? Hvilke forskningsmetoder kan benyttes, og hva regnes som kunnskapsgrunnlag? Hvordan kan forskningsresultatene tolkes? Hva er forbindelsen mellom personlig smerte og dens sosiale, materielle og kulturelle kontekst? Hvordan kan vi sette menneskers opplevelser og meningene som former dem, i sentrum? Hvilke nye konseptualiseringer oppstår fra alle disse spørsmålene, og hvordan kan alle implikasjonene overføres til praksis, både innenfor og utenfor tjenester, på alle nivåer fra individ- til sosialpolitisk nivå?

Det er viktig å anerkjenne at det finnes et spekter av pasient-, tjenestebruker-, overlever- og pårørendeperspektiver på psykiatriske diagnoser. Prosjektgruppen består av så vel psykiatrioverlevere som fagpersoner, og deres synspunkter og erfaringer er sentrale for argumentene (kapittel 7 i hovedpublikasjonen beskriver konsultasjonsprosessen med tjenestebrukere og pårørende). Uansett hva man måtte ha av personlige synspunkter, vil psykiatriske diagnoser – på kort og litt lengre sikt – fortsatt være påkrevet for å få tilgang til tjenester, velferdsgoder og så videre. På samme måte har vi alle rett til å beskrive opplevelsene våre på den måten som gir mest mening for oss. På lengre sikt er dette rammeverket ment å støtte utformingen av ikke-diagnostiske, ikke-dømmende, avmystifiserende historier om styrke og overlevelse, som fører mange former for væremåter og reaksjoner som per i dag blir diagnostisert som symptomer på psykiske lidelser, tilbake til spektret av universelle menneskelige opplevelser.

Prosjektdokumentene

Prosjektet har resultert i en rapport som foreligger i to utgaver: en lengre, mer detaljert versjon kalt «hovedpublikasjonen», og dette kortere dokumentet, kjent som «oversiktspublikasjonen».[2] Den engelske versjonen av begge publikasjoner er også tilgjengelig i papirformat.[3] Hver av disse to versjonene blir nå beskrevet nedenfor.

Hovedpublikasjonen

Hovedpublikasjonen har tittelen *The Power Threat Meaning Framework: Towards the identification of patterns in emotional distress, unusual experiences and troubled or troubling behaviour, as an alternative to functional psychiatric diagnosis*. Den supplerer oversiktspublikasjonen ved å:

- beskrive problemene med medikalisering og psykiatriske diagnoser, hvorfor disse problemene har oppstått, og hvorfor de ikke kan løses uten grunnleggende endringer i måten å tenke på.
- vise forbindelsen mellom hensiktene med diagnoser innenfor medisin og psykiatri og hensiktene med dette alternative rammeverket.
- gi en detaljert beskrivelse av de underliggende filosofiske prinsippene, teoriene og dokumentasjonen som støtter opp om makt–trussel–mening-rammeverket (MTM-rammeverket).
- formidle synspunktene til konsulentgruppen bestående av tjenestebrukere og pårørende, som ga tilbakemeldinger på MTM-rammeverket mens det var under utarbeidelse.
- drøfte de praktiske implikasjonene ved å anvende en ikke-diagnostisk tilnærming til innretning av tjenestene, herunder tjenesteplanlegging, behovsvurderinger og kvalitetskontroller, tjenesteutforming og utøvelse, terapeutisk praksis, forskning, rettspraksis, tilgang til velferdsgoder og andre ytelser, og overfor samfunnet som helhet når det gjelder sosialpolitikk, likhet og sosial rettferdighet.
- oppgi fulle kildereferanser for alt det ovenstående.
- oppgi relevante kildereferanser for *hovedmønstrene* og undermønstrene som er avledet fra MTM-rammeverket.

Lesere som ønsker en dypere forståelse av konteksten, prinsippene, forskningen og praksisen som MTM-rammeverket er basert på, vil kanskje lese hovedpublikasjonen i sin helhet. Alternativt – eller i tillegg – kan det være nyttig å lese spesifikke kapitler for flere detaljer om bestemte aspekter ved MTM-rammeverket.

---

2   Hovedpublikasjonen: Johnstone, L. & Boyle, M., Cromby, J., Dillon, J., Harper, D., Kinderman, P., Longden, E., Pilgrim, D. & Read, J. (2018). *The Power Threat Meaning Framework: Towards the identification of patterns in emotional distress, unusual experiences and troubled or troubling behaviour, as an alternative to functional psychiatric diagnosis*. Leicester: British Psychological Society. Tilgjengelig fra https://www.bps.org.uk/member-networks/division-clinical-psychology/power-threat-meaning-framework

3   Både hovedpublikasjonen og oversiktspublikasjonen (engelsk versjon) kan kjøpes i trykket utgave fra nettbokhandler som tilbyr print-on-demand, for eksempel Amazon.co.uk eller Book Depository.

Innholdet i hovedpublikasjonen er som følger:

- Sammendrag
- Introduksjon
- Kapittel 1: problemer med medikalisering og diagnose
- Kapittel 2: konseptuelle og filosofiske problemstillinger
- Kapittel 3: mening og narrativ
- Kapittel 4: den sosiale konteksten
- Kapittel 5: biologiens rolle
- Kapittel 6: makt–trussel–mening-rammeverket
- Kapittel 7: brukerkonsultasjoner
- Kapittel 8: veier videre
- Vedlegg 1: dokumentasjon som underbygger hovedmønstrene

Oversiktspublikasjonen

Den kortere oversiktspublikasjonen har tittelen *The Power Threat Meaning Framework: Overview*, her på norsk oversatt til *Makt–trussel–mening-rammeverket: en oversikt.*

Denne versjonen er en selvstendig publikasjon, men som nevnt over vil lesere kunne finne flere detaljer i hovedpublikasjonen. Denne oversiktsversjonen gir en kort oppsummering av prinsippene og forskningsgrunnlaget som MTM-rammeverket har sitt utgangspunkt i, men søkelyset er på selve MTM-rammeverket og *hovedmønstrene* som er avledet fra det. Den er dermed en noe forenklet versjon av kapittel 6 i det lengre dokumentet. I tillegg inkluderer den vedlegg som viser noen vellykkede ikke-diagnostiske tilnærminger som allerede har vært benyttet, både innenfor og utenfor tjenester.

Denne oversiktspublikasjonen er strukturert på følgende måte:

- **Del 1:** Oppsummering av MTM-rammeverket, de viktigste prinsippene, formål og omfang. Denne korte oppsummeringen orienterer leseren om de viktigste elementene i MTM-rammeverket.
- **Del 2:** Oppsummering av teori og forskning som understøtter MTM-rammeverket. Denne gjengir kort noen av konklusjonene fra litteraturen om hvilken rolle faktorer fra ulike fagfelter – inkludert biologiske, psykologiske, sosiale, politiske og kulturelle – spiller når det gjelder opprinnelsen til og opprettholdelsen av emosjonell smerte og problematiske væremåter.
- **Del 3:** Makt–trussel–mening-rammeverket. Denne delen viser hvordan teori og forskning kan brukes for å støtte en metatilnærming: makt–trussel–mening-rammeverket. Forbindelsen mellom de ulike elementene i MTM-rammeverket illustreres gjennom *det grunnleggende makt–trussel–mening-mønstret.*
- **Del 4:** *Foreløpige hovedmønstre* som følger av *det grunnleggende mønstret.*

Her beskrives noen *hovedmønstre* som oppstår ut fra *det grunnleggende makt–trussel–mening–mønstret.* Disse mønstrene kan brukes som grunnlag for og en kilde til utforming av nye personlige og sosiale narrativer i fellesskap, i tillegg til at de tilbyr alternativer til diagnoser innenfor tjenestetilbud, administrasjon, juss, tjenesteplanlegging, forskning og relaterte formål.

- **Del 5:** Personlige narrativer i makt–trussel–mening-rammeverket. Rollen til, formålet med og mulige former for personlige narrativer innenfor MTM-rammeverket blir beskrevet og drøftet – kombinert med alternativt ikke-medisinsk språk.

Både det lange og det korte dokumentet må betraktes som resultatene av det første stadiet av et større pågående prosjekt. Mye mer arbeid vil være nødvendig for å overføre dokumentenes prinsipper til handling. Et av de primære målene med dette arbeidet vil være å skape eller samskape materiell for ulike publikum, inkludert tjenestebrukere («overlevere»), pårørende, studenter og praktikanter, fagpersoner, forskere, bestillere, beslutningstakere og det generelle publikum.

Referanse

Division of Clinical Psychology (2013). *Classification of behaviour and experience in relation to functional psychiatric diagnosis: Time for a paradigm shift.* Leicester: British Psychological Society. https://explore.bps.org.uk/content/report-guideline/bpsrep.2013.inf212

Del 1. En beskrivelse av rammeverket, de viktigste prinsippene, formål og omfang

Makt–trussel–mening-rammeverket (MTM-rammeverket) er et metarammeverk. Det drar veksler på flere ulike modeller, praksiser og filosofiske tradisjoner, men er mer omfattende enn – og ikke avhengig av – noen spesiell teoretisk orientering. Snarere er siktemålet å påvirke og utvide eksisterende tilnærminger ved å gi et fundamentalt annerledes perspektiv på opprinnelsen til og erfaringer av emosjonell smerte og problematiske væremåter, og hvordan dette kommer til uttrykk.

MTM-rammeverket er basert på følgende sentrale prinsipper:

- Konstruktive alternativer til psykiatrisk klassifisering og diagnoser må rette søkelyset mot aspekter ved menneskelig fungering som er blitt marginalisert i teoretiske rammeverk avledet fra studiet av kroppslige prosesser eller objekter i den fysiske verdenen. Alternativer bør spesielt ta utgangspunkt i studiet av mennesker som kroppslige vesener som handler med mening og intensjon i sosiale og relasjonelle kontekster.
- «Unormale» væremåter og opplevelser ligger på et kontinuum sammen med «normal» atferd og opplevelser og er underlagt liknende rammeverk for forståelse og tolkning. Disse rammeverkene inkluderer antakelsen om at med mindre det er sterke bevis for det motsatte, kan atferden og opplevelsene våre ses som forståelige responser på våre nåværende omstendigheter, vår historie, trossystemer, kultur og kroppslige egenskaper, selv om sammenhengene mellom dem kanskje ikke alltid er tydelige eller åpenbare.
- Årsakssammenhengen i menneskelig smerte og atferd er basert på sannsynligheter, det vil si at den bærer preg av «gjennomsnittlighet», og det vil aldri være mulig å forutsi nøyaktige effekter. Årsakspåvirkninger er også betinget og synergistiske, det vil si at effektene av en hvilken som helst faktor alltid er mediert og betinget av andre, og at påvirkningsfaktorer kan forsterke effekten av hverandre.
- Opplevelser av og uttrykk for emosjonell smerte er muliggjort og mediert av – men ikke i noen enkel forstand forårsaket av – kroppen og biologien vår.
- Mennesker er grunnleggende sosiale vesener, og deres opplevelser av smerte og problematiske væremåter kan ikke skilles fra deres materielle, sosiale, miljømessige, sosioøkonomiske og kulturelle kontekster. Det finnes ingen enkeltstående «lidelse» som må forklares, med kontekst som en ekstra påvirkningsfaktor.
- Ulike kulturer har ulike forståelser av psykisk smerte, som alle kan ha nyttige aspekter, men en «verdensomspennende psykiatri» eller «verdensomspennende psykologi» som gjelder alle steder, er ikke mulig. Mønstre i emosjonell smerte og problematiske væremåter vil alltid gjenspeile rådende sosiale og kulturelle diskurser, normer og forventninger, inkludert aksepterte forestillinger om hva det innebærer å være en person.
- Teorier og meninger om det å identifisere, forklare og intervenere i psykisk smerte og problematiske væremåter er ikke fri for interesser eller verdier. Dette betyr ikke at nyttig og pålitelig kunnskap er uoppnåelig, men at det å prøve å skille «fakta» fra verdier er svært problematisk.
- Vi må ta meninger, narrativer og subjektive opplevelser på alvor. Dette innebærer at erfarings-ekspertenes narrativer må ha en sentral plass. Det vil også innebære å dra veksler på et bredt spekter av forskningsmetoder og å gi samme status til kvalitative og kvantitative metoder, inkludert vitnesbyrd fra tjenestebrukerne eller overleverne selv og fra dem som tar seg av dem.

Disse prinsippene ligger til grunn for MTM-rammeverkets hovedelementer og formål, som er som følger:

- Rammeverket muliggjør foreløpig identifisering av hovedmønstre og regelmessigheter i uttrykk og opplevelse av smerte og problematiske væremåter, i stedet for spesifikke biologiske og psykologiske årsaksmekanismer knyttet til separate lidelseskategorier.
- Det viser hvordan disse responsmønstrene er til stede i ulik grad og i ulike kontekster for alle mennesker gjennom hele livsløpet.
- Det har ikke «patologi» som en forutsetning, snarere beskriver det mestrings- og overlevelsesmekanismer som kan være mer eller mindre funksjonelle som en tilpasning til bestemte konflikter og belastninger, både tidligere og nåværende.
- Det integrerer påvirkningen fra de biologiske/genetiske og epigenetiske/evolusjonære faktorene i forståelsen av hvordan disse responsmønstrene kan muliggjøres og komme til uttrykk.
- Det integrerer relasjonelle, sosiale, kulturelle og materielle faktorer ut fra antakelsen om at disse er med på å forme hvordan disse mønstrene utvikler seg, opprettholdes, oppleves og uttrykkes.
- Det tar hensyn til kulturelle forskjeller i måten smerte oppleves og uttrykkes på.
- Det gir en sentral rolle til personlig mening, som utvikles fra sosiale og kulturelle diskurser og trossystemer, materielle betingelser og kroppslige muligheter.
- Det gir en sentral rolle til personlig styring i eget liv – eller muligheten til å kunne påvirke innenfor gitte psykososiale, biologiske og materielle begrensninger.
- Det anerkjenner hvor viktig den relasjonelle, sosiale og politiske konteksten er i avgjørelser om hva som regnes som behov eller krise knyttet til psykisk helse i en gitt situasjon.
- Det gir et kunnskapsgrunnlag der hovedmønstre i mestrings- og overlevelsesresponser kan danne utgangspunkt for narrativer på individuelt, familie- eller gruppenivå.
- Det gir alternative måter å fylle diagnosenes tjenesterelaterte, administrative og forsknings-messige funksjoner på.
- Det foreslår alternativ språkbruk sammen med en argumentasjon om at det ikke er mulig å komme med noen direkte én-til-én-erstatninger av nåværende diagnostiske termer.
- Det inkluderer mening og implikasjoner for handling i en større samfunnsmessig og politisk kontekst.

En beskrivelse av MTM-rammeverket

Dette omfattende MTM-rammeverket er utarbeidet fra et stort spekter av teori og forskning, på tvers av fagområder og forskningsmetoder. Det består av fire innbyrdes relaterte aspekter:

- Måten **MAKT** opererer på (biologisk eller kroppsliggjort, i form av tvang, juridisk, økonomisk eller materiell, ideologisk, sosial eller kulturell samt mellommenneskelig makt).
- Den **TRUSSELEN** som negativ makt kan utgjøre for en person, for en gruppe og for samfunnet, spesielt med tanke på emosjonell smerte og hvordan denne medieres av biologien vår.
- Den sentrale rollen til **MENING** (slik den skapes innenfor sosiale og kulturelle diskurser og er utløst av utviklede og tillærte kroppslige responser) når det gjelder å forme måten makt, trussel og våre trusselresponser utøves, oppleves og uttrykkes på.
- Som en reaksjon på alt det ovenstående: De lærte og utviklede **TRUSSELRESPONSENE** som en person, en familie, en gruppe eller et samfunn kan måtte ta i bruk for å sikre emosjonell, fysisk, relasjonell og sosial overlevelse. Disse strekker seg fra hovedsakelig automatiske fysiologiske reaksjoner til språkbaserte eller bevisste handlinger og responser.

Til forskjell fra den mer tradisjonelle biopsykososiale modellen av psykisk smerte er det ingen antakelse om patologi, og de «biologiske» aspektene går ikke foran andre, men utgjør ett forklaringsnivå som er uløselig knyttet til alle de andre. Like viktig er det at selv om en tredelt modell er en praktisk fremgangsmåte, er ikke *makt, trussel, mening* og *trusselrespons* fire uavhengige elementer, men utvikler seg ut fra hverandre. En person eksisterer ikke – og kan ikke forstås – atskilt fra hans eller hennes relasjoner, samfunn og kultur; mening skapes bare når sosiale, kulturelle og biologiske elementer kombineres, og biologiske egenskaper kan ikke skilles fra de sosiale og mellommenneskelige omgivelsene. Her er «mening» en iboende del av måten han eller hun uttrykker og opplever alle former for emosjonell smerte på, noe som gjør vedkommendes personlige responser unike.

Oppsummert kan vi si at MTM-rammeverket for hvor smerte opprinnelig kommer fra, og hvordan den opprettholdes, erstatter kjernespørsmålet innenfor medikalisering – «hva er galt med deg?» – med fire andre spørsmål:

- «Hva har skjedd med deg?» (Hvordan opererer *makt* i livet ditt?)
- «Hvordan har det påvirket deg?» (Hva slags *trusler* utgjør det for deg?)
- «Hvordan har du forstått det som har skjedd?» (Hvilken *mening* tillegger du det som har skjedd med deg?)
- «Hva måtte du gjøre for å klare deg gjennom det?» (Hvilke *trusselresponser* bruker du?)

Overført til praksis med en enkeltperson, en familie eller en gruppe må det stilles ytterligere to spørsmål:

- «Hva er dine styrker?» (Hvilken tilgang til *maktressurser* har du?)
- Og for å integrere alt det ovenstående: «Hva er din historie?»

Et sentralt formål med MTM-rammeverket er å støtte en foreløpig identifisering av evidensbaserte mønstre for emosjonell smerte, uvanlige opplevelser og problematiske væremåter. I motsetning til de spesifikke biologiske årsaksmekanismene som støtter noen medisinske lidelseskategorier, er disse mønstrene svært sannsynlighetsbasert, med betingede og synergistiske virkninger. Dette betyr imidlertid ikke at det ikke er noen regelmessigheter. I stedet peker det på at disse regelmessighetene grunnleggende sett ikke er biologiske mønstre, som innenfor medisin, men *mønstre av kroppsliggjorte, meningsbaserte trusselresponser på negativ utøvelse av makt.*

MTM-rammeverket viser hvordan disse sannsynlighetsbaserte mønstrene kan beskrives på ulike nivåer ved å starte med *det grunnleggende mønstret i makt–trussel–mening-rammeverket.* Dette gjør det mulig å identifisere sju *foreløpige hovedmønstre* som oppstår innenfor det *grunnleggende mønstret.* De erstatter ikke diagnosegrupper direkte, men er basert på regelmessigheter som går på tvers av diagnosegrupper, og som oppstår fra personlig, sosial og kulturell fortolkning.

Hvert *foreløpige hovedmønster* inneholder en rekke mulige *trusselresponser*, som er gruppert ut fra hvilke funksjoner de har. Omvendt kan hver type *trusselrespons* oppstå innenfor flere ulike *hovedmønstre* og kan ha mange ulike funksjoner.

Disse *foreløpige hovedmønstrene* oppfyller ett av de viktigste formålene med rammeverket, som er å gjenopprette forbindelsen mellom den mening vi tillegger truslene og trusselresponsene. Disse responsene oppstår fra grunnleggende menneskelige behov for å bli beskyttet, verdsatt, finne en plass i den sosiale gruppen og så videre, og de representerer menneskers forsøk – bevisst eller på andre måter – på å klare seg gjennom de negative virkningene av makt. Forstått som «overlevelsesstrategier» fremfor som «symptomer» går de på tvers av diagnoser, på tvers av spesialfelter og på tvers av grensene for hva som vanligvis anses som «normalt» kontra «patologisk». De er tilstedeværende av og til og til en viss grad i alle menneskers dagligliv.

MTM-rammeverket og mønstrene som er avledet fra det, gir også et nytt perspektiv på anvendelsen av vestlige psykiatriske klassifikasjonssystemer i ikke-vestlige kulturer og i måter å uttrykke smerte på, både i Storbritannia (rammeverkets opprinnelsesland, overs. anm.) og i resten av verden. Innenfor MTM-rammeverket forventer man og er åpen for at det finnes mange ulike kulturelle måter å oppleve og uttrykke smerte på, uten å anse dem som merkelige, primitive, mindre gyldige eller som fremmedartede varianter innenfor det dominerende diagnoseparadigmet. Siden mønstre i emosjonell smerte alltid til en viss grad vil være avhengig av tid og sted, vil det aldri være mulig å lage et universelt leksikon for slike mønstre. Hvis vi imidlertid ser på det som et metarammeverk som er basert på universelt utviklede menneskelige egenskaper og trusselresponser, gjelder kjerneprinsippene i MTM-rammeverket over tid og på tvers av kulturer. Åpne lister over trusselresponser og funksjoner gir mulighet for stor variasjon i uttrykk for smerte som vil være lokale, historiespesifikke og preget av rådende kultur.

Mer spesifikt kan MTM-rammeverket tilby alternativer til diagnoser for formål som gruppering, administrasjon, juridiske formål, tjenesteplanlegging eller forskning. Det kan ligge til grunn når man skal skape – eller samskape – personlige narrativer, og åpne opp muligheten for andre, ikke-diagnostiske historier om styrke og overlevelse. I tillegg gir det en mer effektiv måte å oppnå noen av de rapporterte fordelene med en diagnose på, som å gi en forklaring, å få anerkjennelse for smerte, å legge til rette for kontakt med andre i liknende situasjoner, å gi lettelse fra skam og skyld, å foreslå en vei videre og å formidle håp om positiv endring.

MTM-rammeverkets gyldighetsområde

Hovedmønstrene som er avledet fra MTM-rammeverket, omfatter det som noen ganger kalles «funksjonelle psykiatriske diagnoser», det vil si grupperinger av tanker, følelser og væremåter som det ikke er blitt påvist noen organisk årsak til. MTM-rammeverket er også relevant for problematiske typer av væremåter, inkludert problemer som er blitt observert innenfor områdene avhengighet og strafferett. Selv om kjerneprinsippene i MTM-rammeverket gjelder uavhengig av kultur, rettes søkelyset i prosjektet hovedsakelig mot land som har tatt eller er i ferd med å ta i bruk standard psykiatriske klassifikasjonssystemer som *DSM* og *ICD*. Den verdensomspennende bevegelsen for psykisk helse[4] viser at dette er et felt som brer seg globalt. (Dette og relaterte problemstillinger blir drøftet i detalj i kapittel 2 og 3 i hovedpublikasjonen.)

MTM-rammeverket er ikke ment å gjelde for de direkte effektene av tilstander som demens, psykisk utviklingshemming, nevrologiske eller nevrodegenerative sykdommer og konsekvensene av slag, hjerneskade, infeksjoner hos eldre, og så videre. Problemer som oppstår som følge av umiddelbare virkninger av illegale rusmidler, er også utelatt. Autisme har ikke blitt ansett som en spesifikk diagnose, og lesere henvises til de utmerkede drøftingene av dette sammensatte temaet i «Exploring Diagnosis»-prosjektet ved Exeter University.[5]

Ingenting av det ovenstående antyder at disse problemene aldri har organiske komponenter, eller at skillet mellom det funksjonelle og det organiske er absolutt. For eksempel kan de som har vært utsatt for overgrep i barndommen og vold i hjemmet, oppleve nevrologiske vansker som kan være en av de faktorene som bidrar til å opprettholde påfølgende emosjonelle eller atferdsmessige vansker. Mer generelt vil fysiske sykdommer, funksjonsnedsettelser eller utviklingslidelser ha psykologiske og emosjonelle konsekvenser og betydninger i tillegg til fysiologiske effekter. MTM-rammeverket kan derfor være relevant ved psykisk smerte som følger medisinske, utviklingsmessige eller nevrologiske tilstander, enten som et resultat av å måtte takle tilstandene eller som en konsekvens av relaterte belastende opplevelser. På samme måte har rammeverket implikasjoner for mennesker med fysiske helseutfordringer, siden disse utfordringene svært ofte henger sammen med og følges av andre belastende livserfaringer i tillegg til å være belastende i seg selv.

En egen problemstilling er at fysiske helseproblemer noen ganger kan fremstå som – eller bli feilaktig identifisert som – psykiske lidelser. Det er et omfattende spekter av muligheter her, men som ikke alltid anerkjennes, og som inkluderer hormonelle forstyrrelser, vitaminmangler, virusinfeksjoner, autoimmune sykdommer og så videre. Dette er tilstander som må påvises og behandles medisinsk på en hensiktsmessig måte, og de er ikke en del av drøftingen i dette dokumentet.

Det er viktig å være tydelig på disse distinksjonene, fordi det er viktige forskjeller mellom former for smerte og problematiske væremåter som aktiveres og påvirkes av biologien vår – slik det er med all menneskelig erfaring – og kroppslige og andre problemer der biologiske sykdomsprosesser eller funksjonsnedsettelser beviselig har en primær årsaksrolle. Dette dokumentet inntar det standpunktet at distinksjonene er tilstrekkelig gyldige til at hver av dem krever sitt eget teoretiske rammeverk som kan legges til grunn for forskning og praksis.

---

4   www.globalmentalhealth.org
5   Se https://blogs.exeter.ac.uk/exploringdiagnosis/

Avslutningsvis finnes det en stor og økende mengde litteratur om de potensielt ødeleggende effektene, både psykisk og fysisk, av psykiatriske medikamenter av alle slag. Fagpersoner bør være svært oppmerksom på muligheten for at slike medikamenter kan forårsake eller forsterke emosjonell smerte og fysiske funksjonsnedsettelser. Dette temaet ligger også utenfor rammene for vår drøfting, bortsett fra i den grad det er sannsynlig at det å holde seg til prinsippene i MTM-rammeverket ville føre til sterk nedgang i forskriving av medikamenter.

Del 2. Oversikt over teori og forskning

Konklusjoner fra litteraturen om den sosiale kontekstens og biologiens rolle

Den overveldende støtten for at relasjonelle og sosiale belastninger, mediert av kroppslige responser, har årsakseffekter når det gjelder emosjonell smerte og problematiske væremåter, er oppsummert i hovedpublikasjonen. Omfattende forbindelsesmønstre mellom sosiale, psykologiske og biologiske aspekter ved emosjonell smerte, uvanlige opplevelser og problematiske væremåter er blitt beskrevet av mange forskere. Dette legger grunnlaget for å rette søkelyset mot det viktigste spørsmålet i dette prosjektet:

Hvordan kan disse store trendene og forbindelsene benyttes for å beskrive mer avgrensede, foreløpige hovedmønstre som danner grunnlag for vår forståelse av de spesifikke vanskene til en person, en familie eller en annen gruppe?

Frem til nå er forsøk på å identifisere spesifikke sammenhenger eller mønstre blitt hemmet av tre store trender i forskningen, som kan oppsummeres som følger: *Alt forårsaker alt, alle har opplevd alt,* og *alle lider av alt.* Kort sagt – og som en generalisering – ser alle typer belastende hendelser og omstendigheter ut til å øke risikoen for alle former for tegn på psykiske vansker (samt for kriminell og lovbrytende atferd, fysiske helseproblemer og en rekke andre problematiske sosiale konsekvenser). Dette ser ut til å være mediert – i positiv eller negativ forstand – av alle former for tilknytningsrelasjoner og av alle former for sosial støtte, biologiske mekanismer og emosjonelle og kognitive stiler.

Denne forskningen understreker begrensingene som ligger i å anta årsakssammenhenger der bestemte belastninger eller biologiske tilstander antas å være knyttet til spesifikke tilstander eller «lidelser». Selv om de gir noe verdifull innsikt, hjelper ikke denne typen forskning oss noe særlig videre i å forstå årsakssammenhenger mellom bestemte risikohendelser (for eksempel fysiske eller seksuelle overgrep, sosial deprivasjon) og bestemte resultater eller konsekvenser (for eksempel nedstemthet, angst, spisevansker, å høre stemmer). Noen av disse begrensningene kan tilskrives at diagnostiske kategorier fortsatt benyttes, at positivistiske antakelser holder stand, at sosiale, materielle og kulturelle kontekster konsekvent blir undervurdert, samt at den rollen personlig mening og aktørskap spiller, blir marginalisert. Med andre ord er denne tilnærmingen i stor grad fortsatt etablert innenfor «*DSM*-tankegangen». Derfor er det også begrenset hvor egnet den er til å forstå årsakssammenhenger og identifisere årsaksmønstre knyttet til tankene, følelsene og handlingene til mennesker som aktivt skaper mening i livet sitt i gjensidig samspill med sine relasjonelle, sosiale, kulturelle og åndelige omgivelser.

Hovedpublikasjonen inneholder en omfattende drøfting av det filosofiske, teoretiske og empiriske grunnlaget gitt av prinsipper og forskning som kan føre ut av disse begrensningene, og som kan benyttes for å identifisere ikke-diagnostiske, ikke-medikaliserte mønstre i utviklingen av psykologisk og emosjonell smerte. Før vi går mer i detalj på hvordan man kan gå fra store trender og sammenhenger til mer spesifikke mønstre, vil vi kort se på arbeidet til tre andre forskere som har forsøkt seg på den samme oppgaven.

Patricia Crittendens Dynamic Maturational Model (DMM) (Crittenden, 2002, 2005, 2006), her oversatt til den dynamiske modningsmodellen (overs. anm.), kombinerer kilder fra evolusjonsbiologi, etologi, epigenetikk, kognitiv nevrovitenskap, tilknytningsteori, psykoanalyse og generell systemteori for å forstå psykiske helseproblemer i lys av tilknytningsbaserte psykobiologiske responsmønstre. DMM er et ambisiøst og omfattende rammeverk som retter søkelyset mot hvordan mellommenneskelige trusler (som spenner fra åpenlyse overgrep til mindre alvorlige former for belastninger) påvirker ulike aspekter ved menneskelig fungering.

Crittenden foreslår at tidlige tilknytningserfaringer utløser emosjonelle, atferdsmessige, kognitive og somatiske responser som forsvarer og beskytter, og som er tilpasset gjennom utvikling for å sikre overlevelse. Barnet vil derfor trolig reagere på trusler ved å gå tilbake til bestemte «disposisjonelle representasjoner» (det vil si «nevrologiske aktivitetsmønstre som gjør enkeltpersoner disponert for å handle på en eller annen måte» [Damascio, sitert i Crittenden, 2005, s. 3]), som i grove trekk tilsvarer tilknytningsstil A, B eller C.[6]

Representasjonsprosessen er den sentrale medierende faktoren som fører til at man tar i bruk bestemte strategier – ergo kan de samme opplevelsene gi forskjellig virkning hos forskjellige personer. Hun foreslår at når visse tilpasninger strekker seg ut over de opprinnelige truende omstendighetene de utviklet seg i, har de en tendens til å bli ansett som «patologiske». Nåværende vansker, som dissosiasjon, «paranoia», angst og så videre, anses som «løsninger» som har vært nyttige tidligere, men som har «gått ut på dato».

Crittenden foreslår at å identifisere «funksjonelle formuleringsmønstre» kan være et alternativ til symptombaserte diagnoser (Crittenden & Dallos, 2012, s. 407). Hun utdyper de grunnleggende tilknytningsstrategiene A, B og C ved å forutsette en rekke «type A»- og «type C»-strategier, der flere blir tilgjengelige etter hvert som personen utvikler seg. For eksempel foreslår hun at «type A»-strategier er basert på bruk av kognisjon for å håndtere trusler samtidig som man reduserer følelsesbevisstheten til et minimum. Avhengig av i hvor stor grad man støtter seg på slike strategier, kan sluttresultatet spenne fra mild emosjonell hemming til mer invaliderende problemer som «depresjon» og «psykose». «Type C»-strategier utløses av sterke følelser som sinne og frykt samt av fysisk aktivering (for eksempel forhøyet hjertefrekvens) og en tilsvarende reduksjon i evnen til å bruke kognitiv informasjon til, for eksempel, å forutsi og vurdere risiko. I milde former kan denne typen strategier skape problemer med aggresjon eller angst, og i sterkere versjoner kan de føre til tilstander av ekstrem usikkerhet som kan bli diagnostisert som «paranoia», «personlighetsforstyrrelse» eller spisevansker. «Type B»-strategier har større sannsynlighet for å være forbundet med positive oppfatninger og representasjoner av seg selv, andre mennesker og verden. Disse grupperingene beskriver relasjonsstiler og strategier for å håndtere trusler og oppnå trygghet i bestemte situasjoner, ikke mennesker i seg selv eller menneskers iboende trekk eller kjennetegn.

Sluttresultatet er en rekke mulige «funksjonelle formuleringsmønstre» som enkeltpersoner kan ty til i bestemte situasjoner for å forutsi, unngå eller klare seg gjennom en antatt eller faktisk trussel og for å bevare relasjoner. DMM antyder at forskjellige responser (eller «symptomer» med psykiatrisk terminologi) kan benyttes for liknende beskyttende formål. Omvendt vil kanskje ikke de samme opplevelsene («symptomene») kunne grupperes samlet, fordi de kanskje har forskjellige funksjoner for hver enkelt person. I DMM blir det også fremhevet hvor viktig det er å tilpasse terapeutiske intervensjoner til hver enkelt persons sett av responser.

---

6   For mer om Crittendens teori er følgende lenke nyttig: https://kyr.helsekompetanse.no/innhold/teoretisk-forankring/ tilknytningsteori-og-dynamisk-modnings-modell/ (overs. anm.)

Crittenden og Dallos har forsøkt å kombinere DMM og systemisk familieterapi (Crittenden & Dallos, 2009) for å forstå hvordan DMM-strategier kan benyttes på gjensidig styrkende måter i familier. De understreker at, akkurat som enkeltpersoner, er «familier [...] meningsskapende systemer» (Crittenden & Dallos, 2012, s. 402, vår oversettelse), og at disse meningene formes av språk og sosiale diskurser. Bevissthet på de mer omfattende omstendighetene bidrar til å avgjøre om det er best å gjennomføre en intervensjon på individ, familie, samfunns- og/eller kulturpolitisk nivå (Crittenden & Dallos, 2012, s. 406).

Paul Gilbert (2007) tar utgangspunkt i evolusjonsteori, nevrovitenskap og utviklings- og sosialpsykologi for å foreslå en modell som knytter personlig attribusjon[7], tilknytningsstiler og biologisk baserte affektsystemer til forskjellige uttrykk for nedstemthet (og i senere tid til andre manifestasjoner, som «psykose»). Han hevder at disse stemningstilstandene stammer fra forsvarsstrategier nedarvet gjennom evolusjonen, som hjelper oss å håndtere mellommenneskelige trusler og tap samt andre farer. Han foreslår at vi for å klare oss må være i stand til å fremkalle og gi omsorg, samarbeide med andre og konkurrere om ressurser og finne en plass i den sosiale gruppen. På samme måte er vi tilbøyelige til å føle sterkt ubehag ved utenforskap, eksklusjon og «sosialt nederlag» – responser som kan ha paralleller med atferd hos dyr.

Gilbert foreslår at disse forsvarsstrategiene interagerer via affektreguleringssystemene for så å gi opphav til «sekvenser av samvirkende prosesser som skaper komplekse biopsykososiale mønstre» (Gilbert, 2007, s. 17, vår oversettelse) basert på generelle fortolkninger (for eksempel om hvorvidt andre er trygge). Det sies at affektregulering skjer gjennom tre hovedsystemer: 1) trusselsystemet, (forbundet med høy aktivering og følelser som sinne, angst og avsky), 2) trøst-, trygghets- og følelsesreguleringssystemet (forbundet med å føle tilhørighet, trygghet og tilfredshet) og 3) insentiv- og aktiveringssystemet (forbundet med belønninger og målrettethet og å føle energi og glede). Det antas at de tre samhandlende drivkreftene til sammen former subjektive opplevelser om og betydninger av psykologisk smerte og fortvilelse, delvis gjennom å aktivere beskyttelsesstrategier (som kamp–flukt–frys-respons, streben, protest og så videre), delvis som følge av emosjonelle minner og tidligere opplevelser og delvis ut fra det som skjer her og nå.

I denne modellen er livskvalitet i voksen alder sterkt påvirket av de «emosjonelle minnene», som er blitt innkodet i forbindelse med disse tre emosjonelle drivkreftene, og det antas at tidlige tilknytningsopplevelser bidrar til å forme måten de reguleres på. For eksempel vil insentiv- og trusselsystemene lettere bli innøvd og aktivert i et miljø preget av vold eller omsorgssvikt, mens evnen til selvtrøst og tilknytning vil være begrenset. Vår menneskelige evne til å tenke, reflektere, tolke og bruke språk og symbolikk gjør det hele enda mer komplisert, noe som i sin tur påvirker responsmønstrene på både adaptive og ikke-adaptive måter – for eksempel ved å forsterke eller dempe våre overbevisninger om at vi er eller vil bli forlatt, såret, skjemmet ut, ekskludert og så videre.

Selv om disse sammensatte forsvarsstrategiene kanskje ikke alltid oppleves som positive, er de basert på forestillingen om at enkeltpersoner benytter seg av kjente, lærte tilpasninger for å prøve å håndtere opplevelser av tap, avvisning eller truende hendelser. På den måten deler Gilbert Crittendens syn på at disse utviklede overlevelsesstrategiene er grunnleggende beskyttende, selv om det er sannsynlig at de vil bli ansett som «patologiske» hvis de fortsetter å bli benyttet ut over de opprinnelige omstendighetene. På samme måte antar han at disse strategiene potensielt kan ha ulike funksjoner for ulike mennesker. Disse dynamikkene eksisterer innenfor det Gilbert kaller «sosiale og fysiske miljøer», som indikerer at det er behov for intervensjoner også på systemisk, sosialt og politisk nivå: «Psykologiske modeller må rette søkelys mot disse problemstillingene (og

---

7   Årsaksforklaring

spørsmål om sosial rettferdighet) og ikke anse problemer med mestring og tenkning som personlige svakheter (heller enn knyttet til beskyttelsesstrategier)» (Gilbert, 2007, s. 106, vår oversettelse). Arbeidet hans konseptualiserer på denne måten nedstemthet (og potensielt andre former for smerte) i en bredere kontekst og foreslår praktiske og ikke-dømmende forklarende rammeverk som kan bidra til å skreddersy terapeutiske intervensjoner til personens spesifikke omstendigheter (for eksempel å dempe følelsen av fare, utenforskap, underlegenhet og/eller skam) (se også den store mengden litteratur om utvikling av evnen til selvmedfølelse og selvtrøst, f.eks. Lee & James, 2012).

Den «traumebevisste tilnærmingen» er basert på erkjennelsen av at de fleste mennesker som benytter seg av velferdstjenester, har opplevd betydelige belastninger og truende hendelser i livet – tidligere eller i nåværende livssituasjon (f.eks. Sweeney et al., 2016)[8]. Ifølge denne tilnærmingen er nøkkelen til bedring at ens opplevelser blir sett og bekreftet innenfor tillitsfulle relasjoner. Det viktigste spørsmålet er derfor ikke «hva er galt med deg?», men «hva har skjedd med deg?» (Blue Knot Foundation, 2012, s. 14). I dette dokumentet er disse hendelsene og omstendighetene generelt omtalt som «belastninger» for å omfatte de mange formene de kan ta. Forskningen forener evidens om effektene av truende, traumatiske og krenkende opplevelser med det vi vet om menneskehjernens utvikling, spesielt i forbindelse med tilknytning og tidlige relasjoner. Dette er et raskt voksende felt, og det finnes nå betydelig dokumentasjon som setter disse opplevelsene i sammenheng med et helt spekter av emosjonelle, fysiske og sosiale virkninger. I tråd med dette har et økende antall tjenester innen psykisk helse tatt til seg elementer ved dette perspektivet. Traumebevisste prosjekter pågår også innenfor tjenesteutforming, utdanning, fengsler og folkehelse.[9]

To aspekter er knyttet til arbeid basert på denne tilnærmingen: Å sørge for at systemer som helhet er «traumebevisste» og å tilby traumespesifkke intervensjoner. Det første impliserer at alt personell vil være opplært i å gjenkjenne og arbeide med virkningene av trusler og belastninger, og at alle tjenesterelaterte aspekter vil være utformet for å bidra til trygghet, valg og myndiggjøring og for å unngå retraumatisering. Det sistnevnte er vanligvis basert på den traumebevisste tretrinnsmodellen, som består av trygging og stabilisering, bearbeiding og integrasjon (Blue Knot Foundation, 2012; Herman, 1992; Courtois & Ford, 2013; se også kapittel 8 i hovedpublikasjonen). Tretrinnsmodellen gir dermed en overordnet struktur for alle terapeutiske intervensjonsmetoder, sammen med andre former for støtte ut fra hva som er hensiktsmessig. Det er viktig å merke seg at det ikke antas at alle tjenestebrukere vil ha en historie preget av spesifikke traumatiske hendelser, eller – hvis de har det – at de vil ønske å ta tak i disse direkte. Dette er ikke en «one size fits all»-tilnærming, men en fleksibel, brukerorientert tilnærming basert på en bevissthet om at det er svært sannsynlig at belastninger, bredt definert, er en del av bildet. Denne tilnærmingen har åpenbart ført til viktig og innovativt terapeutisk arbeid, og de generelle årsaksforbindelsene mellom belastninger og smerte er udiskutable. Imidlertid er det svært svak støtte for påstandene om identifiserte sammenhenger mellom spesifikke traumatiske hendelser og spesifikke former for smerte, noe også de understøttende prinsippene for MTM-rammeverket ville ha predikert.

---

8   www.blueknot.org.au
9   Eksempler på nettsiden www.acestoohigh.com

Oversikt over modellene

Det er betydelig overlapp mellom modellene på en del områder. Modellenes styrker og begrensninger kan oppsummeres som følger:

- Responsmønstre anses ikke som patologiske, men heller som tilpasningsreaksjoner som kan ha vært nyttige før, men som likevel fortsatt blir benyttet, selv om de ikke lenger er nyttige. Dessuten antar man ikke at responsmønstrene bare finnes hos en bestemt gruppe, som de «psykisk syke», og det er heller ikke slik at de som har fått en slik merkelapp, benytter seg av dem hele tiden. I stedet er det slik at alle bruker en rekke ulike strategier som kan være mer eller mindre nyttige i bestemte situasjoner. Følgen er at «komorbiditet» ikke er et spørsmål om klassifisering av ulike sykdommer, men gjenspeiler det faktum at mennesker kan bruke mange måter å respondere på overfor belastninger og trusler.

- Modellene kan gi rom for heterogenitet fordi de åpner for generelle, funksjonelle individuelle tilpasningsmønstre, i motsetning til å anta at det er tydelige sammenhenger mellom (bestemte) årsakshendelser og (bestemte) konsekvenser eller virkninger. Følgen er at det vil ikke være mulig å identifisere universelle etiologiske årsakssammenhenger og heller ikke å utforme standardiserte intervensjonspakker knyttet til bestemte uttrykk for psykiske problemer.

- I modellene har biologien en ikke-reduksjonistisk rolle der den formidler og muliggjør ulike responser, og de viktigste elementene i de psykobiologiske responsmønstrene er, til forskjell fra biomedisinske modeller, basert på omfattende evidens fra mange ulike områder. Med andre ord er de «biopsykososiale» på en måte som ikke impliserer at (udokumenterte) biologiske årsaksfaktorer er det viktigste, i motsetning til dagens bruk av begrepet «biopsykososial» i forbindelse med psykisk helse. Imidlertid er måten alle disse faktorene samles i mønstre, betydninger og sammenhenger på, mer spekulative. Gilberts tre viktigste affektregulerings-systemer og måten han skiller mellom den «gamle» og «nye» hjernen på, er ikke allment akseptert (Le Doux, 1999; Goldstein, 1995; Panksepp, 1988), samtidig som også aspekter ved tilknytningsteorien er blitt kritisert (for en gjennomgang, se Cassidy & Shaver, 2008).

- Modellene indikerer hvordan responsmønstre kan oppstå fra – og samskapes innenfor – utviklingsmessige og relasjonelle kontekster. Imidlertid er det bare den traumebevisste tilnærmingen som fullt ut inkluderer nåværende dokumentasjon om den ekstremt høye forekomsten av belastninger hos dem som er i kontakt med psykiske helsetjenester og andre velferdssystemer.

- Alle disse modellene legger en verdifull vekt på personlig mening, og på hvor viktig helbredelse gjennom relasjoner er. Gilbert knytter dette tydeligst til bredere maktaspekter gjennom sosiale diskurser om konkurranse, status og så videre (f.eks. Gilbert, 2007). Å innlemme en familiesystemtilnærming i DMM bidrar til en erkjennelse av behovet for å rette søkelyset mot mening på alle organisasjonsnivåer, fra familienivå til politisk, kulturelt og samfunnsnivå (Crittenden & Dallos, 2009) i tråd med nåværende familieterapitradisjoner (Dallos & Stedmon, 2014). Generelt er dette imidlertid et aspekt ved modellene som er relativt lite utviklet.

- Til tross for at de til en viss grad anerkjenner sosiale, materielle og politiske kontekster, vektlegger både Gilberts Crittendens arbeid løsninger i form av terapi (individuell terapi og familieterapi) i stedet for – eller ikke supplert av – selvhjelp, samfunnsstøtte og andre former for sosial politikk og handling. Forskningen som støtter traumebevisste tilnærminger, har vært benyttet i videre forstand og har også vært med på å påvirke folkehelsepolitikk.[10]

- Forebyggende arbeid på dette feltet går imidlertid generelt ikke så langt som å utfordre diskriminering, ulikhet og sosioøkonomiske strukturer som skaper de grunnleggende betingelsene der belastninger øker i antall.

---

10   www.acestoohigh.com; se også hovedpublikasjonen.

- Traumebevisste tilnærminger fremhever hvor viktig det er å arbeide med mangfold.[11] Det finnes spesielle prosjekter som ser på for eksempel hvordan generasjonstraumer oppleves av urfolk i Canada (Arthur et al., 2013). Imidlertid retter modellene generelt relativt lite oppmerksomhet mot hvordan ulike kulturelle forhold påvirker hvordan smerte oppleves og uttrykkes, og antakelsene som underbygger arbeidet deres, er hovedsakelig av vestlig opprinnelse. Det er for eksempel blitt tydelig at måten tilknytningsrelasjoner formes og utvikler seg på – og konsekvensene av dem – er langt ifra allmenngyldige og kan se svært annerledes ut i ikke-vestlige settinger, noe som indikerer at det er behov for en mer kultursensitiv forståelse for hvordan denne utviklingen skjer (Otto & Keller, 2014).

- En stor begrensning ved dette perspektivet er at modellene bare delvis har klart å distansere seg fra diagnostiske termer og antakelser. I Gilberts imponerende mengde arbeid tas den diagnostiske kategorien «depresjon» i stor grad for gitt (Gilbert, 2007). Selv om «depresjon» har en allmenn betydning i tillegg til en klinisk betydning, er denne tingliggjøringen av meningsfulle responstilstander potensielt lite nyttig. Crittenden foreslår den interessante muligheten for å bruke «funksjonelle formuleringsmønstre» som et alternativ til psykiatriske diagnoser, men bruker også termer som «personlighetsforstyrrelse», «psykopatologi» og så videre. Ledende eksperter innenfor traumebevissrt omsorg bruker fortsatt diagnostiske kategorier (for en kritikk, se Burstow, 2003) og prøvde, uten hell, å innføre de nye diagnostiske kategoriene «complex post traumatic disorder («kompleks posttraumatisk stresslidelse») i *DSM-IV* og «developmental trauma disorder» («utviklingsmessig traumelidelse») i *DSM-5* (Van der Kolk, 2014). Selv om dette delvis var drevet frem av behovet for å imøtekomme forsikringskrav i USA (Wylie, 2010), er effekten at det ikke gjennomføres en grunnleggende omvurdering av hele ideen om psykiatriske diagnoser.

Oppsummert presenterer altså modellene til sammen en rekke innovative og viktige perspektiver på ikke-diagnostiske forståelser av smerte, som har verdifulle implikasjoner for praksis og intervensjon. Modellenes felles budskap, som er basert på en betydelig mengde forskning, er at opplevelsene som vanligvis blir beskrevet som «symptomer», bedre kan forstås som strategier for å håndtere belastninger enn som «psykiatriske sykdommer» eller «lidelser». Samtidig kommer de på forskjellige måter til kort når det gjelder å presentere et omfattende og begrepsmessig sammenhengende alternativ til psykiatriske diagnoser. Dermed er det en fare for at disse perspektivene assimileres tilbake inn i individualistiske forklaringer på smerte. Det er behov for en mer grunnleggende endring i tenkemåte, noe som beskrives nedenfor.

---

11   http://www.samhsa.gov/nctic/trauma-interventions

Del 3. Makt–trussel–mening-rammeverket

Et alternativt grunnlag for å identifisere mønstre i psykisk smerte, uvanlige opplevelser og problematiske væremåter

Prinsippene og praksisene, teorien og forskningsgrunnlaget som er oppsummert ovenfor, er nå sammenfattet for å beskrive et alternativt rammeverk mer detaljert. Fordi de er så viktige, blir hovedelementene i rammeverket repetert her, og det argumenteres for at alle forsøk på å beskrive alternativer til det psykiatriske diagnostiske systemet bør ha følgende kjennetegn:

- De bør være basert på identifiseringen av mer omfattende mønstre og regelmessigheter i uttrykket for og opplevelsen av smerte og problematiske væremåter, i motsetning til bestemte biologiske (eller psykologiske) årsaksmekanismer knyttet til separate lidelseskategorier.
- De bør vise hvordan disse mønstrene er tydelige i ulik grad og i ulike situasjoner for alle mennesker gjennom hele livsløpet.
- De bør ikke anta at «patologi» er en forutsetning, men heller beskrive mestrings- og overlevelsesmekanismer som kan være mer eller mindre funksjonelle som en tilpasning til bestemte konflikter og belastninger, både tidligere og nåværende.
- De bør integrere påvirkningen av biologiske/genetiske og epigenetiske/evolusjonære faktorer i forståelsen av hvordan disse responsmønstrene blir mulige og kan komme til uttrykk.
- De bør integrere relasjonelle, sosiale, kulturelle og materielle faktorer, ut fra antakelsen om at disse er med på å forme hvordan disse mønstrene utvikler seg, opprettholdes, oppleves og uttrykkes.
- De bør forklare kulturelle forskjeller i måten smerte oppleves og uttrykkes på.
- De bør gi en sentral rolle til personlig mening – som utvikles fra sosiale og kulturelle diskurser og trossystemer, materielle betingelser og kroppslige muligheter.
- De bør gi en sentral rolle til personlig aktørskap – eller muligheten til å utøve innflytelse innenfor faste psykososiale, biologiske og materielle begrensninger (spesielt hvis den har støtte innenfor helbredende relasjoner og fellesskap).
- De bør anerkjenne hvor viktig den relasjonelle, sosiale og politiske konteksten er i avgjørelser om hva som regnes som behov eller krise knyttet til psykisk helse i en gitt situasjon.
- De bør gi en evidensbase for å kunne dra veksler på disse mønstrene som et grunnlag for individuelle, familie- eller gruppenarrativer.
- De bør kunne erstatte diagnosenes funksjon med hensyn til tjenesteyting, administrasjon og forskning.
- De bør komme med forslag til alternativ språkbruk sammen med en argumentasjon om at det ikke er mulig å komme med noen direkte erstatninger for nåværende diagnostiske termer.
- De bør inkludere betydninger og implikasjoner for handling i en større samfunnsmessig, sosial og politisk kontekst.

Hovedpublikasjonen oppsummerer evidens om grunnleggende aspekter ved hvordan smerte, uvanlige opplevelser og problematiske væremåter utvikler seg, på denne måten:

- Måten **MAKT** opererer på (i sine ulike former, som biologisk eller kroppsliggjort makt, tvangsmakt, juridisk makt, økonomisk og materiell makt, sosial og kulturell kapital, mellommenneskelig makt og ideologisk makt). Disse manifestasjonene av makt – både negativ og positiv – opptrer gjennom sosiale strukturer, institusjoner og organisasjoner, gjennom de fysiske omgivelsene våre, gjennom media og utdanning og gjennom sosiale relasjoner og familierelasjoner.
- De formene for **TRUSLER** som negativ maktutøvelse kan utgjøre for en person, for en gruppe og for samfunnet, spesielt med tanke på psykisk smerte.
- Den sentrale rollen til **MENING** (slik den skapes innenfor sosiale og kulturelle diskurser og er utløst av utviklede og tillærte kroppslige responser) når det gjelder å forme måten makt, trussel og våre trusselresponser utøves, oppleves og uttrykkes på.
- De utviklede og lærte **TRUSSELRESPONSENE**, mediert gjennom meningsbaserte kroppslige egenskaper, som alle enkeltpersoner (eller familier, grupper eller samfunn) som opplever trusler som oppstår innenfor makt–trussel–mening-prosessen, kan måtte bruke for å beskytte seg selv. Fremfor å «diagnostisere» en person som en som *passivt lider av biologiske svakheter*, foreslår vi at tjenestebrukere (og alle vi andre) bør bli anerkjent og bekreftet som mennesker som *aktiverer trusselresponser for* å beskytte oss *og overleve*. Opplevelsene som er beskrevet som «symptomer», kan derfor bedre forstås som responser på en trussel, eller som «overlevelsesstrategier».

I tråd med disse analysene er det nå blitt foreslått et konseptuelt rammeverk som beskriver opprinnelsen til og opprettholdelsen av smerte, uvanlige opplevelser og problematiske væremåter, og dette er blitt kalt *makt–trussel–mening-rammeverket (MTM-rammeverket)*.

Enkelt forklart erstatter MTM-rammeverket spørsmålet «hva er galt med deg?» med fire nøkkelspørsmål:

- «Hva har skjedd med deg?» (Hvordan opererer *makt* i livet ditt?)
- «Hvordan påvirket det deg?» (Hva slags *trusler* utgjør det for deg?)
- «Hvordan har du forstått det som har skjedd?» (Hvilken *mening* tillegger du det som har skjedd med deg?)
- «Hva måtte du gjøre for å klare deg gjennom det?» (Hvilke *trusselresponser* bruker du?)

Overført til praksis med en enkeltperson, en familie eller en gruppe må det stilles ytterligere to spørsmål:

- «Hva er dine styrker?» (Hvilken tilgang til *maktressurser* har du?)
- Og for å integrere alt det ovenstående: «Hva er din historie?»

(Se vedlegg 1 for forslag til måter å tilpasse disse spørsmålene på i praksis.)

Dokumentasjonen som er omtalt i hovedpublikasjonen, støtter påstanden om at mennesker er sosiale vesener med *kjernebehov* som inkluderer følgende:

- Å oppleve en følelse av rett og rettferdighet innenfor det større fellesskapet.
- Å ha en følelse av trygghet og sikkerhet samt tilhørighet i en familie og en sosial gruppe.
- Å være trygg, verdsatt, akseptert og elsket i sine tidligste omsorgsrelasjoner.
- Å kunne oppfylle grunnleggende fysiske og materielle behov for seg selv og dem man forsørger.
- Å forme intime relasjoner og partnerskap.

- Å føle seg verdsatt og fungere godt i familien og i sosiale roller.
- Å oppleve og håndtere mange ulike følelser.
- Å kunne bidra, prestere og nå mål.
- Å kunne ha styring og kontroll i livet sitt.
- Å ha en følelse av håp, tro, mening og formål i livet sitt.

Og alle disse elementene gir mennesker forutsetninger for å kunne gi sine barn…

- … trygge og kjærlige relasjoner fra fødselen av som et grunnlag for optimal fysisk, emosjonell og sosial utvikling og evnen til å oppfylle sine egne kjernebehov.

Alt som hindrer disse kjernebehovene i å bli oppfylt, kan oppleves som en trussel mot emosjonell, fysisk, relasjonell eller sosial trygghet og overlevelse. Som følge av dette har mennesker utviklet seg til å kunne benytte seg av et spekter av trusselresponser som *fungerer som beskyttelse mot sentrale trusler.*

MTM-rammeverket oppfyller derfor følgende hovedformål:

- Det retter søkelys mot de vanlige meningsbaserte truslene som forårsakes av ulike manifestasjoner av makt.
- Det retter søkelys mot de strategiene som er utviklet og lært, og som vanligvis blir brukt for å motvirke disse truslene.
- Det retter søkelys mot forbindelsene mellom trusler og beskyttende trusselresponser som er blitt tilslørt bak bruken av diagnostiske merkelapper.
- I stedet for tradisjonelle psykiatriske modeller gir det et grunnlag for å identifisere omfattende, evidensbaserte mønstre som sammenfatter virkningene av *makt, trussel, mening* og tilhørende *trusselresponser.*
- Det benytter disse mønstrene for å utforme personlige narrativer, gruppenarrativer og/eller sosiale narrativer som bidrar til å gjenopprette mening og aktørskap i tråd med de relevante kulturelle oppfatningene. Med dette har det potensial til å gi håp, gjenoppbygge relasjoner og fremme sosial handling.

Det er viktig å merke seg at vi konseptualiserer dette rammeverket på en fundamentalt annerledes måte enn den mer tradisjonelle biopsykososiale modellen:

- Selv om den tredelte modellen er en praktisk fremgangsmåte, er ikke de tre elementene uavhengige, men utvikler seg ut fra hverandre. Det er ingen faktiske skiller verken innenfor eller på tvers av de foreslåtte sentrale aspektene. En person eksisterer ikke – og kan ikke forstås – atskilt fra hans eller hennes relasjoner, lokalsamfunn og kultur; mening skapes bare i samhandlingen mellom sosiale, kulturelle og biologiske elementer, og biologiske egenskaper kan ikke skilles fra det sosiale og mellommenneskelige miljøet.
- Til forskjell fra (noen versjoner av) biopsykososiale modeller er det ingen antakelse om patologi, og de «biologiske» aspektene settes ikke foran andre. Biologiske aspekter utgjør snarere ett forklaringsnivå, som oppstår fra og formes av alle de andre aspektene.
- Evnen til å skape mening (innenfor tilgjengelige diskurser) og til å ha styring i eget liv (innenfor materielle og biososiale begrensninger og kulturelle oppfatninger) er grunnleggende egenskaper hos mennesker. Personlig mening er ikke bare noe man velger fritt, men gjenspeiler opplevelser, relasjoner og de større sosiale og kulturelle omstendighetene. «Mening» – eller betydning – er en integrert del av måten man uttrykker og opplever alle former for emosjonell smerte på, noe som gir individets personlige responser både en felles og en unik form.

- Mens det meste av arbeidet innenfor psykisk helse (og relaterte områder) er rettet mot individet, mener vi at mening og smerte også må forstås på sosialt nivå, samfunnsnivå og kulturelt nivå. Dermed mener vi at MTM-rammeverket gjelder i like stor grad med tanke på forståelse, intervensjoner og sosial handling i videre forstand. Med andre ord er rammeverket på linje med en nyere FN-rapport som anbefaler å rette oppmerksomheten mot «maktubalanse» heller enn mot «kjemisk ubalanse» (UNHRC, 2017, s.19).

Del 4 viser hvordan de trusselreaksjonene og overlevelsesstrategiene som utvikler seg innenfor en makt–trussel–mening-kontekst, kan grupperes forsøksvis inn i omfattende, foreløpige, sannsynlighetsbaserte, dokumenterte *mønstre av meningsbaserte trusselresponser overfor makt.* Disse responsene – og de mønstrene de er en del av – kan beskrives med verb som vil være så nær det å erstatte diagnostiske termer som det er mulig å komme. «Omformet til verb blir diagnostiske kategorier livsstrategier» (se Laura Kerr på https://laurakkerr.com/, vår oversettelse). De foreslåtte mønstrene er dermed konseptuelt svært forskjellige fra diagnostiske grupperinger.

En viktig følge av prinsippene som er beskrevet over, er at de gir en potensiell løsning på det hittil uløselige dilemmaet som handler om bruk av vestlige psykiatriske klassifikasjonssystemer overfor ikke-vestlige kulturer og måter å uttrykke smerte på, både i Storbritannia og ellers i verden (for en mer inngående drøfting av etnisitet og kultur, se kapittel 2, 3 og 4 i hovedpublikasjonen). Innenfor MTM-rammeverket forventer man og er åpen for at det finnes svært forskjellige kulturelle opplevelser og uttrykk for smerte, uten å se på dem som underlige, primitive, mindre valide eller som fremmedartede varianter av det dominerende diagnoseparadigmet eller andre vestlige paradigmer. Det samme gjelder for historiske fenomener som for eksempel «hysteri». Sett som et metarammeverk som er basert på universelt utviklede menneskelige egenskaper og trusselresponser, gjelder de grunnleggende prinsippene i MTM-rammeverket uavhengig av tid og kultur. Her gir ufullstendige lister over trusselresponser og funksjoner (beskrevet senere) åpning for et ubestemt antall lokale og historisk spesifikke måter å uttrykke smerte på, der alle er formet av rådende kulturelle meninger.

Nedenfor beskrives *det grunnleggende makt–trussel–mening-mønstret* som oppstår ut fra de ulike elementene i MTM-rammeverket. Dette mønstret understøtter de spesifikke mønstrene som blir beskrevet senere, ved å oppsummere regelmessigheter i hvordan smerte oppleves og uttrykkes på helt generelt nivå.

Det grunnleggende makt–trussel–mening-mønstret

For å kunne identifisere meningsfulle mønstre i smerte innenfor de trendene og regelmessighetene som er beskrevet i detalj i hovedpublikasjonen, må startpunktet være det mest generelle grunnleggende mønstret som understøtter alle de andre, uavhengig av om det brukes på individ-, familie- gruppe- eller befolkningsnivå. I *det grunnleggende mønstret* som beskrives nedenfor, benyttes MTM-rammeverket for å kombinere den omfattende mengden forskning og dokumentasjon på det store spektret av sosiale og mellommenneskelige belastninger som er drøftet i hovedpublikasjonen. Ut fra dette kan trender og regelmessigheter på befolkningsnivå oppsummeres for eksempel som følger:

- Alle typer belastninger er vanligere i kontekster preget av ulikhet og andre former for deprivasjon, diskriminering, marginalisering og sosial urettferdighet.
- Sosiale diskurser og ideologisk mening former måten smerte oppleves og uttrykkes på.
- Forstyrrede tidlige tilknytningsrelasjoner er en form for belastning i seg selv og skaper også betingelser for biologisk medierte emosjonelle responser overfor senere belastninger.

- En stor del av den effekten belastninger har, kan forklares av faktorer som forsterker opplevelsen av fare. Disse faktorene kan være lavere utviklingsmessig alder, å føle seg fanget, mellommenneskelig og intensjonell trussel, uforutsigbarhet og mangel på kontroll over trusselen, gjentakende og flere trusler, å bli fysisk invadert, kroniske bakenforliggende trusler og mangel på noen å betro seg til og som kan fungere som en beskytter.

Beskyttende faktorer, som å være på et senere utviklingsstadium[12], å ha noen å betro seg til eller å ha mulighet til å komme seg unna, er motsetningen til de forverrende faktorene (se boks 1, «Forverrende aspekter ved belastninger»).

Boks 1. Forverrende aspekter ved belastninger

- Å være på et tidlig utviklingsstadium
- Mangel på person å støtte eller betro seg til og som kan gi beskyttelse
- Flere typer farer
- Langvarig eller gjentakende fare
- Farens alvorlighetsgrad
- Mangel på mulighet til å komme seg unna, eller «å være fanget»
- Mangel på forutsigbarhet og kontroll over trusselen
- Hvor fysisk invaderende trusselen er
- Nærhet i tid til – eller samforekomst med – andre trusler
- Trussel mot selvoppfatningen
- Mellommenneskelig og intensjonell trussel
- Følelse av å være sveket av enkeltpersoner eller institusjoner
- Oppfattet sosial trussel
- Flere gjerningspersoner
- Trussel som forekommer innenfor en emosjonell relasjon eller tilknytningsrelasjon
- Kronisitet, bakenforliggende trusler, enten i omgivelsene eller personlig

Det er godt dokumentert at disse faktorene øker sannsynligheten for emosjonelle skader i møte med trusler og belastninger. Disse faktorene er ikke spesifikke trusler i seg selv, men er *aspekter ved truende situasjoner* som *forsterker* opplevelsen av fare. Disse faktorenes motsetninger – for eksempel å være på et senere utviklingsstadium, å ha noen å betro seg til eller å kunne komme seg unna – vil, dersom alt annet er likt, *redusere* opplevelsen og effekten av fare.

I tillegg:

- *Effekten av belastninger er kumulativ.* Det er en klar dose–effekt-sammenheng, og etter hvert som belastningene blir flere, øker de negative utfallene (biologiske, psykologiske og sosiale) i samme takt.
- *Det å oppleve en eller flere belastninger øker risikoen for å oppleve senere belastninger.* Dette innebærer at enkle mønstre – at én trussel utløser én trusselrespons – vil være relativt sjelden i behandlingssituasjoner.
- *Effekten av belastninger er synergistisk.* Den kombinerte effekten av en eller flere belastninger er vanligvis større enn – og kan være kvalitativt forskjellig fra – summen av effekten av hver enkelt belastning.

---

12 Jf. Jean Piagets teori om kognitiv utvikling (overs. anm.)

- *Jo flere belastninger en person opplever, desto flere typer trusselresponser vil vedkommende benytte seg av.* I slike situasjoner vil en person måtte dra veksler på et større antall overlevelsesstrateger, noe som gjenspeiles i at det stilles flere psykiatriske diagnoser.
- *Noen trusselresponser, som de som gjerne diagnostiseres som «psykose», blir mer vanlige sammen med de kumulative og synergistiske effektene av belastninger,* og dermed kan det antas at de gjenspeiler større grad av skade.
- Effektene av belastninger kan *overføres fra en generasjon til en annen*, noe som bidrar til å opprettholde disse destruktive syklusene.
- Endelig kan *den psykiske helsetjenesten og andre menneskelige systemer ofte ha traumatiserende og retraumatiserende effekt i seg selv,* noe som setter i gang enda flere sykluser av kumulative og synergistiske hendelser der en diagnose bidrar til å bekrefte følelser av skam, utilstrekkelighet og eksklusjon, og antallet innleggelser, merkelapper og intervensjoner kan bli mangedoblet.

Alt dette til sammen resulterer i det som kan beskrives som *det grunnleggende makt–trussel–mening-mønstret* i psykisk smerte og andre atferdsmessige, helsemessige og sosiale utfall.

Den narrative oppsummeringen av *det grunnleggende mønstret* er som følger:

> *Økonomiske eller sosiale ulikheter og ideologisk mening som støtter negativ utøvelse av makt, fører til økt nivå av usikkerhet, mangel på sammenheng, frykt, mistro, vold og konflikt, fordommer, diskriminering og sosiale og relasjonelle belastninger i hele samfunn. Dette har følger for alle, og spesielt for mennesker med marginaliserte identiteter. Det begrenser pårørendes mulighet til å gi barn trygge tidlige relasjoner, noe som ikke bare er belastende i seg selv for et barn som er i utvikling, men som også kan svekke barnets evne til å håndtere påvirkningen av fremtidige belastninger. Belastninger henger sammen, på den måten at forekomsten av dem i en persons fortid eller nåværende liv øker sannsynligheten for å oppleve flere slike belastninger senere. Aspekter som intensjonell skade, svik, maktesløshet, følelsen av å være fanget og uforutsigbarhet øker effekten av disse belastningene, og denne effekten er ikke bare kumulativ, men også synergistisk. Over tid fører komplekse interagerende belastninger til betydelig økt sannsynlighet for å oppleve emosjonell smerte og problematiske væremåter. Disse måtene å uttrykke smerte på formes av tilgjengelige ressurser, sosiale diskurser, kroppslige egenskaper og de kulturelle omgivelsene, og deres viktigste funksjon er å fremme emosjonell, fysisk og sosial trygghet og overlevelse. Når belastningene hoper seg opp, øker antallet trusselresponser og alvorlighetsgraden deres parallelt, i tillegg til andre uønskede helsemessige, atferdsmessige og sosiale konsekvenser. I fravær av beskyttende faktorer eller intervensjoner vil syklusen kunne fortsette i flere generasjoner.*

Ut fra denne beskrivelsen er utfallene neppe overraskende. Likevel er det viktig å få forsknings-basert bekreftelse på denne fornuftbaserte konklusjonen, fordi den grunnleggende sett er helt motsatt av den diagnostisk baserte. Den viser at psykologisk og emosjonell smerte, som alle menneskelige opplevelser, er mediert av biologien, men ikke i noen forenklet forstand er forårsaket av den. Dette illustrerer det faktum at emosjonell smerte og problematiske væremåter varierer i alvorlighet, der det er sannsynlig at alle blir påvirket av konsekvensene av sosial urettferdighet, slik det gjenspeiles i vanlige aspekter ved hverdagslivet, selv om de ikke har opplevd bestemte traumatiske hendelser. For mindre heldige eller privilegerte personer illustrerer det hvordan ekstreme og invaliderende kontekster kan føre til ekstreme og invaliderende responser som svarer til de opplevde omstendighetene. Den antyder også at det kan være måter å bryte ut av syklusen på, selv i de mest utfordrende kontekster. Mønstret er oppsummert skjematisk i figur 1.

Det grunnleggende makt–trussel–mening-mønstret

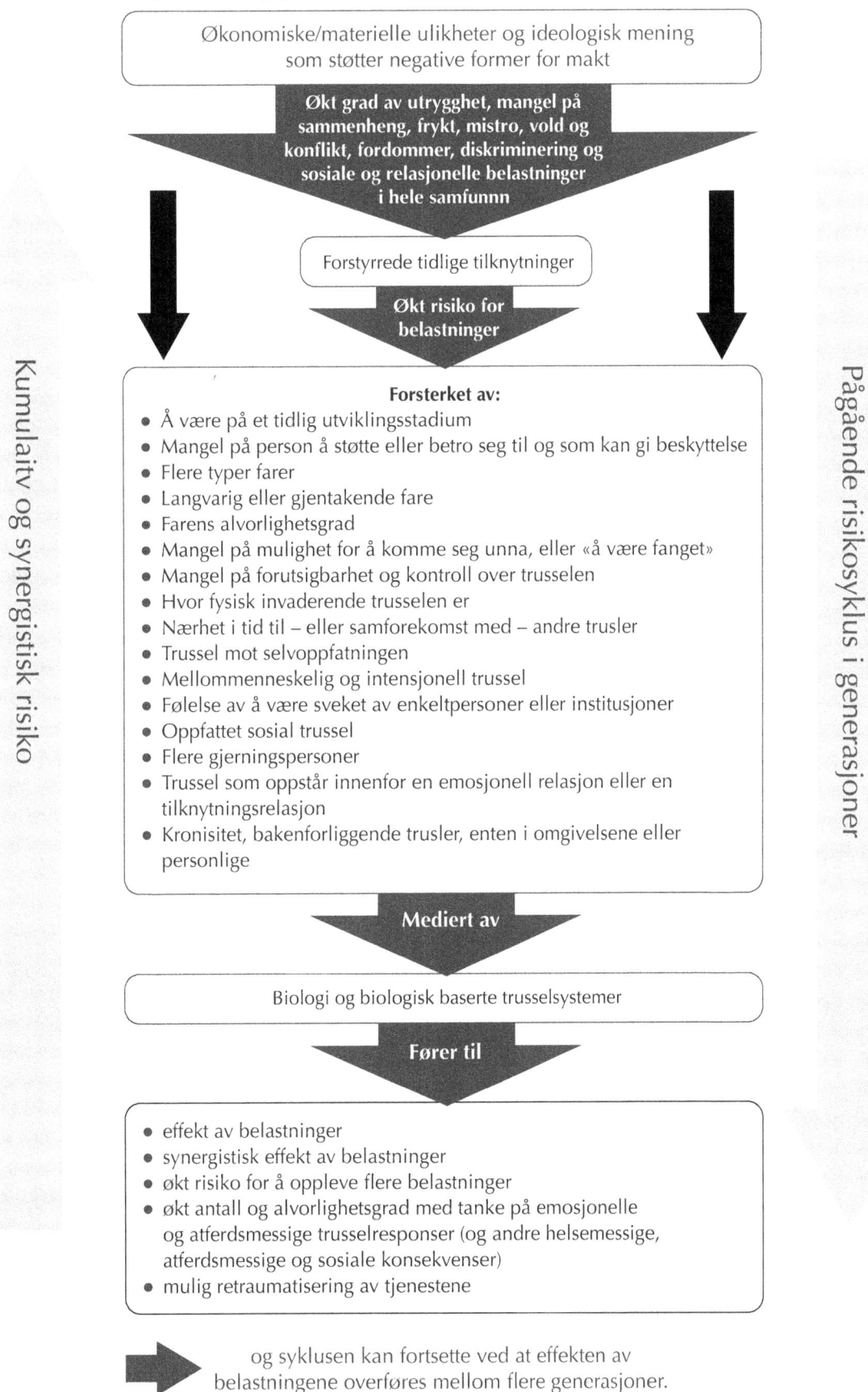

Økonomiske/materielle ulikheter og ideologisk mening som støtter negative former for makt

Økt grad av utrygghet, mangel på sammenheng, frykt, mistro, vold og konflikt, fordommer, diskriminering og sosiale og relasjonelle belastninger i hele samfunnn

Forstyrrede tidlige tilknytninger

Økt risiko for belastninger

Kumulaitv og synergistisk risiko

Pågående risikosyklus i generasjoner

Forsterket av:
- Å være på et tidlig utviklingsstadium
- Mangel på person å støtte eller betro seg til og som kan gi beskyttelse
- Flere typer farer
- Langvarig eller gjentakende fare
- Farens alvorlighetsgrad
- Mangel på mulighet for å komme seg unna, eller «å være fanget»
- Mangel på forutsigbarhet og kontroll over trusselen
- Hvor fysisk invaderende trusselen er
- Nærhet i tid til – eller samforekomst med – andre trusler
- Trussel mot selvoppfatningen
- Mellommenneskelig og intensjonell trussel
- Følelse av å være sveket av enkeltpersoner eller institusjoner
- Oppfattet sosial trussel
- Flere gjerningspersoner
- Trussel som oppstår innenfor en emosjonell relasjon eller en tilknytningsrelasjon
- Kronisitet, bakenforliggende trusler, enten i omgivelsene eller personlige

Mediert av

Biologi og biologisk baserte trusselsystemer

Fører til

- effekt av belastninger
- synergistisk effekt av belastninger
- økt risiko for å oppleve flere belastninger
- økt antall og alvorlighetsgrad med tanke på emosjonelle og atferdsmessige trusselresponser (og andre helsemessige, atferdsmessige og sosiale konsekvenser)
- mulig retraumatisering av tjenestene

og syklusen kan fortsette ved at effekten av belastningene overføres mellom flere generasjoner.

Figur 1. Det grunnleggende makt–trussel–mening-mønstret

Kommentarer til det grunnleggende makt–trussel–mening-mønstret

Disse er trender på befolkningsnivå og er ikke forhåndsbestemte individuelle forløp, og de beskriver risikoer, ikke noe som helt sikkert vil skje. Likevel har *det grunnleggende mønstret* ekstremt viktige implikasjoner for systemer innenfor psykisk helsefeltet og velferdstjenester som helhet.

En kumulativ og synergistisk modell av hvilken virkning belastninger har, understøtter ikke individualiseringen av smerte, verken medisinsk eller psykologisk. I stedet indikerer den at det er behov for handling, primært gjennom sosialpolitikk, så tidlig som mulig, før den selvdestruktive spiralen settes i bevegelse.

Opprinnelsen til «alt henger sammen med alt»-problemet er tydelig. Det å oppleve belastninger, spesielt tidlig i livet, skaper svært sammensatte, overlappende, meningsbaserte, kumulative og synergistiske mønstre der årsakssammenhengen er betinget og sannsynlig. Antallet mulige respons-kombinasjoner (enten de offisielt er karakterisert som «patologiske» eller ikke) er nesten uendelig. De spesifikke kausale sammenhengene som en psykiatrisk diagnose indikerer, eksisterer ikke og kan ikke eksistere i tilknytning til menneskelige responser på belastninger. Like viktig er det at vi heller ikke kan forvente å finne psykososiale versjoner av disse forbindelsene, i den forstand at en bestemt hendelse gir et bestemt resultat. *Det grunnleggende mønstret* løser altså ikke «alt henger sammen med alt»-problemet. I stedet legger det til grunn at det er slik ting «er». Dette er en viktig erkjennelse man burde ha kommet frem til for lenge siden.

Selv om mange mennesker som har fått en psykatrisk merkelapp, vil ha opplevd både tilknytnings-brudd og spesielle former for belastninger, kan ikke selv den mest kjærlige og trygge oppveksten beskytte mot alle farer, spesielt når den større konteksten er preget av sosiale ulikheter. Likedan er det svært få mennesker, uansett hva slags tidlig bakgrunn de har, som vil klare seg gjennom omstendigheter som vold i hjemmet, menneskehandel («trafficking»), flyktningstatus, kroniske fysiske smerter og dårlig helse, flere tap av nære relasjoner, alvorlige naturkatastrofer, krig, fangenskap og så videre, uten følelsesmessige arr. Jo færre beskyttende faktorer som er til stede i en persons liv (for eksempel alternative omsorgspersoner, sosial støtte, tilfredsstillende bolig, ferdigheter og evner, utdanning, tilgang til ressurser eller hensiktsmessige intervensjoner), desto mindre er sjansen for å komme seg ut av disse destruktive mønstrene. Imidlertid er det like viktig å erkjenne at hver av disse mulighetene også kan utvikle seg positivt – kanskje ved hjelp av en omsorgsfull slektning, et spesielt talent eller en endring i sosiale omstendigheter. Med riktig type støtte har mange mennesker klart å finne en vei ut av disse destruktive mønstrene.

Det grunnleggende mønstret oppstår i forbindelse med den negative innflytelsen som makt har, både umiddelbart og over lengre tid. Sammen med arbeidet til mange andre indikerer denne analysen at sosioøkonomiske strukturer påvirker de sosiale diskursene og betydningene som oppfyller og former ulike former for maktinteresser, i både negativ og positiv forstand. I alle disse situasjonene vil personens smerte sannsynligvis øke proporsjonalt med i hvilken grad vedkommende har tatt til seg de underliggende sosiale normene og diskursene, for eksempel de som har med passende kjønnsroller eller personlig ansvar å gjøre. Skam er en sosial følelse, og selv om en psykiatrisk diagnose noen ganger gir kjærkommen beskyttelse mot skam for egne handlinger, kan den også oppleves som en enkel beskrivelse av samfunnets oppfatning: «Du er et mislykket og uønsket medlem av den sosiale gruppen.» En diagnose kan dermed legge grunnlaget for å videreføre syklusen med traumatisering, diskriminering og sosial eksklusjon.

The British Psychological Society

Det grunnleggende MTM-mønstret kan brukes i kombinasjon med en liste over «dempende faktorer» som en kjapp sjekkliste over hvordan man kan forstå og validere graden av smerte eller funksjonsvansker som en bestemt person, en familie, en gruppe eller et lokalsamfunn har opplevd. Selv om MTM-rammeverket og *det grunnleggende MTM-mønstret* kan brukes som de er, kan de også anses som et metarammeverk som kan romme eksisterende modeller og evidensgrunnlag. I tillegg kan de fungere som et referansepunkt for å avdekke huller i eksisterende teori og praksis, som svært ofte oppstår som følge av utilstrekkelig oppmerksomhet på negative former for makt og tilhørende ideologisk mening.

Neste del beskriver *foreløpige hovedmønstre* innenfor *det grunnleggende makt–trussel–mening-mønstret*.

Del 4. Foreløpige hovedmønstre utledet fra det grunnleggende mønstret

Denne delen viser hvordan de fire hovedelementene *makt, trussel, mening* og *trusselrespons* kan brukes for å identifisere mønstre og regelmessigheter innenfor det overordnede *grunnleggende mønstret*. Disse regelmessighetene kan forstås som mer spesifikke eksempler på *mønstre av meningsbaserte trusselresponser overfor makt*.

Mot slutten av denne delen vil det bli vist hvordan disse foreløpige, sannsynlighetsbaserte, dokumenterte *hovedmønstrene* innenfor *det grunnleggende mønstret* kan fungere som et grunnlag for å utforme personlige narrativer, gruppenarrativer og/eller sosiale og samfunnsnarrativer som fremmer mening og aktørskap, og – sammen med dette – ha potensial til å skape håp, gjenoppbygge relasjoner og støtte sosial handling. *Rammeverket* og *hovedmønstrene* kan også brukes som en mer effektiv måte å oppfylle de øvrige formålene med psykiatriske diagnoser på, som å komme med forslag til intervensjoner, planlegging av tjenester, ta administrative avgjørelser og skape et grunnlag for forskning (slik det beskrives i hovedpublikasjonen).

Før vi beskriver *hovedmønstrene*, er det viktig å drøfte mer i detalj hva et «mønster» kan være i denne konteksten, samt likhetene og forskjellene mellom disse foreslåtte mønstrene og de mønstrene som brukes for å understøtte medisinske diagnoser.

Hva er et mønster?

På helt generelt nivå refererer et mønster til sammenhenger i de fenomenene som er under vurdering, og som ser ut til å forekomme oftere enn bare rent tilfeldig. At bestemte sammenhenger er meningsfulle, kan vise seg for eksempel ved at de opptrer svært ofte, at det er en viss evidens for årsakssammenheng, det vil si forløper–konsekvens-sammenheng, og ut fra kunnskap om prosesser som bidrar til å gjøre dem meningsfulle. Hovedpublikasjonen beskriver hvordan denne typen mønstre eller regelmessigheter i kroppslige funksjoner innenfor medisin fungerer som «maler» som leger prøver å matche en persons kroppslige plager med, for på den måten å få en eller annen forståelse for hvordan disse plagene har oppstått og kan lindres. Som nevnt er disse mønstrene også på svært forskjellige nivåer når det gjelder kompleksitet og utvikling, noe som gir ulik grad av forståelse av en persons problemer.

Vanskene med å utlede en spesifikk definisjon av begrepet «mønster» i en kontekst som denne er godt beskrevet i en klassisk artikkel om medisinsk diagnose som ble utgitt av Engle og Davis i 1963, men som er like relevant i dag (se f.eks. Rosenberg, 2002). Likhetene mellom målene med medisinsk diagnose og målene med alternativer til psykiatrisk diagnose er at de generelle argumentene også er relevante for å drøfte mønstre av emosjonelle og atferdsmessige vansker.

Ifølge Engle og Davis (1963) er medisinske diagnoser på forskjellige «nivåer av diagnostisk sikkerhet», noe som gjenspeiler de ulike kjennetegnene til mønstrene de er basert på, og hvor «sikker» en lege kan være på at pasientens første symptomer «matcher» et eller annet bestemt hovedmønster. På det første nivået på skalaen ligger manifestasjoner der årsakene vanligvis er svært klare og spesifikke, og der det er svært lite variasjon fra person til person eller miljø til miljø. Slike manifestasjoner kan være forfrysningsskader, knusningsskader og enkelte andre traumatiske utfall.

På det andre ytterpunktet – på det femte nivået på Engle og Davies' skala – er sammenstillinger av tegn og symptomer hvis årsaker ikke er kjent, og det er en god del variasjon fra person til person. Mellom disse nivåene er det mønstre med mer eller mindre godt definerte sammenhenger mellom årsaker og utfall og/eller mer eller mindre variasjon i individuelle manifestasjoner.

Det kan argumenteres for at en psykiatrisk diagnose rett og slett ligger på et lavt nivå på denne skalaen, men det er ikke tilfellet. På bakgrunn av de årsakene som er drøftet i kapittel 1 i hoved-publikasjonen, når ikke de *DSM-* og *ICD*-grupperingene som funksjonelle psykiatriske diagnoser er basert på, engang opp til Engle og Davis sitt laveste «sikkerhetsnivå» – konstellasjoner av tegn og symptomer – selv om vanlig feilbruk av termene «tegn» og «syndrom» i drøftinger av psykiatrisk diagnose kan tyde på noe annet.

Engle og Davis har flere viktige poenger om generelle medisinske mønstre, og om hvilken rolle de spiller i forståelsen av individuelle problemer. For det første er mønstrene – og det at de er atskilt fra hverandre – alltid foreløpige. Vi kan peke på noe evidens om deres validitet, men de er aldri endelige. For det andre finnes det forskjellige typer mønstre basert på forskjellige typer evidens, herunder anatomiske endringer, årsaksfaktorer, genetiske eller biokjemiske avvik, og så videre. For det tredje er hvert mønster understøttet av kompleks teori og forskning om «elementene» og hvordan disse henger sammen, og denne teorien og forskningen blir også modifisert kontinuerlig. Endelig henger disse mønstrene på forskjellige måter sammen med vår forståelse av en persons problemer. Hos noen er sammenhengen mellom mønstrene og problemene klar og tydelig, hos andre er den mer åpen og usikker.

Det er blitt påpekt at den typen mønstre man ville forvente å finne i menneskers emosjonelle og atferdsmessige vanskeligheter, samt årsakene til dem og konsekvensene av dem, er svært forskjellige fra den typen mønstre man finner i somatiske problemer som ligger til grunn for medisinske diagnoser, at de er gjenstand for fundamentalt forskjellige typer årsaksmessig regelmessighet, og at de derfor må være basert på svært forskjellige teoretiske antakelser. Engle og Davis' generelle poenger er imidlertid relevante for oppgaven med å beskrive mønstre vi kan gå ut fra for å forstå emosjonelle og atferdsmessige vansker. Mer spesifikt vil ikke disse regelmessighetene samsvare med en enkel og direkte definisjon av «mønster». Det kan finnes ulike former for evidens som bekrefter deres validitet, inkludert at de er basert på hensiktsmessige teoretiske rammeverk, regelmessighet, evidens for årsak–virkning-sammenhenger og kjennskap til mulige underliggende mekanismer, men mønstrene og deres grenser er nødvendigvis foreløpige og har en udefinert sammenheng med problemene til bestemte enkeltpersoner eller grupper. Likevel kjennetegnes de spesifikke mønstrene som foreslås i dette dokumentet, av hvor forbausende konsekvent de ulike elementene i dem dukker opp i ulike typer forskning om befolknings- og brukergrupper. Denne forskningen inkluderer historiske og teoretiske analyser, demografiske data, spørreundersøkelser, eksperimentell og annen kvantitativ forskning, kvalitative analyser og sist, men ikke minst den store mengden personlige vitnesbyrd om smerte og uvanlige opplevelser.

Å beskrive meningsfulle sammenhenger: sammenhenger mellom trussel og trusselrespons

Mønstrene som kan avledes fra MTM-rammeverket og *det grunnleggende mønstret*, er basert på å gjenopprette forbindelsene mellom meningsbaserte trusler og meningsbaserte trusselresponser.

Det er nyttig å huske at i noen situasjoner er disse forbindelsene lette å gjenkjenne. Det er knapt nødvendig å si at dersom en person man er glad i, dør, oppleves det som et tap og fremkaller vanligvis en sorgreaksjon; fravær av tilknytningspersoner oppleves som å bli forlatt og fører til angst og søkeatferd hos små barn; trusler mot fysisk trygghet resulterer i panikk og en kamp–flukt–frys-reaksjon, og så videre. Vi tilskriver imidlertid vanligvis ikke patologi der den umiddelbare psykososiale årsakshendelsen er åpenbar. Derfor anses ikke den forbigående sterke reaksjonen på sorg (gråt, desperasjon, å høre eller se personen som er død, søvnløshet, rastløshet, konsentrasjonsvansker og så videre) som en psykiatrisk sykdom, selv om denne sammenstillingen av responser utvilsomt ville kunne tilsi en diagnose i tilfeller der det ikke finnes noen åpenbar årsak. Vi antar ikke at et panisk, gråtende, klamrende barn har en «forstyrrelse» når vi innser at hun har mistet moren sin i en folkemengde. Vi tenker ikke at en hyperårvåken, svært engstelig soldat plutselig har utviklet en «psykisk lidelse» hvis han faktisk står overfor krigshandlinger. På samme måte har forskere som har tatt for seg diagnosen «paranoia», kommentert at dens godt dokumenterte sammenheng med opplevelser av mobbing, vold, diskriminering og utrygge miljøer gjør den «forståelig og i høyeste grad adaptiv» (Shevlin et al., 2015, s. 213). Innenfor allmennhelsetjenesten kan sammenhengen mellom en truende hendelse og smerte (for eksempel å få en dødelig diagnose, en vanskelig barnefødsel) også være åpenbar, selv om det kan være mindre kunnskap om hva som trigger tidligere belastninger.

Noen av disse sammenhengene er anerkjent innenfor psykiatriske diagnoser som eksempelvis «PTSD», og interessant nok ser dette ut til å være del av en økende trend. *DSM-5* har flyttet «PTSD» fra den generelle kategorien «angstlidelser» til et nytt kapittel om «traume- og belastningsrelaterte lidelser», som er beskrevet som «unikt innenfor *DSM-5* ved at det krever at det påvises en utløsende ytre hendelse» (APA, 2013, vår oversettelse). Det kan inkludere «reaktiv tilknytningsforstyrrelse» (RTF), *DSM*-diagnosen «disinhibited social engagement disorder» (i *ICD* er denne kalt «udiskriminerende tilknytningsforstyrrelse», overs. anm.), «akutt stresslidelse», «tilpasningsforstyrrelse» og andre spesifiserte eller uspesifiserte «reaksjoner på alvorlig belastning». Det sies at RTF utvikler seg «som følge av mishandling og/eller omsorgssvikt». Akutt stresslidelse følger av «eksponering for faktisk eller trusler om død, alvorlig skade eller seksuell vold». Tilpasningsforstyrrelse «oppstår innen en måned etter en belastende hendelse». «Udiskriminerende tilknytningsforstyrrelse» er «resultatet av omsorgssvikt». Med andre ord er «symptomene» i alle disse diagnosene tydelig beskrevet som mønstre av trusselresponser overfor psykososiale hendelser og omstendigheter; faktisk er biologiske årsaker eksklusjonskriterier. Dette nye kapitlet forener *DSM* og *ICD* med tanke på «dissosiative lidelser» (inkludert dissosativ identitetsforstyrrelse, dissosiativ amnesi og depersonalisering og derealisering) som de eneste stedene der «lidelser» er tydelig anerkjent som responser på belastende psykososiale hendelser. Trenden med å beskrive psykiatriske manifestasjoner som konsekvenser av psykososiale belastninger, dog innenfor et «lidelses»-rammeverk med alle dets begrensninger, ville ha vært enda sterkere dersom van der Kolk (2014) og kollegaers detaljerte forslag til de nye kategoriene «kompleks traumelidelse» og «utviklingsforstyrrelse» som erstatning for mange måter å bruke *DSM-IV*-diagnoser på var blitt akseptert.

På samme måte er det blitt foreslått å inkludere en ny kategori, kompleks posttraumatisk stresslidelse (forkortet «komplekse traumer»), i *ICD-11*. Denne er definert slik:

En lidelse som kan utvikle seg etter eksponering for en hendelse eller serie av hendelser av ekstrem eller vedvarende eller repetitiv art, som oppleves som ekstremt truende eller skremmende, og som det er vanskelig eller umulig å flykte fra (for eksempel tortur, slaveri, folkemord, vedvarende vold i hjemmet, gjentatte seksuelle eller fysiske overgrep i barndommen). (Maercker et al., 2013, vår oversettelse)

I dette dokumentet er påstanden at det store flertallet av opplevelser som beskrives som «symptomer» på «funksjonelle psykiatriske lidelser» (og mange andre problemer, inkludert noen eksempler på kriminell atferd), kan forstås på denne måten, men uten noen antakelse om «psykisk lidelse», så snart de meningsbaserte truslene er blitt identifisert og sammenhengen med de beskyttende trusselresponsene er gjenopprettet. Eksemplene over gjør det også klart at responsene må beskrives på *funksjonsnivå*, ikke bare på atferds- og reaksjonsnivå, som vanligvis er blitt kalt «symptomer». Formålet med et barns gråt er å tiltrekke morens oppmerksomhet; formålet med soldatens høye aktivering er å forberede soldaten for kamp; formålet med mistenksomhet er å beskytte seg mot angrep, og så videre.

Mange faktorer kombineres for å sikre at disse sammenhengene er tilslørt i det meste av det som kalles «psykisk sykdom», og også i «krenkende atferd» og andre helsemessige og sosiale utfall. Kort oppsummert er disse som følger:

- Trusselen (eller maktutøvelsen) kan være mindre åpenbar fordi den er subtil, kumulativ og/eller sosialt akseptert. Disse faktorene dekker over den negative maktutøvelsen og gjør det dermed mulig å videreføre den.
- Trusselresponsen fortsatt er aktivert, selv om det gjerne er lenge siden den truende hendelsen skjedde.
- Truslene kan bli så mange og responsene så mange og forskjellige at forbindelsene mellom dem blandes sammen og er uklare.
- Tilsynelatende mindre trusler og belastninger kan ha hopet seg opp over en svært lang tidsperiode – spesielt hos eldre mennesker.
- Trusselresponsen kan anta en uvanlig eller ekstrem form som ikke like åpenbart er knyttet til selve trusselen, for eksempel tilsynelatende «merkelige» overbevisninger, å høre stemmer, selvskading eller å sulte seg.
- Personen som opplever smerten, er kanskje ikke bevisst på hendelsen(e) eller sammenhengen selv, siden hukommelsestap, dissosiasjon og så videre er del av vedkommendes mestringsstrategier.
- Personen som opplever smerten, kan ha vennet seg til å avvise muligheten for at det er en sammenheng, fordi en slik erkjennelse kan ha føltes farlig, stigmatiserende, skamfull eller uhjelpsom på andre måter.
- Manglende erkjennelse av disse sammenhengene kan skyldes sosiale diskurser om skam, svakhet, skyld og så videre.
- Fagpersoner innen psykisk helse er opplært til å tilsløre denne forbindelsen ved å bruke diagnoser, noe som påfører klienten et mektig ekspertnarrativ om individuelle svakheter og medisinsk sykdom.
- På alle nivåer i samfunnet er det en motstand mot å erkjenne hvor utbredt trusler er, og de negative virkningene av makt.

- Det er mange som har personlige, familiemessige, faglige, organisatoriske, samfunnsmessige, forretningsmessige, økonomiske og politisk interesser i å holde trussel og trusselrespons atskilt, for på den måten å opprettholde modellen for «medisinsk sykdom». I kombinasjon frarøver påvirkningene ovenfor mennesker et felles sosialt rammeverk av tanker der de kan forstå sine egne opplevelser på egne premisser.

Til sammen bidrar disse faktorene til å sikre at slike opplevelser kan «skje utenfor den sosialt bekreftede virkeligheten» og dermed bli «noe man ikke snakker om» (Herman, 2001, s. 8). Denne prosessen, som er blitt beskrevet som «blindhet overfor svik» (Freyd & Birrell, 2013), opererer på flere nivåer – personlig, familiemessig, institusjonelt og samfunnsmessig. Med Judith Hermans ord: «Undertrykkelse, dissosiasjon og fornektelse er fenomener ved så vel sosial som individuell bevissthet» (Herman, 2001, s. 9, vår oversettelse). Effekten på personen som er diagnostisert, kan bli ansett som en form for «epistemisk urett» (Fricker, 2007), et begrep som beskriver prosessen der medlemmer av marginaliserte grupper er fratatt de sosiale ressursene som gjør det mulig for dem å forstå sine opplevelser utenom de dominerende diskursene. Vi kommer tilbake til dette senere.

I mellomtiden er de viktig å understreke at innenfor de relevante avsnittene i *ICD* og *DSM* er trusselresponser fortsatt ansett som separate medisinske «symptomer» eller plager. Til sammen-likning grupperer MTM-rammeverket dem ut fra deres viktigste *funksjoner*, som i sin tur er knyttet til menneskers kjernebehov for å bli beskyttet, føle seg verdsatt, ha aktørskap og kontroll i eget liv, finne en plass i den sosiale gruppen, og så videre. Disse strategiene går på tvers av de tradisjonelle grensene for hva som anses som «normalt» eller «unormalt».

Boks 2. Grupperinger av trusselresponser ut fra funksjon

Å regulere overveldende følelser	F.eks. gjennom dissosiasjon, selvskading, fragmentering av minner, sykelig overspising og oppkast, selektiv minnekoding, å utføre ritualer, intellektualisering, oppstemthet, nedstemthet, å høre stemmer, bruk av alkohol og andre rusmidler, ulike former for tvangshandlinger, overspising, fornektelse, projeksion, splitting, derealisering, kroppslige fornemmelser, kroppslig nummenhet
Å beskytte seg mot fysisk fare	F.eks. gjennom hyperårvåkenhet, søvnløshet, flashbacks, mareritt, kamp–flukt–frys, mistenksomhet, isolasjon, aggresjon
Å bevare en følelse av kontroll	F.eks. gjennom å sulte seg, ritualer, vold, dominerende atferd i relasjoner
Å søke tilknytning	F.eks. gjennom idealisering, ettergivenhet, å søke omsorg og emosjonelle responser, bruk av seksualitet
Å beskytte seg mot tap av tilknytning, bli såret og forlatt	F.eks. gjennom å avvise andre, mistro, søke omsorg og emosjonelle responser, underkastelse, selvklandring, mellommenneskelig vold, samlemani, ettergivenhet, selvsensur, å straffe seg selv
Å bevare identitet, selvbilde og selvfølelse	F.eks. gjennom grandiositet, uvanlige overbevisninger, å føle seg berettiget, perfeksjonisme, streben, dominerende atferd, fiendtlighet, aggresjon
Å beholde en plass i den sosiale gruppen	F.eks. gjennom streben, konkurranseinnstilling, ettergivenhet, selvsensur, selvklandring
Å oppfylle emosjonelle behov, selvtrøst	F.eks. gjennom rugging, selvskading, hudplukking, overforbruk, alkoholbruk, overspising, seksuell tvangsatferd
Å kommunisere smerte, å fremkalle omsorg	F.eks. gjennom selvskading, uvanlige overbevisninger, å høre stemmer, å sulte seg
Å finne mening og formål	F.eks. gjennom uvanlige overbevisninger, overarbeid, oppstemthet

Boks 2 viser en ufullstendig liste over trusselresponser. Alle opplever eller benytter seg av disse ulike formene for reaksjoner og atferd av og til, og dette er ikke nødvendigvis et problem. Mange av dem – som å søke tilknytning – er rett og slett en del av det å være menneske. Ergo fungerer de ikke alltid som beskyttelse mot fare, uavhengig av om de faller inn under de sosiale kategoriene for hva som er «normalt» eller til og med ønskelig (for eksempel hardt arbeid), eller det som anses «patologisk» (for eksempel å ha uvanlige overbevisninger, å høre stemmer). Imidlertid kan de, spesielt hvis de fungerer som en trusselrespons, bli problematiske i seg selv.

Hvilken funksjon bestemte trusselresponser har, vil variere fra situasjon til situasjon og fra person til person, selv om enkelte kulturspesifikke fellestrekk er å forvente. Som drøftet i hovedpublikasjonen er det fordi forskjellige kulturer gir «sammenstillinger av symptomer» eller kulturelt anerkjente måter å uttrykke smerte på. I tillegg kan den samme trusselresponsen ha flere funksjoner for en person. Ergo kan selvskading bli brukt for å straffe seg selv, som kommunikasjon og for å få utløp for følelser samtidig. Alle disse strategiene kan representere menneskers forsøk – bevisst eller ikke – på å overleve de negative virkningene av makt og belastninger ved å bruke de ressursene de har tilgjengelig. Å håndtere overveldende følelser og minner er et sentralt overlevelsesbehov ved alle former for smerte og vil derfor sannsynligvis utløse et svært bredt spekter av trusselresponser.

Å gjenopprette forbindelsene mellom trusler og trusselresponser innenfor MTM-rammeverket

MTM-rammeverket gir en struktur for å gjenopprette forbindelsene mellom meningsbaserte trusler (som svik, å bli forlatt, fysisk fare) og meningsbaserte trusselresponser (som hyper-årvåkenhet, selvskading og å utføre ritualer). Å sette alle disse inn i en større kontekst av makt og sosial eller ideologisk mening vil bidra til å identifisere noen generelle, sannsynlighetsbaserte og overlappende *hovedmønstre* og regelmessigheter innenfor *det grunnleggende MTM-mønstret*.

Figur 2 («Mal for hovedmønstre innenfor makt–trussel–mening-rammeverket») kan bidra til å illustrere denne prosessen. Den bidrar til å utdype *det grunnleggende makt–trussel–mening-mønstret*. Hovedelementene i *det grunnleggende mønstret (makt, trussel, forverrende* eller *dempende faktorer* og *trusselresponser)* er blitt utvidet for å kunne gi en mer detaljert beskrivelse av de ulike aspektene deres. «Medierende biologiske faktorer» kunne for eksempel inkludere ikke bare biologisk baserte trusselresponser, men generelle faktorer som hormonelle endringer, temperamentrelaterte faktorer, effekten av restriksjoner på matinntak eller søvnfrarøvelse, endringer forbundet med aldring, og så videre, samt konsekvensene av nevrologiske utviklingsforstyrrelser, slag eller hjerneskade, hvis det er relevant. Ved å legge til «mening og diskurser» blir det mulig å gjøre en nærmere vurdering av den karakteristiske personlige og sosiale meningsdannelsen trusler kan oppleves gjennom.

Denne utvidede versjonen av elementene i *det grunnleggende mønstret* kan brukes som støtte ved identifiseringen av evidensbaserte, men overlappende og betingede *foreløpige hovedmønstre* innenfor *det grunnleggende mønstret*, som beskrevet i neste del, «Foreløpige hovedmønstre: å identifisere elementene og byggesteinene».

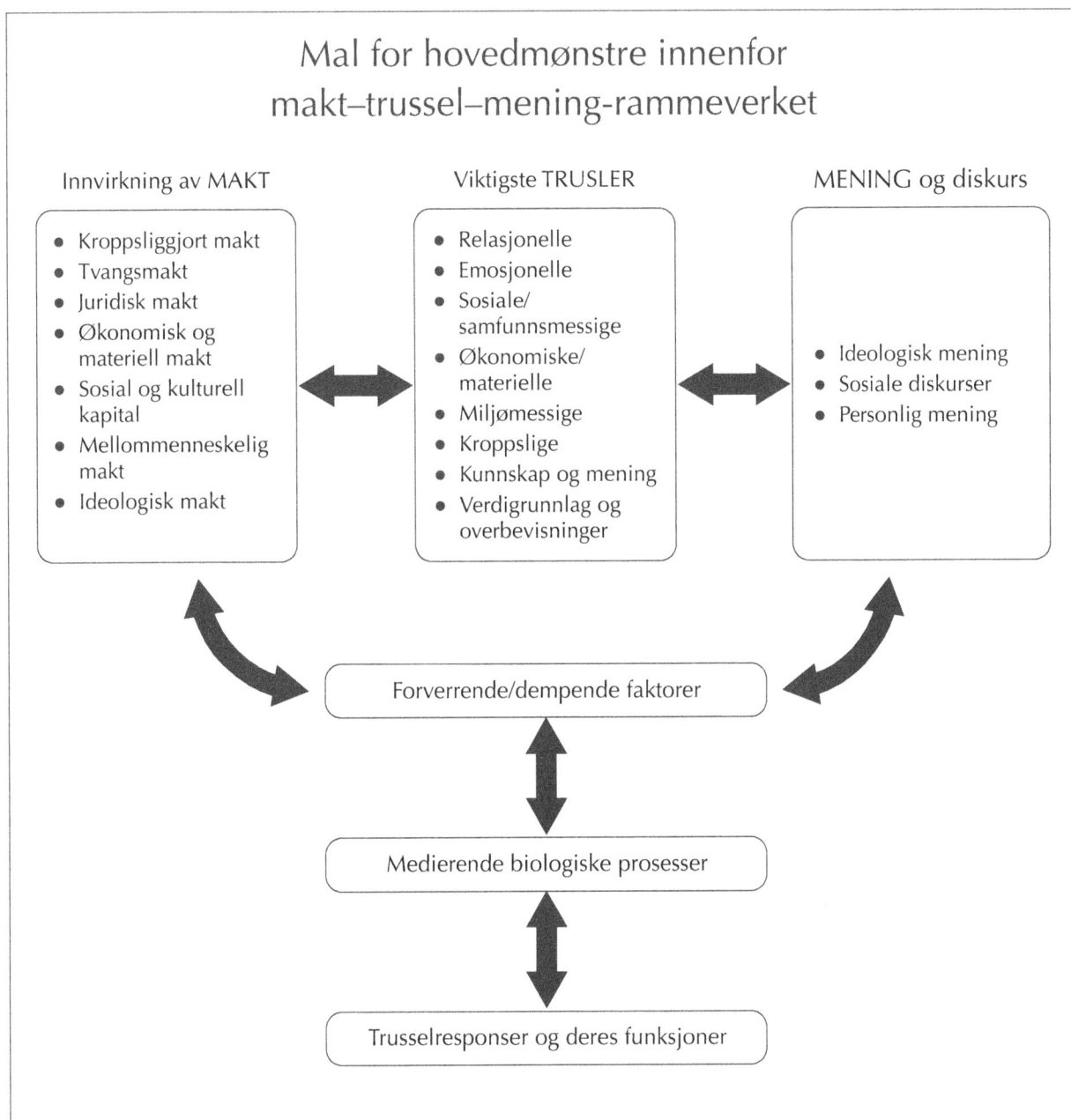

Mal for hovedmønstre innenfor makt–trussel–mening-rammeverket

Innvirkning av MAKT

- Kroppsliggjort makt
- Tvangsmakt
- Juridisk makt
- Økonomisk og materiell makt
- Sosial og kulturell kapital
- Mellommenneskelig makt
- Ideologisk makt

Viktigste TRUSLER

- Relasjonelle
- Emosjonelle
- Sosiale/ samfunnsmessige
- Økonomiske/ materielle
- Miljømessige
- Kroppslige
- Kunnskap og mening
- Verdigrunnlag og overbevisninger

MENING og diskurs

- Ideologisk mening
- Sosiale diskurser
- Personlig mening

Forverrende/dempende faktorer

Medierende biologiske prosesser

Trusselresponser og deres funksjoner

Figur 2. Mal for hovedmønstre innenfor makt–trussel–mening-rammeverket

Foreløpige hovedmønstre: å identifisere elementene og byggesteinene

I denne delen utvikles et foreløpig, evidensbasert sett av byggesteiner innenfor de fire aspektene *makt, trussel, mening* og *trusselrespons*. Disse byggesteinene blir så brukt som grunnlag for å beskrive *hovedmønstre* innenfor *det grunnleggende MTM-mønstret.*

Disse listene er ikke uttømmende, uansett hvilken kulturell setting de brukes i. De er ment å være og fortsetter å være åpne for å kunne utvikle uttrykk for smerte innenfor bestemte lokale og historiske kontekster. På samme vis er videre forskning nødvendig for ytterligere å bekrefte hvor valide og praktisk nyttige de ulike elementene er.

Det kan ikke understrekes nok at de fire aspektene *makt, trussel, mening* og *trusselrespons* er uatskillelige – begrepsmessig og erfaringsmessig – selv om de her beskrives hver for seg i den hensikt å forklare og tydeliggjøre.

Nedenfor ser vi nærmere på disse fire aspektene.

MAKT: Hvordan opererer makt i livet ditt? («Hva har skjedd med deg?»)

Makt kan utøves på en positiv måte, i form av beskyttelse, støtte og tilgang på ressurser, og også på en negativ måte. Det er umulig å beskrive negativ utøvelse av makt uten samtidig å nevne både trusselen den kan medføre og meningsinnholdet som er implisert i trusselen. MTMs tydelige avgrensning av de mange mulige kildene til makt i livet til et barn, en voksen, en gruppe eller et lokalsamfunn er sentral for å skape sammenhengende forståelse av menneskers erfaringer og burde være startpunktet for all forståelse av smerte og urovekkende oppførsel.

Makt utøves gjennom både nære og mer fjerntliggende faktorer, mediert gjennom kroppslige egenskaper, relasjoner, sosiale strukturer, institusjoner, organisasjoner og samhandlinger i hverdagen. Den utøves med eller uten vår bevissthet på den. Det finnes ikke en etablert oversikt over «typer» makt, men følgende beskrivelser beskriver mange aspekter ved måten makt opererer på, innenfor separate, men beslektede områder:

- *Biologisk eller kroppsliggjort makt* utøves på både positive og negative måter gjennom kroppsliggjorte egenskaper og deres kulturelle mening, for eksempel styrke, fysisk fremtoning, fertilitet, hudtone og -farge, kroppsliggjorte talenter og evner og fysisk helse og trivsel.
- *Tvangsmakt eller makt ved bruk av tvang* er en uunngåelig del av krig og kamp, men innebærer også bruk av vold, aggresjon, trusler eller fysisk styrke for å skremme, true eller oppnå føyelighet. Selv om makt ved tvang ofte er en negativ form for makt, kan den brukes på en positiv måte, for eksempel når foreldre tar små barn bort fra en farlig situasjon.
- *Juridisk makt* kan også innebære tvang, som arrestasjon, fengsling eller sykehusinnleggelse. Den er også knyttet til et bredt spekter av regler og sanksjoner som regulerer og kontrollerer mange områder av livet og atferden vår, støtter opp under eller begrenser andre aspekter ved makt, gir eller begrenser valgmuligheter, beskytter menneskers rettigheter, opprettholder sosial orden, og så videre.
- *Økonomisk og materiell makt* innebærer å ha midler til å skaffe seg verdsatte eiendeler og tjenester, til å kontrollere andres tilgang til dem og til å holde på med aktiviteter man liker. Denne typen makt gjelder på flere områder, inkludert bolig, arbeid, transport, utdanning, medisinsk behandling, fritid, juridiske tjenester, trygghet og sikkerhet og privatliv.
- *Sosial eller kulturell kapital* refererer til en form for makt kjennetegnet av en blanding av verdsatte kvalifikasjoner, sosiale identiteter, kunnskap og sosiale sammenhenger som indirekte kan overføres til neste generasjon. Dette innebærer i økende grad tilgang til og ferdigheter i å bruke datamaskiner, sosiale medier og andre nye former for teknologi samt å forstå hvordan denne kan forme livet vårt, på godt eller vondt.
- *Mellommenneskelig makt:* Selv om alle former for makt kan utøves gjennom relasjoner, refererer denne typen makt mer spesifikt til typen makt som benyttes for å passe på eller ikke passe på eller beskytte noen, å hjelpe dem eller å forlate dem, å gi, trekke tilbake eller holde tilbake kjærlighet og omsorg, å undergrave eller støtte andre i å utvikle egne overbevisninger og identiteter, og så videre.

- *Ideologisk makt* innebærer kontroll over mening, språk og «agendaer». Den inkluderer også makt til å skape narrativer som støtter bestemte sosiale og økonomiske interesser, til å skape oppfatninger eller stereotyper om bestemte grupper, til å tolke egne eller andres erfaringer, væremåter og følelser og til å få denne forståelsen bekreftet av andre samt makten til å bringe andre til taushet eller undergrave dem. Dette er en av de mer skjulte formene for makt, og den utøves på mange områder, inkludert i media, i reklame, av myndigheter, innenfor utdanning, i rettssystemet, i helsevesenet og innen vitenskap og forskning. Sosiale medier og internett har tillatt stadig mer gjennomgripende og avanserte måter å utøve makt på, som ofte ligger over vårt kunnskapnivå, vår bevissthet eller våre ferdigheter.

Som drøftet i detalj i hovedpublikasjonen kan den negative utøvelsen av makt innenfor disse nært beslektede områdene og mangelen på sosialt verdsatte egenskaper og ressurser skape utfordrende og truende kontekster og samtidig begrense menneskers mulighet til å respondere på disse truslene.

TRUSSEL: Hva slags trusler utgjør det for deg? («Hvordan har det påvirket deg?»)
En trussel beskriver de risikoene eller farene som negativ utøvelse av makt, som beskrevet ovenfor, kan utgjøre for trygghheten og overlevelsen til enkeltpersoner og/eller grupper. Siden de tre aspektene *makt*, *trussel* og *mening* er sammenvevd, vil en liste over trusler uunngåelig indikere både hvor de har sin opprinnelse og hvilken mening de har.

I situasjoner som for eksempel naturkatastrofer er maktpåvirkningen mer indirekte og kan vise seg gjennom for eksempel forskjellige muligheter til å gjøre forebyggende tiltak i forkant eller å få tilgang til materiell støtte i etterkant. I tillegg er vi alle sårbare overfor å oppleve tilfeldige og uunngåelige trusler, for eksempel uventet tap av noen vi er glad i, ulykker eller svekket fysisk helse. Igjen vil effekten av makt her hovedsakelig være avhengig av hvilken støtte man har gjennom disse livshendelsene, og ut fra hvor godt forberedt vi er blitt tidlig i livet til å kunne håndtere den emosjonelle effekten av dem.

De sentrale truslene mot trygghet, overlevelse og livskvalitet kan forstås som det motsatte av menneskelige kjernebehov (beskrevet tidligere), og disse inkluderer:

Relasjonelle trusler: for eksempel forstyrrede tilknytningrelasjoner, å bli forlatt, svik, isolasjon, å bli skjemmet ut og ydmyket, avvisning, fiendtlighet, forsømmelse, å miste noen man er glad i, mangel på beskyttelse, en følelse av å være fanget, trusler mot grenser, autonomi eller kontroll, utvikling av selvforståelse og identitet, nedvurdering.

Emosjonelle trusler: å føle seg emosjonelt overveldet og utrygg.

Sosiale/samfunnsmessige trusler: for eksempel isolasjon, eksklusjon, fiendtlighet, sosialt nederlag, urett eller urettferdighet, tap av sosial eller jobbrelatert rolle.

Økonomisk*e/materielle trusler:* for eksempel fattigdom, manglende evne til å møte grunnleggende fysiske behov eller til å få tilgang på grunnleggende tjenester for seg selv og/eller dem man forsørger.

Trusler i omgivelsene: for eksempel manglende trygghet, fysiske trusler, følelsen av å være fanget, å miste kontakt med hjemlandet eller naturen.

Kroppslige trusler: for eksempel svekket helse, kroniske smerter, kroppslig funksjonsnedsettelse, skade, funksjonstap, fysisk fare, sult, utmattelse, kroppslig invadering.

Trusler relatert til kunnskap og meningskonstruksjon: Mangel på muligheter, støtte eller sosiale ressurser for å få tilgang til og bruke viktige informasjonskilder og skape mening av egne opplevelser, devaluering av egen kunnskap, egne forståelser og erfaringer på grunn av assymmetriske maktrelasjoner, å bli påtvunget meninger fra sosiale diskurser og av andre med mer makt.

Identitetstrusler: Mangel på støtte for å utvikle sin egen identitet, tap av sosial, kulturell eller åndelig identitet, at man selv eller gruppen man tilhører, påtar seg eller blir påtvunget devaluerte eller underordnede identiteter eller identiteter preget av skam.

Trusler mot verdigrunnlag: tap av formål, verdier, overbevisninger og meninger, tap av samfunnsritualer, trossystemer og praksiser.

Boks 3. Mening

MENING – Hvilken mening tillegger du det som har skjedd med deg? («Hvordan har du forstått det som har skjedd?»)	
Utrygg, redd, angrepet	Fanget
Forlatt, avvist	Overvunnet
Hjelpeløs, maktesløs	Mislykket, mindreverdig
Håpløs	Skyldig, klanderverdig, ansvarlig
Invadert	Sveket
Kontrollert	Skjemmet ut, ydmyket
Emosjonelt overveldet	Følelse av urett/urettferdighet
Emosjonelt «tom»	Følelse av meningsløshet
Dårlig, uverdig	Uren, ond
Isolert, ensom	Fremmed, farlig
Ekskludert, fremmedgjort	Annerledes, «unormal»

Som allerede nevnt kan ikke de truende effektene av maktutøvelse forstås uten å se på hvilken mening de har for enkeltpersonen og/eller den sosiale gruppen. Maktutøvelsen (for eksempel i form av overgrep) innebærer ikke nødvendigvis en varig trussel for personen (for eksempel skam) hvis han eller hun får støtte til å kunne skape mening med hendelsen (eksempelvis «det var ikke din feil»). Motsatt kan tilleggelse av mening skape en følelse av fare selv om det for øyeblikket ikke eksisterer noen trussel, slik det er blitt observert i noen tilfeller av mistenksomhet («paranoia»). «Mening» er dermed tråden som binder alle de andre aspektene ved MTM-rammeverket sammen.

Som drøftet i hovedpublikasjonen forstås «mening» her som å være sammensatt sosialt, relasjonelt og personlig av både overbevisninger og følelser samt gjennom kroppslige reaksjoner. For eksempel består skam av både en kroppsliggjort følelse og en oppfatning om en selv, og det samme gjelder frykt, ydmykelse, mislykkethet, verdiløshet og så videre.

På et førrefleksivt nivå kan bestemte meninger («denne personen er ufarlig [farlig]», «jeg er trygg [i fare]» være en biologisk faktor som del av et responsmønster man har utviklet. På tidligere utviklingsstadier kan meninger bli innkodet førbevisst i form av «emosjonelle minner» (Gilbert, 2007), bilder, symboler, kroppslige reaksjoner og andre ikke-verbale minneformer, og noen ganger er disse de første eller viktigste tegnene på uløste konflikter eller belastninger. Med utviklingen av språk og refleksjons- og mentaliseringsevne kommer muligheten for å vurdere og modifisere eksisterende meninger og skape nye, på bakgrunn av sosiale diskurser og språklig innkoding. Imidlertid vil ikke-verbale meningsuttrykk, inkludert drømmer, visjoner og kroppslige opplevelser som anspenthet, smerte, ubehag og så videre, fortsette å påvirke oss hele livet. Mening kan således kommuniseres gjennom atferd, symboler og kroppslige reaksjoner i tillegg til verbalt. Noen ganger blir denne ikke-verbale eller førverbale kommunikasjonen møtt med mer respekt og oppmerksomhet i ikke-vestlige kulturer, og dermed er sannsynligheten lavere for at den blir tolket som patologi, «lidelse» eller «galskap».

Alle språkbaserte responser, som å forestille seg noe, forvente noe, grubling, refleksjon, tolkning og evaluering, kan samvirke med andre responser på en positiv eller negativ måte. Noen ganger vil mennesker uforvarende skape forsterkende meningssykluser, som igjen påvirker trusselresponsene og skaper selvoppfyllende profetier. Alternativt kan vi bruke våre språkbaserte refleksjonsevner til å skape nye narrativer og meninger som vil bidra til å frigjøre oss fra disse syklusene.

TRUSSELRESPONSER: Hvilke trusselresponser bruker du? («Hva måtte du gjøre for å klare deg gjennom det?»)

Hovedpublikasjonen går svært detaljert igjennom biologiens rolle. Nedenfor rettes imidlertid søkelyset mot kroppsliggjorte reaksjoner som kan tolkes mer spesifikt som trusselresponser.

I møte med trussel kan mennesker dra veksler på et spekter av trusselresponser for å sikre overlevelse, emosjonelt, fysisk, relasjonelt og sosialt, i møte negativ maktpåvirkning. Som fremhevet over har med andre ord disse responsene visse vanlige *funksjoner* som ikke nødvendigvis er i tråd med eksisterende «symptom»-beskrivelser eller -kategorier.

Overfor trusler kan mennesker benytte seg av alle slags kombinasjoner av disse kroppsliggjorte responsene (se boks 4–8), avhengig av hvilke maktressurser og kulturelle meninger som er tilgjengelig for dem. De responsene som er listet opp først, er de som er mest førrefleksive, og de er ikke nødvendigvis avhengig av språklig eller bevisst gjennomførte strategier og ressurser, selv om de kan formes gjennom læring på et senere tidspunkt. De kan dominere på tidligere utviklingsstadier, selv om de er til stede hele livet, og de kan bli mer like på tvers av kulturer.

De «høyere ordens» sosialkognitive ferdighetene som er listet opp senere, er mer avhengig av språk og læring, og personens særegne strategimønstre kan være mer bevisste og selektive. Utviklingsmessig sett vil disse være mer åpne for å bli formet av lokale meninger og dermed være mer kulturspesifikke. Noe som er viktig, er imidlertid at det ikke er noe absolutt skille mellom førrefleksive og refleksive responser. På samme måte er det ikke noe antatt skille mellom «positive» og «negative» eller «modne» og «primitive» responser. Alle disse responsene kan tilpasses i noen situasjoner og er mindre tilpasningsdyktige i andre, spesielt hvis de utøves med en mangel på fleksibilitet.

Responser forstås som meningsfulle aktiviteter fremfor som mekanisk eller instinktiv atferd. Dette betyr ikke at responsene alltid velges bevisst og med hensikt. Snarere er det for å understreke at de formes dynamisk som følge av mønstre av kompleks meningsdannelse, fremfor ut fra en automatisk kobling til stimuli med mer eller mindre konstant mening.

På førrefleksivt nivå kan trusselresponser domineres av biologisk baserte meninger eller emosjonelle aspekter, for eksempel «kamp» med sinne og «flukt» med frykt. Emosjonell smerte og minner som dukker opp, kan dermed – spesielt dersom vedkommende har gått gjennom svært alvorlige eller tidlige belastninger – oppleves i form av overveldende og skremmende kroppslige reaksjoner. I praksis vil imidlertid responser øverst på listen ofte dra veksler på språklige elementer når de utføres i praksis. Likedan er responser nederst på listen alltid – selv om de er basert på språk, læring, diskurser, narrativer, symboler og selvrepresentasjoner – formet av meningselementer som er avledet fra førrefleksive følelser. I alle tilfeller kan det man reflekterer over i ett øyeblikk, havne i den førrefleksive «bakgrunnen» av en aktivitet i det neste. På samme måte kan en tidligere uklar mening plutselig komme til overflaten og bli viktig. Disse skiftene når det gjelder i hvilken grad og på hvilken måte mennesker reflekterer over og tolker sine egne opplevelser, gjør responsmønstrene deres enda mer kompliserte og betinget. De blir ytterligere formet av andre menneskers responser, tilgjengelige sosiale meninger og tilgang på maktressurser.

En viktig vurdering fra et intervensjonsperspektiv er hvorvidt trusselresponsene kan tilpasses den aktuelle situasjonen. Dette reiser det mer omfattende spørsmålet om hvor mye oppmerksomhet som bør bli rettet mot responsene, og hvor mye som bør rettes mot omstendighetene som utløste dem. Det reiser også spørsmålet om hvem som plages eller blir opprørt av trusselresponsene, og hvorfor. (NB! Det er en kjent problemstilling at det spesielt innenfor strafferettssystemet og psykisk helsetjeneste er behov for å vurdere ikke bare hvor tilpasningsdyktig en respons er, sett fra personens eget perspektiv, men også hvorvidt den er lovlig og potensielt skadelig for andre).

Om en bestemt reaksjon kan bli ansett som en trusselrespons eller ikke, avhenger av mening og kontekst. Derfor er det mange mulige årsaker til somatiske opplevelser, dissosiasjon, søvnløshet, alkoholbruk, selvisolasjon, forsinket språkutvikling og så videre, og ikke alle er trusselrelatert. Spesielt innenfor spesialfelter som eldrehelse, psykisk utviklingshemming og nevropsykologi kan uttrykk for smerte formes av kognitive eller andre fysiske svekkelser. For eksempel er noen «atferdsmessige fenotyper» innenfor psykisk utviklingshemming forbundet med spesifikke (ofte sjeldne) nevrologiske utviklingsforstyrrelser som Prader-Willi syndrom, Lesch-Nyhans syndrom, fragilt X-syndrom og så videre. Mennesker som er diagnostisert med «autismespekterforstyrrelser», opplever spesielle nevrobiologisk baserte vansker, for eksempel med prosessering av sanseinntrykk, og er svært sårbare for sensorisk «overbelastning» og ekstrem engstelse, noe som gir basis for et spekter av atferdsresponser. Disse responsene kan anses som forsøk på å mediere emosjonell aktivering og utøve en viss kontroll over de fysiske og sosiale omgivelsene, som de ofte har svært liten kontroll over (Clements, 2005; Grandin, 1984). Det er en fare for at denne typen atferd og responser kan bli tolket som bare en «del av tilstanden» fremfor som forsøk på å kommunisere smerte.

Boks 4 inneholder foreløpige og ufullstendige lister over trusselreaksjoner, beskrevet som aktiverte responser, ikke som «symptomer», og som er grovt listet opp i et spekter fra førrefleksivt til refleksivt nivå. Flere eksempler på trusselresponser er listet opp i boks 5–8.

Boks 4. Trusselresponser

Å forberede seg på å «kjempe» eller angripe

Å forberede seg på å «flykte», rømme, søke trygghet

Frysrespons

Hyperårvåkenhet, skvettenhet, søvnløshet

Panikk, fobier

Selektiv minnekoding

Undertrykkelse av minner (amnesi)

Å høre stemmer

Dissosiasjon (miste oversikt over tid eller sted, ulike grader av oppdelt bevissthet)

Depersonalisering, derealisering

Flashbacks

Mareritt

Ikke-epileptiske anfall (PNES)

Emosjonell nummenhet, flathet, likegyldighet

Kroppslig nummenhet

Underkastelse, ettergivenhet

Å gi opp, «lært hjelpeløshet», nedstemthet

Protest, gråt, klamring

Mistenksomhet

Emosjonell regresjon, tilbaketrekking

«Oppstemthet» eller ekstreme stemningstilstander, raske humørsvingninger («emosjonell dysregulering»)

Å ha uvanlige overbevisninger

Å ha uvanlige syns-, lukt- eller berøringsfornemmelser

Fysiske fornemmelser – spenninger, svimmelhet, fysisk smerte, tinnitus, føle varme eller kulde, utmattelse, hudirritasjon, mage- og tarmproblemer og mange andre kroppslige reaksjoner

Emosjonelle forsvars-reaksjoner: fornekter hva som har skjedd, idealiserer mennesker osv.

Intellektualisering (unngå følelser og kroppslige fornemmelser)

Oppmerksomhet- eller konsentrasjonsvansker

Forvirret/ustabilt selvbilde/ selvoppfatning

Forvirret/forvirrende tale og kommunikasjon

Ulike typer selvskading

Selvforsømmelse

Slanking, å sulte seg

Overforbruk, overspising

Selvsensur

Sorg, sørgeatferd

Selvklandring og å straffe seg selv

Kroppshat

Tvangstanker

Å utføre ritualer og annen trygghetssøkende atferd

Samling, hamstring

Unngåelse av eller tvangspreget seksualitet

Impulsivitet

Sinne, raseri

Aggresjon og vold

Selvmordstanker og handlinger

Mistro til andre

Å føle seg berettiget

Redusert empati

Mistro

Å unngå trusseltriggere

Streben, perfeksjonisme, «indre driv»

Å bruke alkohol, rusmidler, røyking

Overarbeid, overdreven trening osv.

Å gi opp håpet, å miste troen på verden

Relasjonelle strategier: avvisning og opprettholde emosjonell distanse, søker omsorg og tilknytninger, påtar seg en omsorgsrolle, isolasjon eller unngåelse av andre, dominerende atferd, søker kontroll over andre osv.

Grubling, refleksjon, forventning, fantasering, tolkning, meningsskaping

Boks 5. Eksempler på trusselresponser som er mest vanlig hos barn og unge

Spise-/søvnvansker	Å slå, bite
Dårlig konsentrasjon, distraherbarhet	Ekstrem separasjonsangst
Impulsivitet	Fobier
Sengevæting	Dyremishandling
Nervøse tics, hudplukking osv.	Emosjonell tilbaketrekking, regresjon, rugging
Stjeling	Skolevegring
Språk- og utviklingsforsinkelser	Dårlige relasjoner til jevnaldrende
Å mobbe andre	Seksualisert atferd
Å stikke av hjemmefra	

Boks 6. Eksempler på trusselresponser som er mest vanlig hos mennesker med psykisk utviklingshemming

«Selvskadende atferd»: hudplukking, klemming på øynene, hodedunking, pica

Annen «utfordrende atferd» som kan være forsøk på kommunikasjon, som slåing, biting, spesielt hvis evnen til å uttrykke seg er begrenset.

Boks 7. Eksempler på trusselresponser som er mest vanlig hos eldre med kognitive svekkelser

«Vandring», å lete etter kjente steder	Verbal eller fysisk aggresjon
«Repetitiv» atferd eller spørsmål	Å gjemme eller hamstre gjenstander
Vedvarende roping eller hyling	Emosjonell labilitet
Uro, rastløshet	Manglende hemninger («sviktende bremser»)

Boks 8. Eksempler på trusselresponser som er mest vanlig hos mennesker med ulike nevrologiske tilstander

Angst	Nedstemthet
Søvnløshet, utmattelse (fatigue)	Emosjonell labilitet
Konsentrasjons- og oppmerksomhetsvansker	Manglende hemninger («sviktende bremser»)

The British Psychological Society

Foreløpige hovedmønstre

Drøftingen overfor leder oss nå til punktet der vi kan illustrere hvordan «byggesteinene» innenfor elementene *makt*, *trussel*, *mening* og *trusselrespons* kan settes løst sammen i grupper for å danne *foreløpige hovedmønstre* innenfor *det grunnleggende mønstret*. Disse mønstrene presenteres ikke som et endelig og komplett sett. I stedet gir de et startpunkt for videre forskning og utvikling. I tråd med den tidligere drøftingen passer de ikke inn i en enkel, direkte definisjon av «mønster», men de representerer meningsfulle forskningsbaserte sammenhenger, og de er basert på evidens knyttet til generell menneskelig fungering, årsak–virkning-sammenhenger og underliggende prosesser. Relevant teori og forskning er blitt grundig gjennomgått i hovedpublikasjonen og er oppsummert i tilknytning til hvert mønster i vedlegg 1 i hovedpublikasjonen.

For å repetere det viktigste budskapet fra tidligere drøftinger: Opplevelsen av belastninger setter i gang svært sammensatte, overlappende, meningsbaserte, kumulative og synergistiske mønstre med betingede og sannsynlige årsakssammenhenger. Belastninger henger ofte sammen, og antallet mulige kombinasjoner av responser er nesten uendelig, noe som potensielt kan skape variasjon fra person til person eller hos den samme personen over tid, også i møte med liknende omstendigheter. De separate kausale sammenhengene som en psykiatrisk diagnose indikerer, eksisterer ikke og kan ikke eksistere løsrevet fra responsene som autonome, meningsskapende mennesker viser overfor det den enkelte strever med i livet. Imidlertid er det mulig å beskrive noen generelle regelmessigheter som utvikler seg fra kroppsliggjorte menneskelige responser på deres sosiale og kulturelle, materielle og diskursive kontekster, heller enn fra antatte biologiske dysfunksjoner. Som vi har nevnt, er disse kausale regelmessighetene her konseptualisert som mønstre av meningsbaserte trusselresponser overfor makt. Ut fra alle årsakene som er beskrevet, vil alltid forståelsene av opplevelsen til en enkeltperson eller en gruppe som er basert på disse mønstrene, være foreløpige og åpne for endring.

Ettersom denne tilnærmingen representerer en så stor endring fra tradisjonell diagnostisk tenkning, er det noen sentrale punkter som er verdt å fremheve på nytt:

Hovedmønstrene representer ikke separate grupperinger

Hovedmønstrene beskriver regelmessigheter som går på tvers av diagnostiske grupper og overlapper hverandre. Det er ikke en streng grense mellom ett mønster og et annet, og det kan det heller ikke være. Innenfor MTM-rammeverket utgjør ikke dette problemer i form av «uklare grenser», «komorbiditet» eller «gjensidig utelukkende kategorier». *I stedet anerkjenner det den uunngåelige kompleksiteten i hvordan mennesker responderer på sine omstendigheter*, alle meningene som opplevelsene av belastninger kan være med på å skape, og alle de kreative strategiene som kan bli brukt på ulike nivåer av refleksiv bevissthet for å klare seg gjennom dem.

Hovedmønstrene er ikke direkte erstatninger for diagnostiske grupperinger

Noen av *hovedmønstrene* samsvarer grovt med eksisterende diagnostiske kategorier – for eksempel fanger mønster nummer 2 (i listen over foreløpige mønstre senere i kapitlet, overs. anm.) opp noen mennesker som passer inn under diagnosen «emosjonelt ustabil personlighetsforstyrrelse», det fjerde mønstret fanger opp noen som er diagnostisert med diagnosen «schizofreni», det femte korresponderer med enkelte former av diagnosen «depresjon», og det sjette beskriver noen mennesker som ender opp i strafferettssystemet med diagnosen «antisosial personlighetsforstyrrelse». Dette er fordi psykiatriske diagnoser i svært begrenset utstrekning gjenspeiler vanlige psykososiale responsmønstre, selv om de er beskrevet i medisinske termer. *Ettersom MTM-mønstrene er basert på «funksjoner», ikke på «symptomer», er det imidlertid ikke mulig å forutsi hvilket mønster eller hvilken kombinasjon av mønstre som best beskriver opplevelsene til en person som har fått en eller annen bestemt diagnose.* Likedan kan hvert mønster beskrive mennesker som har fått en hvilken som helst av en rekke psykiatriske diagnoser, og noen som aldri er blitt diagnostisert i det hele tatt.

Hovedmønstrene gir ikke allmenngyldige forklaringer på bestemte typer «symptomer» eller trusselresponser

Hvert *hovedmønster* inkluderer en rekke mulige trusselresponser, som hyperårvåkenhet, å høre stemmer, restriktivt matinntak og så videre, gruppert ut hvilke funksjoner de har. Motsatt kan hver type trusselrespons opptre innenfor flere forskjellige *hovedmønstre* og ha en rekke ulike funksjoner. *Mønstrene har til hensikt å gjenopprette sammenhenger mellom meningen med truslene og funksjonene til trusselresponsene, ikke mellom bestemte* årsakshendelser *(verken biologiske eller psykososiale) og bestemte psykososiale utfall (enten de omtales som «symptom», emosjon eller atferd).* Det kan ikke gis noen allmenngyldig forklaring på hvorfor mennesker føler seg engstelige eller nedstemt, eller hvorfor de hamstrer gjenstander eller utfører kontrollritualer, eller hvorfor de frykter at de blir forfulgt eller spionert på, og så videre.

Når det er sagt, er ikke trusselresponsene i hvert mønster bare tilfeldige eller altomfattende. Trusselresponser på et mer førrefleksivt nivå (for eksempel hyperårvåkenhet) har de mest åpenbare årsakssammenhengene med de opprinnelige truslene (for eksempel fysisk fare). Trusselresponser på et mer refleksivt nivå vil i større grad bli formet av sosial læring og sosiale diskurser og vil dermed gi større variasjon på tvers av kulturer. Ved å belyse narrativene og diskursene som er mest tilgjengelig innenfor en bestemt kultur, bidrar *hovedmønstre* til å identifisere sammenhenger mellom vanlige meninger (for eksempel «det er min feil at jeg er blitt seksuelt misbrukt») og vanlige funksjoner (for eksempel «jeg vil lette skyldfølelsen min ved å skade meg selv»). Imidlertid vil disse forbindelsene alltid til en viss grad være midlertidige, spesielt på individnivå.

Hovedmønstrene går på tvers av grenser for hva som er «normalt» og «unormalt»

Trusselresponsene passer ikke inn i tradisjonelle grenser for hva som er ansett som «normalt» kontra «patologisk» – og dermed kan det for eksempel antas at sosialt verdsatte kvaliteter, som overarbeid, noen ganger kan fylle de samme funksjonene som å straffe seg selv eller unngåelse av emosjonell smerte gjennom selvskading. Tilsvarende går trusselresponsenes funksjoner på tvers av de vanlige tjenestegrensene – og dermed kan avhengighet og voldelig eller krenkende atferd anses som overlevelsesstrategier som oppfyller tilsvarende overlevelsesformål som «vrangforestillinger» eller «hallusinasjoner», og det samme kan overspising, røyking, risikofylt seksuell atferd og så videre gjøre.

Det vil være undermønstre innenfor hovedmønstrene

Innenfor *hovedmønstrene* kan det noen ganger være nyttig å se på undermønstre knyttet til spesielle hendelser eller omstendigheter, som vold i hjemmet, voldtekt, hjemløshet og så videre. Dette er fordi – i en bestemt sosial kontekst – kan disse hendelsene og omstendighetene være gjenstand for spesielt sterke meninger og narrativer. For eksempel innebærer den sosiale diskursen om at kvinner har ansvaret for seksuelle overgrep, at voldtekt svært ofte utløser sterke meninger i form av skam og selvklandring. På samme måte betyr den sosiale diskursen om at menn er de sterke og de som har kontroll, at det å være utsatt for fysisk vold sannsynligvis vil utløse dominerende meninger om ydmykelse. I begge disse eksemplene kan vi forvente å se vanlige responser hvis funksjon er å håndtere innvirkningen av disse dominerende meningene, som at en kvinne kan holde en voldtekt hemmelig og straffe seg selv med selvskading, mens en mann kan prøve å gjenopprette selvrespekten med motaggresjon. Det kan være svært hjelpsomt for mennesker som har opplevd disse belastningene, å få kjennskap til disse vanlige reaksjonene. *Imidlertid finnes det ikke en allmenngyldig mening eller en unik respons knyttet til et eller annet bestemt sett av omstendigheter, verken innenfor eller på tvers av kulturer.* Derfor er undermønstrene vi presenterer her, kun foreløpige forslag, med en påminnelse om at de overlapper andre mønstre, og at de sterkeste regelmessighetene sannsynligvis vil komme til syne på et generelt nivå.

Hovedmønstrene vil alltid gjenspeile og formes av de ideologiske meningene som gjelder innenfor lokale sosiale, politiske og kulturelle kontekster

Det er blitt hevdet at *måtene smerte uttrykkes og oppleves på innenfor et gitt samfunn i en gitt historisk periode, sannsynligvis vil – opp til et visst nivå – gjenspeile en uoverensstemmelse (oppfattet eller faktisk) med samfunnets verdier og forventninger* slik de er formidlet gjennom sosiale diskurser og ideologisk mening. I moderne industrialiserte samfunn vil vi derfor kanskje kunne forvente at vanlige mønstre for smerte sentrerer rundt for eksempel det å streve med å prestere i henhold til aksepterte definisjoner av suksess, å bli atskilt fra sin opprinnelsesfamilie og utvikle seg til et eget individ tidlig i barndommen, å passe inn i standarder for kroppsstørrelse, -form og vekt, å oppfylle roller innenfor lønnet arbeid, å møte normative kjønnsforventninger, inkludert forventninger knyttet til identitet og seksuell orientering, å lykkes i konkurransen om materielle goder, å møte emosjonelle behov og behov for støtte innenfor en kjernefamiliestruktur, å forene verdiene og forventningene ved å ha forskjellige opprinnelseskulturer, å oppdra barn til å oppføre seg i henhold til aksepterte standarder, å passe inn i utdanningssystemer (som barn), å takle ensomhet (som voksen), å konkurrere i arbeidslivet dersom man har psykiske eller andre funksjonsnedsettelser, og så videre. Tilsvarende vil vi kanskje kunne forvente å finne vanlige mønstre for smerte knyttet til de menneskelige kjernebehovene som har størst sannsynlighet for å bli utsatt for de negative påvirkningene av industrialisering og nyliberalisme, som sosial eksklusjon, marginalisering og utenforskap. Og endelig vil vi kanskje, innenfor euroamerikanske kulturer, kunne forvente å se en økt risiko for å få en diagnose som respons på opplevelser som utfordrer vestlige oppfatninger om hvordan man bør være som en person, for eksempel «irrasjonelle» eller ikke-rasjonelle overbevisninger, uvanlige åndelige opplevelser og opplevelser som å høre stemmer, som ikke passer til oppfatningen av et enhetlig selv. Alle disse temaene kan gjenfinnes i *hovedmønstrene* som er beskrevet nedenfor.

Det er anerkjent at det vil være andre *hovedmønstre* som er mer relevante for grupper og samfunn med et annet verdenssyn, dog et verdenssyn som i stadig større grad er i endring som følge av globalisering. Av den grunn inneholder listen noen svært foreløpige illustrerende forslag til hvilke funksjoner noen av de «kulturelle syndromene» i *DSM* og *ICD* kan ha, sett fra et MTM-perspektiv.

Målet er å vise det generelle prinsippet at kjerneelementene *makt, trussel, mening* og *trusselrespons* kan finnes i alle grupper og samfunn, selv om det ville være nødvendig å gjøre tilpasninger. Imidlertid er det lagt vekt på at det ikke impliseres at MTM-rammeverket bør bli påtvunget eller eksportert til steder der det ikke er behov for det. I stedet er *intensjonen å formidle en følelse av respekt for de utallige kulturspesifikke måtene som individuell og samfunnsmessig smerte uttrykkes, oppleves og heles på, i Storbritannia og rundt omkring i verden.*

Det vil variere hvordan mennesker «passer inn i» eller «matcher» disse foreløpige hovedmønstrene

Hvert av *hovedmønstrene* beskriver et spekter av belastninger og responser. Avhengig av menneskenes egne unike historier og omstendigheter kan de *befinne seg på et hvilket som helst punkt på skalaen, fra mildt og midlertidig ubehag til svært alvorlige kamper og invalidiserende smerte, på et hvilket som helst tidspunkt og i en hvilken som helst situasjon.* I motsetning til de altomfattende manglene som et «psykisk lidelse»-stempel indikerer, er det ingen som bør bli ansett som ute av stand til å fungere hele tiden og i alle situasjoner. På samme måte vil vi alle uunngåelig oppleve ekstreme former for smerte på et eller annet tidspunkt i livet, enten vi har fått en psykiatrisk merkelapp eller ikke. Noen ganger utøves makt i mer subtile og aksepterte forkledninger – for eksempel gjennom ubestridte formeninger om hvor «normale» mennesker ser ut, eller hvor «normalt» de oppfører seg, føler seg og forholder seg til hverandre. Det kan da være vanskeligere å oppdage hvor mindre «alvorlige», men vanlige trusselresponser som angst, panikkanfall, og generell nedstemthet opprinnelig kommer fra.

Noen mennesker vil kjenne seg igjen i et bestemt mønster eller undermønster. For andre vil det være hjelpsomt å ta utgangspunkt i to eller flere mønstre og undermønstre. Dette er ikke en svakhet ved mønstrene, men en erkjennelse av at mening spiller en sentral rolle i og på tvers av alle menneskelige responser på belastninger, noe som betyr at det er umulig å komme med enkle uttalelser om hvilket opphav eller hvilke funksjoner ethvert gitt uttrykk for smerte har. *Denne erkjennelsen gjør det imidlertid mulig å gjeninnføre de menneskelige egenskapene meningsskaping og aktørskap, som er utelatt innenfor en mer avgrenset diagnostisk modell.* Disse kan bli satt ut i livet ved å dra veksler på *hovedmønstrene* for å utforme personlige narrativer, noe som drøftes mer i detalj mot slutten av kapitlet.

Det vil være stedsspesifikke versjoner av hovedmønstrene

Her blir det antatt at *hovedmønstrene* hovedsakelig gjelder for enkeltpersoner og familier, siden dette er den linsen det er mest vanlig å se på smerte gjennom, innenfor euroamerikanske kulturer. *Det er imidlertid kjent at vi, både i og utenfor Storbritannia* (rammeverkets opprinnelsesland, overs. anm.), *kan anse mønstre som beskriver traumatiseringen eller fornedrelsen av et helt samfunn, som et mer naturlig startpunkt.* Dette gjelder spesielt på steder som er påvirket av krig, naturkatastrofer eller omfattende tap av kultur, identitet, land, språk og trossystem (se f.eks. Jankovic et al., 2012; Somasundaram & Sivayokan, 2013; Steel et al., 2009). Innenfor traumebevisst arbeid er det i økende grad anerkjent hvordan for eksempel amerikanske urfolk og aboriginer påvirkes av samfunnsvold på dette nivået (se Arthur et al., 2013)[13].

---

13   Se også www.preventioninstitute.org

Samfunnsperspektivet er i senere tid anerkjent i USA, med erkjennelsen av at belastninger i barndommen oppstår innenfor belastede nærmiljøer. Hele samfunn kan bli kollektivt påvirket av strukturell vold, definert som «skade som enkeltpersoner, familier og lokalsamfunn blir utsatt for som følge av den økonomiske og sosiale strukturen, gjennom sosiale institusjoner, sosiale maktrelasjoner, privilegier og ulikheter og urettferdig fordeling» (Pinderhughes et al., 2015, s. 11, vår oversettelse). Disse sosiale kontekstene fremmer mistro og ødelegger motstandskraften på flere nivåer, noe som påvirker alle samfunnsmedlemmer både direkte og indirekte, og som dermed reflekterer og forsterker individuelle mønstre for smerte (f.eks. Rosen et al., 2017). Karakteriske mønstre av «symptomer» på et kollektivt traume kan oppleves innenfor det sosiokulturelle miljøet (menneskene), det fysiske miljøet (stedet) og det økonomiske miljøet (tilgjengeligheten av ressurser og muligheter). Det er blitt foreslått at dette må tas tak i på flere nivåer, noe som innebærer å utforme et nytt og mer lovende narrativ om selve samfunnet (Pinderhughes et al., 2015). Det er ikke vanskelig å se hvordan dette kan gjelde britiske lokalsamfunn som er preget av konflikter (for eksempel Nord-Irland), tap av tradisjonelle industrier og høye nivåer av deprivasjon. Et slikt syn er også forenlig med en «sosial identitet»-tilnærming, som viser at en viktig del av selvforståelsen og identiteten vår avledes fra oppfattet medlemskap i sosiale grupper (Jetten et al., 2012). Dette er et område der det kan være mulig å utvikle mønstrene videre, kanskje ved å benytte rammeverket som er foreslått av Pinderhughes og kollegaer i forbindelse med forskning på belastede nærmiljøer (se Pinderhughes et al., 2015), og/eller ved hjelp av deler av det grunnleggende MTM-mønstret.

De sju foreløpige hovedmønstrene

Frem til nå har drøftingen lagt grunnlaget for å kunne beskrive sju *foreløpige hovedmønstre* innenfor *det grunnleggende makt–trussel–mening-mønstret*. Det første *hovedmønstret*, «identiteter», er foreslått som et nyttig startpunkt for alle sju, siden det er ment å fremheve sentrale problemstillinger knyttet til identitet, mangfold, interseksjonalitet[14], marginalisering og kulturell devaluering, og (der det er relevant) hvordan den spesifikke identiteten «psykisk syk» kan interagere med meninger og opplevelser som en helhet.

I tråd med prinsippet om å være en som «aktivt benytter seg av trusselreaksjoner for beskyttelse og overlevelse», fremfor å være en som «passivt lider av biologiske svakheter», er disse *hovedmønstrene*, med unntak av det første, benevnt i aktiv verbform («å klare seg gjennom trussel X» fremfor «å ha lidelse X»):

1. identiteter
2. å klare seg gjennom avvisning, å føle seg fanget samt nedvurdering
3. å klare seg gjennom forstyrrede tilknytningrelasjoner og belastninger i barndom eller ungdom
4. å klare seg gjennom separasjon og identitetsforvirring
5. å klare seg gjennom nederlag, å føle seg fanget, utenforskap og tap
6. å klare seg gjennom sosial eksklusjon, skam og tvangsmakt
7. å klare seg gjennom enkelstående trusler

---

14   Se https://snl.no/interseksjonalitet (overs. anm.)

1.   Foreløpig hovedmønster: identiteter

Dette *hovedmønstret* er ment å utgjøre en basis for alle de andre og kan dermed fungere som et startpunkt i arbeid med bestemte enkeltpersoner eller grupper. Som for de øvrige hovedmønstrene vil nærvær av færre trusler og forverrende faktorer og flere dempende og beskyttende faktorer indikere at færre – og mindre invalidiserende – trusselresponser er nødvendig.

Narrativ oppsummering av hovedmønstret

Makt–trussel–mening-rammeverket viser at smerte er noe alle kan oppleve, inkludert de som har en mer privilegert plass på den sosiale rangstigen. Alle påvirkes når makt utøves på en negativ måte, i en eller annen form, og ingen er immune overfor sosiale og relasjonelle belastninger. Høyere sosial status kan gjøre at man eksponeres for særegne former for negativ maktutøvelse. Generelt er det imidlertid noen identiteter som gir mye større kompensatorisk makt, status, kontroll og tilgang til sosial kapital i møte med smerte, enn andre, og dermed flere alternativer for støtte, flukt, beskyttelse, trygghet og helbredelse. Dette bekreftes av dokumentasjon om klasse, etnisitet og kjønnsgradienter innenfor psykisk helse, strafferett og andre velferdssystemer.

I forbindelse med emosjonell eller psykisk smerte beskriver dette mønstret derfor ofte, men ikke alltid, noen hvis identitet – eller aspekter ved vedkommendes identitet – har en underordnet eller devaluert status. Dette inkluderer mange mennesker med minoritetsstatus (for formålet i dette dokumentet menes her innenfor Storbritannia, selv om de på verdensbasis kan utgjøre en majoritet). Det kan også beskrive opplevelsen til en majoritet, og som sådan kan det være en uunngåelig del av mange menneskers hverdagsliv. I slike tilfeller kan mønstret til og med være mindre synlig enn noen av de andre mønstrene og mer kulturelt akseptert som normalt. Den devaluerte identiteten kan være knyttet til etnisitet, nasjonalitet, seksuell orientering, kjønnsidentitet, religion, funksjonsnedsettelse eller å bli definert som «psykisk syk», men den kan også være knyttet til mye større grupper som identifiserer seg som kvinner, eldre eller arbeiderklasse.

Som med alle mønstrene impliserer det å ha flere marginaliserte identiteter (for eksempel svart og funksjonshemmet, kvinne og fattig, homofil og «psykisk syk»») større forekomst av diskriminering og trusler og øker sannsynligheten for å oppleve andre relasjonelle og sosiale belastninger samt fysiske helseproblemer. Motsatt, og i beskyttende forstand, kan mennesker oppleve sterk sosial solidaritet innenfor sin egen gruppe, og/eller ha aspekter ved sin identitet som er mer kulturelt verdsatt.

Som en generell regel er alle psykiske diagnoser vanligere hos mennesker med devaluerte identiteter, spesielt hvis de tilhører flere devaluerte grupper. For eksempel har mennesker som har etnisk minoritetsbakgrunn og er bosatt i Storbritannia, mye høyere forekomst av både vanlige og alvorlige diagnostiserte psykiske helseproblemer enn sine øvrige britiske landsmenn. Dette gjelder uavhengig av om de er født i Storbritannia eller har flyttet dit fra andre deler av verden. Det gjelder også for noen øvrige minoritetsgrupper i Storbritannia, for eksempel irer. Andre marginaliserte grupper, inkludert kvinner, romer eller omreisende folkegrupper, mennesker med funksjonsnedsettelser, mennesker som identifiserer seg som homofil, transkjønnet og funksjonshemmet, og mennesker fra en hvilken som helst bakgrunn med lav sosioøkonomisk status, har høyere sannsynlighet for å bli diagnostisert med både vanlige og alvorlige psykiske helseproblemer, sett i forhold til andelen av befolkningen som de utgjør.

Makt, trussel, mening og trusselresponser innenfor hovedmønstret

Aspektene *makt*, *trussel*, *mening* og *trusselresponser* innebærer vanligvis følgende innenfor dette *hovedmønstret*:

Makt
Personen og dennes sosiale gruppe har sannsynligvis opplevd og opplever fortsatt flere former for underordning, eksklusjon og undertrykkelse som er direkte eller indirekte knyttet til et devaluert aspekt ved deres identitet, selv om det ikke gjelder for alle. Disse opplevelsene kan ta form av kroniske bakenforliggende trusler (som å bo i fattige og utrygge omgivelser eller med hyppige påminnere om mulighet for vold eller aggresjon mot gruppen man tilhører), eller av diskriminering (i forbindelse med lønn og arbeid, utdanning, boforhold, transport, helsetjenester og så videre). De kan også komme i form av flere møter med negative stereotypier overfor gruppen, fiendtlighet, trakassering og «mikroaggresjon» eller flere korte, daglige interaksjoner som ofte subtilt fornedrer enkeltpersoner på grunn av gruppen de tilhører. Noe som er vanskeligere å oppdage, er potensielt traumatiserende praksiser som anses som sosialt akseptert eller til og med ønskelige. Devaluering av en sosial eller kulturell gruppe strekker seg også til «hermeneutisk» eller «epistemisk urettferdighet», der medlemmer av gruppen fratas muligheten til å skape mening av sine egne opplevelser på grunn av ulike maktrelasjoner og mangel på delte sosiale ressurser. Alle disse opplevelsene kan forekomme i en kontekst preget av historisk og intergenerasjonell undertrykkelse av en hel sosial eller kulturell gruppe, for eksempel i form av krigføring, kolonisering eller – i ekstreme tilfeller – folkemord. Negativ ideologisk maktutøvelse kan være spesielt fremtredende, gitt rollen den har i å skape mening og identitet, normer og standarder som gruppemedlemmers atferd, personlighet, ferdigheter og verdi kan bli vurdert opp mot. Ideologisk makt er også nært knyttet til «hermeneutisk urettferdighet» (se over).

Trussel
Innenfor dette mønstret har personen (og vedkommendes familie eller sosiale eller kulturelle gruppe) blitt og blir ofte møtt med sentrale trusler som følger av devalueringen av sentrale aspekter ved hans eller hennes (eller gruppens) selvforståelse og identitet, inkludert sosial eksklusjon og marginalisering innenfor den dominerende gruppen, «andregjøring», fysisk fare, nedvurdering, maktesløshet, konkurranserelatert nederlag, ressursfattigdom og tap av kroppslig integritet samt tap eller devaluering av sosial rolle, fellesskapsbånd, tap eller devaluering av kilder til kunnskap og forståelse, tap av ritualer, praksiser eller hjemland.

Mening
Truslene tillegges vanligvis meninger som eksklusjon, skam, ydmykelse, å føle seg fanget, underlegenhet, verdiløshet, maktesløshet og urett eller urettferdighet.

Trusselresponser
Truslene – og meningene de tillegges – gir opphav til trusselresponser som er mediert av kroppen. Trusselresponser anses som grunnleggende beskyttende. Invalidiserende aspekter kan reduseres og motvirkes av andre responser. Mange av disse responsene utøves på den mer «refleksive» enden av spektret og drar veksler på ferdigheter, styrker, materiell, relasjonell og sosial støtte, alternative narrativer og andre maktressurser. De kan være mer tilgjengelige for dem som har mer privilegerte posisjoner. I dette mønstret kan slike ressurser være solidaritet og bevissthet på ideologisk makt, noe som igjen kan føre til sosial handling. Siden vi alle har flere identiteter, vil vi kunne dra veksler på fordelene som følger med mer priviligerte aspekter. Trusselresponser som blir benyttet innenfor dette mønstret, har vanligvis følgende funksjoner:

Å *regulere overveldende følelser* (for eksempel gjennom oppstemthet, nedstemthet, å høre stemmer, bruk av alkohol og andre rusmidler, kroppslige fornemmelser, raseri, kroppslig nummenhet, isolasjon, selvklandring, selvskading).

Å b*eskytte seg mot fysisk fare* (for eksempel gjennom hyperårvåkenhet, kamp–flukt–frys, mistenksomhet, isolasjon, aggresjon).

Å b*evare identitet, selvbilde og selvfølelse* (for eksempel gjennom fornektelse av «andregjøring» eller diskriminering, hyperårvåkenhet, mistenksomhet, uvanlige overbevisninger, perfeksjonisme, aggresjon, streben).

Å b*eholde en plass innenfor den sosiale gruppen* (for eksempel gjennom streben, konkurranse-innstilling, ettergivenhet, hyperårvåkenhet, mistenksomhet, selvklandring, selvsensur).

Å b*eskytte seg mot tap av tilknytning*, å bli såret og forlatt (for eksempel gjennom avvisning av andre, mistro, å søke omsorg og emosjonell respons, underkastelse, isolasjon, selvklandring, ettergivenhet, selvsensur).

Undermønstre innenfor hovedmønstret «identiteter»

Siden dette *hovedmønstret* består av et stort antall identiteter som ofte krysser hverandre, er det ikke et forsøk på å gi en uttømmende liste over hvilke implikasjoner de har for psykisk og emosjonell smerte i hvert enkelt tilfelle. I stedet blir det gitt noen eksempler på smerte knyttet til et mindre undersett av de identitetene som det finnes mest forskningsevidens på. I vedlegg 1 i hovedpublikasjonen er det flere referanser som gir et startpunkt for mønstre av emosjonell smerte knyttet til disse og andre identiteter, samt detaljerte drøftinger av sammenhenger mellom identiteter og smerte. Intensjonen her er å fremheve at sentrale identiteter har betydning for hvordan alle typer smerte oppleves og uttrykkes, og å vise at denne bevisstheten må ligge til grunn for utforskingen av alle responsmønstre overfor belastninger hos enkeltpersoner eller grupper.

Det blir gitt en mer detaljert oversikt over identiteten «psykisk syk», siden den per definisjon er relevant for mange mennesker som opplever smerte eller har uvanlige opplevelser.

Å bli identifisert eller identifisere seg som «psykisk syk»
Det å bli gitt identiteten «psykisk syk» eller «psykiatrisk pasient» er en språkhandling som har vist seg å ha betydelige, langvarige og ofte negative effekter på mange aspekter ved menneskers liv, inkludert psykisk eller emosjonell smerte. Dette omfatter ofte fysisk helse, enten gjennom indirekte effekter som dårlig kosthold og mangel på tilgang til helsetjenester eller gjennom de direkte effektene av psykiatrisk medisinering. Siden mennesker med devaluerte identiteter har større sannsynlighet for å oppleve belastninger og påfølgende psykisk smerte og dermed få en psykiatrisk diagnose, kan det å bli påført nok en devaluert identitet som «psykiatrisk pasient» øke og forsterke eksisterende opplevelser av skam, mislykkethet, eksklusjon og marginalisering.

Fremstillingen av følelsesmessig smerte som en «sykdom som alle andre sykdommer» blir aktivt promotert i høyinntektsland og i stadig større grad over hele verden, og den støttes av en økende andel av den generelle befolkningen. Over hele verden er dette synet forbundet med økt fremfor redusert stigmatisering, og med sosial avvisning og pessimisme når det gjelder utsiktene for bedring, samt selvstigma og selvklandring. Den diagnostisk baserte «psykisk sykdom»-modellen kan anses som et aspekt ved den individualismen som kjennetegner vestlige kulturer. Det er blitt hevdet at det å promotere en modell som er basert på individuelle svakheter, har nytteverdi på individuelt, sosialt, profesjonelt, forretningsmessig og politisk nivå.

Identiteten «psykisk syk» har ulike konsekvenser. Den kan innebære lettelse fra skyld og usikkerhet og gi håp med tanke på ekspertveiledning og effektiv intervensjon. Samtidig er det blitt antatt at identiteten som «syk» bidrar til passivitet og en svekket følelse av ansvar for egen tilfriskning. Det er blitt vist at diagnoser i det store og hele gjør personen som er blitt diagnostisert, tilbøyelig til å være mindre optimistisk med tanke på bedring, til å gjøre mindre innsats for å komme seg og til å ha høyere sannsynlighet for å bruke alkohol for å håndtere situasjonen i tillegg til å ha mindre opplevd kontroll over sine egne vansker og til å undergrave effektene av terapi. Motsatt er det å avvise sin egen diagnose blitt knyttet til bedre utfall. Imidlertid kan dette føre til konflikt med fagpersoner, og behovet for å få tilgang til tjenester og velferdsgoder utelukker dette alternativet for de fleste.

Rapporter om selvstigma som en konsekvens av å bli definert som «psykisk syk» er svært vanlig. Mennesker kan ha positive, negative eller blandede reaksjoner på å få en psykiatrisk diagnose, som også kan endre seg over tid. Dette avhenger delvis av diagnosen, og merkelapper som «schizofreni», som indikerer større «alvorlighetsgrad», oppleves generelt som mer stigmatiserende. «Personlighetsforstyrrelse»-diagnosene er ofte nevnt som de mest stigmatiserende, ettersom slike merkelapper signaliserer en generell oppfatning av at man er «gal» eller «et dårlig menneske», og det er også kjent at de utløser – eller er konsekvensen av – avvisende holdninger hos helsepersonell. Når det gjelder diagnoser som «depresjon» eller «angstlidelse», er det mer sannsynlig at tjenestebrukerne vil oppfatte dem som hjelpsomme fordi de kan bidra til å lette følelser av skyld og selvklandring, gi tilgang til informasjon og støtte og gi bekreftelse på den smerten de føler.

Det er blitt vist at en psykiatrisk diagnose øker følgende aspekter ved allmennhetens holdninger overfor mennesker med identiteten «psykisk syk»: oppfattet farlighet, oppfattet uforutsigbarhet, oppfattet avhengighet av andre og mangel på ansvar for egne handlinger, oppfattet mangel på «menneskelighet», oppfattet alvorlighetsgrad, frykt, avvisning og ønske om avstand samt pessimisme med tanke på bedring.

Diskriminering som følge av å bli definert som «psykisk syk» er rapportert omtrent overalt. Slik diskriminering skaper hindringer når det gjelder arbeid og utdanning og for ferie- og fritidsaktiviteter. For mennesker med etnisk minoritetsbakgrunn og mennesker med funksjonsnedsettelser er disse opplevelsene sammensatt. Diskriminering har en negativ innvirkning på det å søke hjelp, selvfølelse, selvomsorg og sosiale relasjoner samt er en kilde til skyld, skam og bekymring for familiemedlemmer eller andre omsorgspersoner.

Psykiatriske diagnoser tilrettelegger for tilgang til viktige kilder til støtte, både innenfor og utenfor psykisk helsetjeneste. Psykisk helsetjeneste og relaterte instanser tilbyr vanligvis et spekter av intervensjoner parallelt med standard medisinske tiltak, inkludert ulike former for (ikke-medikamentell) terapi, støtte til livsferdigheter, utdanningsmessige muligheter og hjelp til å bygge sosiale nettverk, kartlegging for hjelp til bolig og arbeid, og så videre. Noen har en god opplevelse av tjenestene og føler at de er til god hjelp. De fleste mennesker rapporterer om blandede opplevelser, både gode og dårlige. På den negative enden av skalaen kan en psykiatrisk diagnose også utløse potensielt skadelige, tvungne og retraumatiserende intervensjoner innenfor psykisk helsetjeneste og relaterte systemer, inkludert langvarig bruk av medisiner, tvangsinnleggelse, skjerming og beltelegging. Å bli påtvunget et ekspertnarrativ som tilsier at man har en «lidelse», kan undergrave menneskers tillit og evne til å skape mening av sine egne opplevelser. Mer subtilt kan identiteten «psykisk syk» begrense menneskers forventninger til hvem de kan være, hva de kan oppnå, og hva slags liv de kan håpe på å leve.

Eksempler på andre kjente mønstre for smerte knyttet til bestemte identiteter

Å bli identifisert eller identifisere seg som kvinne

Rundt halvparten av dem med mindreverdighet knyttet til sin identitet er jenter og kvinner. I mange – om ikke de fleste – samfunn blir kvinner representert og behandlet som underordnet eller underlegne – intellektuelt, økonomisk og sosialt. Det er variasjoner her, for eksempel at en kvinne med høy sosial status på noen måter kan bli behandlet som overordnet overfor en mann med lav sosial status. Noen kvinneroller, som morsrollen, kan også være høyt verdsatt. Generelt er imidlertid kvinner som gruppe utsatt for større kontroll over sin egen kropp og egne aktiviteter enn menn, de blir ofte fremstilt på objektiverte eller seksualiserte måter, der utseendet deres er høyere verdsatt enn prestasjonene deres, og de er utsatt for høy grad av trakassering, mikroaggresjon og vold fra menn. De er også i mindretall i mange makt- og påvirkningsposisjoner, for eksempel innenfor statlige organer, rettsvesenet, industri, vitenskap og forskning. Kvinners situasjon kompliseres av de nære, ofte biologiske relasjonene de har til menn, og av ubestridte sosiale strukturer, praksiser og relasjoner der kvinners antatte underlegenhet er opplest og vedtatt. Det finnes omfattende dokumentasjon som viser den negative effekten alt dette har på kvinners og jenters psykiske helse innenfor et vidt spekter av manifestasjoner, inkludert angst, nedstemthet, «psykose», dissosiasjon, seksuelle vansker, søvnvansker, posttraumatisk stress, spisevansker og selvskading.

Å bli identifisert eller identifisere seg som mann

Selv om «mann» generelt ikke er en devaluert identitet, innebærer privilegiene som er forbundet med den, ofte strenge grenser for hva som er positive aspekter ved denne identiteten, og en devaluering av aspekter som utfordrer disse grensene, spesielt atferd og emosjonelle uttrykk som anses å ligge nærmere «kvinnelighet». Menn som har andre devaluerte identiteter, for eksempel med tanke på sosioøkonomisk bakgrunn eller etnisitet, vil møte spesifikke problemer med å opprettholde aspekter ved maskulinitet som er sosialt verdsatt. Alt dette, i kombinasjon med truslene beskrevet i foreløpig hovedmønster nummer 2 i listen (å klare seg gjennom avvisning, å føle seg fanget samt nedvurdering), gjenspeiler seg i høye selvmordsrater, vold mot andre, problematisk bruk av alkohol og andre rusmidler samt problemer med angst og nedstemthet.

Å bli identifisert eller identifisere seg som medlem av en etnisk minoritetsgruppe (i Storbritannia)

Mennesker fra mange etniske minoriteter som er bosatt i Storbritannia, har mye høyere forekomst av både vanlige og alvorlige diagnostiserte problemer med psykisk helse. Dette gjelder uansett om de ble født i eller har flyttet til Storbritannia fra andre deler av verden, og det er blitt vist at dette henger sammen med opplevd og oppfattet diskriminering og rasisme i tillegg til utallige andre former for sosiale ulemper. Det er punkter der sosial klasse og kjønn krysser hverandre. Bestemte minoritetsgrupper (tyrkere, polakker, rumenere, indere, pakistanere, ugandere med asiatisk opphav, somaliere, ungarere og så videre) vil kunne møte egne karakteristiske utfordringer (for relevante referanser, se vedlegg 1 i hovedpublikasjonen). Irer i Storbritannia har historisk sett vært like dårlig – eller dårligere – stilt enn mange av de dominerende etniske minoritetsgruppene i England når det gjelder både «mental helse» og fysisk helse, og denne ulempen videreføres til andre og tredje generasjonsledd.

Å bli identifisert eller identifisere seg som opprinnelig afrikansk eller afrikansk-karibisk (i Storbritannia)

Svarte mennesker er en minoritetsgruppe i Storbritannia, og som mange andre minoritetsgrupper møter de ekstra utfordringer og diskriminering, inkludert at de er underrepresentert i posisjoner med makt og innflytelse. Effektene dempes delvis av at de bor i umiddelbar nærhet til andre med samme hudfarge. Svarte personer av afrikansk eller afrikansk-karibisk opprinnelse som bor i Storbritannia, har spesielt høy forekomst av psykosediagnoser. Det er blitt vist at dette er knyttet til generelt store sosiale utfordringer, inkludert fattigdom, rasisme og diskriminering. Unge svarte menn som bor i urbane miljøer i Storbritannia, har spesielt høy forekomst av psykosediagnoser, inkludert høyere forekomst av «paranoia», noe som muligens kan tilskrives at de bor et sted der de er utsatt for flere former for ulemper og diskriminering. Historisk sett kan det at «schizofreni» gjerne assosieres med svarte menn og med vold, fiendtlighet og paranoia, spores tilbake til borgerrettighetsbevegelsen i USA i 1960-årene, da denne stereotypien begynte å vokse frem. Det ble tidligere antatt at «sykdommen» hovedsakelig rammet hvite mennesker, og den var forbundet med manglende evne til å fungere snarere enn med vold.

Denne stereotypien har overlevd, som vist av det faktum at både allmennheten og fagpersoner er tilbøyelige til å overestimere sannsynligheten for at unge svarte menn er voldelige. Svarte menn har høyere sannsynlighet for å bli tvangsinnlagt på psykiatrisk sykehus og bli underlagt andre former for tvangstiltak. I urbane miljøer har alle økt risiko for å oppleve psykisk smerte, men spesielt hvis inntektsforskjellene er store. Det å bo nær et større antall medlemmer av sin egen etniske gruppe er en beskyttende faktor. «Paranoia» er forbundet med å være mann, med å ha lav sosioøkonomisk status, med immigrasjon, med å være medlem av en etnisk minoritetsgruppe og med å være flyktning. Studier har knyttet «paranoia» til følelser som skam, sinne, verdiløshet, ydmykelse, utenforskap, maktesløshet og urett.

Svarte kvinner som bor i Storbritannia, opplever mange ulike belastninger med pågående rasisme, fattigdom og kjønnsforskjeller og rapporterer om høy forekomst av seksuell vold og av å bli gjort til offer på nytt. Seksuell vold og det å bli gjort til offer er forbundet med alvorlig depresjon og traumatisering. Det er blitt vist at stereotypier om at svarte kvinner er sterke, står i veien for at de får hjelp fra psykisk helsevern, kommunale helsetjenester og andre tiltak i regi av frivillige organisasjoner. Kvinner forteller at de får tilbud om medisiner, men ikke tilgang til rådgivning eller terapi innenfor psykisk helsetjeneste.

Å bli identifisert eller identifisere seg som psykisk utviklingshemmet
Spesielt de som har «mild» psykisk utviklingshemming, kan oppleve skam og stempel som mindreverdig, og mange ønsker å distansere seg fra andre med psykisk utviklingshemming og fra hjelpetjenester, noe som forsterker følelsen av isolasjon og «annerledeshet». Det å føle seg «dum» er en risiko de møter daglig ute i den sosiale verdenen. Tidligere forskning fra 1960- og 1970-årene viste til at forsøk på å «passere som normal», for eksempel ved å prøve å fremstå i tråd med bestemte oppfatninger av «kompetanse» («the cloak of competence»), ofte innebærer en høy emosjonell pris for personen det gjelder. Det kan også være forbundet med skam å ha betydelige «svekkelser» og å oppleve diskriminering i et svært individualisert, prestasjonsorientert samfunn, noe som fører til følelser av å være mislykket, «ikke god nok», skadet og så videre. Denne gruppen har også større sannsynlighet enn den øvrige befolkningen for å ha opplevd fysiske, seksuelle og emosjonelle overgrep og omsorgssvikt i barndommen, noe som kan være enda mindre anerkjent enn når det gjelder den ikke-funksjonshemmede delen av befolkningen.

I vedlegg 1 i hovedpublikasjonen finnes aktuelle referanser for emosjonell og psykisk smerte knyttet til disse og andre aspekter ved andre identiteter, inkludert romer eller omreisende folkegrupper, irer (i Storbritannia), LGBTQ, mennesker med lav sosioøkonomisk status, funksjonshemmede og eldre.

2. Foreløpig hovedmønster: å klare seg gjennom avvisning, å føle seg fanget samt nedvurdering

Som alle hovedmønstrene beskriver også dette mønstret et kontinuum, og dersom færre trusler og forverrende faktorer og flere dempende og beskyttende faktorer er til stede, innebærer det at færre – og mindre invalidiserende – trusselresponser er nødvendig.

Narrativ oppsummering av hovedmønstret

Innenfor makt–trussel–mening-rammeverket beskriver dette et generelt mønster av relasjonelle trusler og trusselresponser som gir opphav til grunnleggende opplevelser av avvisning, å føle seg fanget samt nedvurdering.

Et sentralt overlevelsesdilemma handler om å opprettholde tilknytningsrelasjoner og andre relasjoner kontra mistro og frykt for å bli avvist, såret eller skadet. Disse situasjonene oppstår oftere i maktkontekster preget av fattigdom, sosial ulikhet, arbeidsløshet, kjønnsforskjeller og krig. Vanlige diagnoser er «emosjonelt ustabil personlighetsforstyrrelse», «bipolar lidelse», «dissosiativ lidelse», «alvorlig depresjon», «PTSD», «alkoholisme», og «psykose», selv om ikke alle som får en av disse diagnosene, passer inn i dette mønstret, og disse diagnosene stilles også innenfor andre mønstre. Dårlig fysisk helse kan forverre personens vansker. Noen ganger har vedkommende en historikk med straffbare handlinger. I likhet med de andre mønstrene kan også dette beskrive mennesker som aldri er blitt formelt diagnostisert.

Sosiale og kulturelle diskurser om kjønnsroller former måten truslene oppleves og uttrykkes på. I mange vestlige kulturer har kvinner en tendens til å vende smerte innover, mens menn retter den utover, selv om sinne er vanlig hos begge kjønn. Noen ganger er det ingen åpenbare tegn på overgrep, men emosjonell omsorgssvikt, nedvurdering, kritikk og kontroll i tidlige relasjoner kan ha resultert i liknende trusselresponser. Innenfor helsetjenesten blir mønstret oftest identifisert hos kvinner. Dette kan være et resultat av at responser som sinne eller det å stille krav anses som mindre akseptert hos kvinner og dermed patologiseres. Det kan også henge sammen med det faktum at det å vende sinnet innover – i tråd med kvinnelig sosialisering innenfor noen kulturer – har høyere sannsynlighet for å medføre en henvisning til psykisk helsetjeneste, enn når det gjelder å rette sinnet utover i form av vold mot andre. Seksuelle overgrep, som er en sterk tilleggsbelastning i barndommen for kvinner, er svært vanlig tidlig i livet for kvinner som passer beskrivelsen i dette mønstret. Noen ganger har de vært utsatt for organiserte overgrep. Mannlige krigsveteraner kan utvise et litt annet undersett av responser (se også undermønstret «å overleve kamphandlinger i krig»).

Mønstret beskriver noen kvinner innenfor strafferettssystemet, som kan skade seg selv og ha et ustabilt liv og ustabile relasjoner. Kvinner i fengsel rapporterer om høy forekomst av overgrep i barndommen, vold i hjemmet og voldtekt. Generelt har kvinner større sannsynlighet for å vende sinne innover i form av selvskading, spiseforstyrrelser og så videre, og for menn er det mer sannsynlig at de retter det utover i form av vold mot andre. Kvinner vil kanskje bruke illegale stoffer, drive med butikktyveri, være involvert i prostitusjon eller – mer sjelden – begå mer alvorlige lovbrudd. Menn har, av grunner som har med kjønnssosialisering å gjøre, større sannsynlighet for å havne innenfor hovedmønstret «å klare seg gjennom sosial eksklusjon, skam og tvangsmakt».

De fleste mennesker som har en sammensatt historie preget av belastninger, responderer også med trusselresponser (for eksempel flashbacks) overfor enkeltstående traumatiske hendelser, og derfor opplever de også aspekter ved mønstret «å klare seg gjennom enkeltstående trusler». Dette gjelder spesielt menn (og kvinner) som er blitt eksponert for krigshandlinger. Det er svært sannsynlig at de som barn har passet inn i beskrivelsen av hovedmønstret «å klare seg gjennom forstyrrede tilknytningsrelasjoner og belastninger i barndom og ungdom».

Makt, trussel, mening og trusselresponser innenfor hovedmønstret

Aspektene *makt*, *trussel*, *mening* og *trusselresponser* innebærer vanligvis følgende innenfor dette *hovedmønstret*:

Makt

Innenfor dette mønstret har personen ofte vært utsatt for langvarig mellommenneskelig mishandling, overgrep, nedvurdering og omsorgssvikt i situasjoner preget av manglende kontroll, avhengighet av andre, isolasjon og å føle seg fanget. I slike situasjoner har personen vært – og er – hjelpeløs og maktesløs i møte med emosjonelle og/eller fysiske trusler, mens vedkommende ofte er avhengig av voldsutøver(ne) for å klare seg. Disse situasjonene kan oppstå med pårørende som på grunn av egne sosiale, materielle og personlige omstendigheter ikke har vært eller er i stand til å skape trygge tidlige relasjoner og/eller å beskytte barn mot å bli utsatt for betydelig maktmisbruk – og/eller slike situasjoner kan oppstå utenfor opprinnelsesfamilien og/eller i voksen alder. Vedkommende har sannsynligvis vært utsatt for betydelig traumatisering og for å bli gjort til offer på nytt, som voksen. Bakgrunnshistorien kan være preget av eksempelvis omsorgssvikt eller mishandling i tidlige relasjoner, vedvarende mobbing i barndommen, vold i hjemmet eller krigshandlinger. Andre kan ha opplevd å være krigsfange, å være offer for menneskehandel, å ha klart seg gjennom organiserte seksuelle overgrep eller hendelser knyttet til en kult.

Trussel

De viktigste truslene er avvisning, nedvurdering, å bli forlatt, tap av tilknytning, å føle seg fanget, emosjonell overveldelse eller dysregulering, maktesløshet, fysisk fare og kroppslig invadering, dårlig fysisk helse og utmattelse.

Mening

Truslene tillegges vanligvis meninger som mangel på trygghet, frykt, avvisning og å bli forlatt, skam, skyld, tomhet, en følelse av å være «dårlig» og verdiløs, fremmedgjøring, svik, håpløshet, hjelpeløshet og meningsløshet.

Trusselresponser

Truslene – og meningene de tillegges – gir opphav til trusselresponser som er mediert av kroppen. Trusselresponser anses som grunnleggende beskyttende. Invalidiserende aspekter kan reduseres og motvirkes av andre responser. Mange av disse responsene utøves på den mer «refleksive» enden av spektret og drar veksler på ferdigheter, styrker, materiell, relasjonell og sosial støtte, alternative narrativer og andre maktressurser. Innenfor dette mønstret har trusselresponser ofte følgende funksjoner, grovt listet opp i rekkefølge ut fra hvor vanlige de er:

Å *regulere overveldende følelser* (for eksempel gjennom dissosiasjon, hukommelsestap, oppmerksomhetsforstyrrelser, derealisering, emosjonell nummenhet, kroppslig nummenhet, å høre stemmer, bruk av alkohol og andre rusmidler, selvskading, impulsivitet, kroppslige fornemmelser, splitting og projeksjon av følelser, raske humørsvingninger, uvanlige overbevisninger, suicidalitet).

Å beskytte *seg mot tap av tilknytning*, å bli såret og forlatt (for eksempel gjennom dominerende atferd og ved å søke kontroll, mistro, årvåkenhet overfor avvisning, avvisning av andre, isolasjon eller unngåelse av andre, selvsensur, selvhat, selvklandring, ettergivenhet, føyelighet).

Å søke tilknytning (for eksempel gjennom idealisering, ettergivenhet, selvklandring, å søke omsorg)

Å bevare en følelse av kontroll (for eksempel gjennom sinne, dominerende atferd, spisevaner).

Å beskytte *seg mot fare* (for eksempel gjennom hyperårvåkenhet, sinne og raseri, engstelse, mistenksomhet).

Å oppfylle emosjonelle behov, *selvtrøst* (for eksempel gjennom bruk av alkohol og andre rusmidler, å søke trygge tilknytningsrelasjoner, selvskading).

Å bevare *identitet, selvbilde og selvfølelse* (for eksempel gjennom en følelse av berettigelse, projeksjon).

Å kommunisere smerte, å fremkalle *omsorg* (for eksempel gjennom selvskading, sinne).

Undermønstre innenfor hovedmønstret «å klare seg gjennom avvisning, å føle seg fanget samt nedvurdering»

Undermønstre innenfor *hovedmønstret* kan eksempelvis ses i forbindelse med følgende spesifikke omstendigheter:

Å klare seg gjennom *vold i hjemmet* (kvinne): Kvinner som er vitne til vold i hjemmet i barndommen, har høyere sannsynlighet for å bli utsatt for vold i hjemmet som voksne. Også andre problemer knyttet til makt kan være til stede i form av økonomisk avhengighet og mangel på alternativt husvære eller støtte. Sammensetningen av trusler og trusselresponser hos kvinner som har opplevd eller lever med vold i hjemmet, inkluderer angst, nedstemthet, frykt, skyld, skam, økt risiko for selvmord og fysiske helseproblemer. De kan benytte seg av et spekter av trygghets- og overlevelsesstrategier inkludert ettergivenhet, isolasjon, selvsensur samt inntak av alkohol og andre rusmidler. Det kan være vanlig å tillegge situasjonen den mening at en selv er å klandre og er verdiløs – en forståelse som kan forsterkes av gjerningspersonen. Situasjonen kan opprettholdes av en realistisk frykt for gjengjeldelse samt av mangel på penger, sosial støtte eller alternativt husvære og noen ganger av mangel på oppmerksomhet hos profesjonelle innenfor helse- og velferdstjenesten. Vi har mindre kunnskap om mønstre hos mannlige ofre for vold i hjemmet eller om vold i homofile eller transkjønnede forhold. Dette mønstret kan overlappe med mønstret «å klare seg gjennom nederlag, å føle seg fanget samt tap».

Å overleve som *flyktning, asylsøker,* å være *offer for menneskehandel eller* å være fordrevet: Denne gruppen har opplevd mange tidligere og nåværende maktrelaterte trusler, inkludert krig, tortur, å miste en nær person, forfølgelse og juridiske kamper i tillegg til tap av familie, inntekt, arbeid, hjemland og kultur. Disse faktorene utgjør trusler mot alle aspekter ved en persons relasjoner, materielle trygghet og sosiale og personlige identitet. Betydninger for den enkelte inkluderer håpløshet, sorg, tap, frykt, mistro, isolasjon, mangel på trygghet samt maktesløshet. Dette kan føre til trusselresponser som nedstemthet, angst, mareritt, flashbacks, håpløshet, misbruk av alkohol og andre rusmidler og å høre eller se savnede slektninger. Vanlige diagnoser er «PTSD», «depresjon» og «psykose», der de mer «alvorlige» diagnosene er mer sannsynlige når man står overfor flere traumer. Mønstret overlapper med mønstrene «å klare seg gjennom enkeltstående trusler» og «å klare seg gjennom nederlag, å føle seg fanget, utenforskap og tap».

Å klare seg gjennom generasjonstraumer og historiske traumer: Arbeid med etterkommere av holocaustofre har lagt grunnlaget for en forståelse av «generasjonstraumer» som kan påvirke flere generasjonsledd i en familie, som følge av den psykiske og emosjonelle virkningen av å leve sammen med noen som har klart seg gjennom traumer. Et beslektet begrep er «historiske traumer», som innebærer at emosjonell sårhet påvirker generasjoner i undertrykkede befolkningsgrupper. Dette kan skje ved kolonisering, folkemord og slaveri, der hele folk eller koloniserte grupper lider under tap av språk og tradisjoner og andre former for bevisst ødeleggelse av deres liv og kultur.

3. Foreløpig hovedmønster: å klare seg gjennom forstyrrede tilknytningsrelasjoner og belastninger i barndom og ungdom

Som alle hovedmønstrene beskriver også dette mønstret et kontinuum, og dersom færre trusler og forverrende faktorer og flere dempende og beskyttende faktorer er til stede, innebærer det at færre – og mindre invalidiserende – trusselresponser er nødvendig.

Narrativ oppsummering av hovedmønstret

Innenfor et MTM-rammeverk beskriver dette mønstret situasjoner der barnets tidlige relasjoner og/ eller omgivelser har vært skadelidende på grunn av en sammensatt blanding av maktfaktorer, som generasjonstraumer og belastninger, mangel på materielle ressurser, sosialt press og sosial isolasjon. En kombinasjon av ikke-voldelige traumer (for eksempel emosjonelle overgrep eller omsorgssvikt) og voldelige traumer (for eksempel seksuelle eller fysiske overgrep) kan være det som er mest skadelig. I mer ekstreme tilfeller kan barn være utsatt for organiserte overgrep, eller barna og familiene deres kan være flyktninger eller lever i en krigssone. Mønstret kan vise seg som «desorganisert tilknytning», der en tilknytningsperson også kan utgjøre en trussel. Dette vil sannsynligvis føre til trusselresponser basert på dissosiasjon, «flukt uten noen steder å flykte». Sosiale diskurser om kjønnsroller former måten truslene oppleves og uttrykkes på, slik at jenter kan ha høyere sannsynlighet for å reagere med dissosiasjon, mens gutter gjerne reagerer med hyperaktivitet og uoppmerksomhet. Vanlige diagnoser inkluderer «tilknytningsforstyrrelse»», «ADHD», «opposisjonell atferdsforstyrrelse», «depresjon», fobier og «angstlidelser», selv om ikke alle som hører inn under disse kategoriene, passer inn i mønstret, og disse diagnosene stilles også innenfor andre mønstre.

Fysiske helserelaterte symptomer og tilstander kan også forekomme. Hos eldre barn kan mønstret overlappe med mønstret «å klare seg gjennom separasjon og identitetsforvirring» eller «å klare seg gjennom eksklusjon og nederlag i ung alder», og han eller hun kan ha en historie med straffbare handlinger. I likhet med de andre mønstrene kan også dette beskrive barn og unge som aldri er blitt formelt diagnostisert. Som voksne vil de kunne passe inn i et av de andre mønstrene, inkludert «å klare seg gjennom avvisning, å føle seg fanget samt nedvurdering».

Makt, trussel, mening og trusselresponser innenfor hovedmønstret

Aspektene *makt*, *trussel*, *mening* og *trusselresponser* innebærer vanligvis følgende innenfor dette *hovedmønstret*:

Makt
Disse barna og ungdommene er ofte blitt eksponert for flere eller mange belastninger, inkludert omsorgssvikt, seksuelle, fysiske og/eller emosjonelle overgrep. De kan ha vært vitne til vold i hjemmet, ha opplevd mobbing, separasjon fra eller tap av omsorgspersoner (noen ganger som følge av institusjonalisering) og – i noen tilfeller – rituelle eller organiserte overgrep. Mer subtile makteffekter kan oppstå i forbindelse med skole, i sosiale omgivelser og i nærmiljøer, som følge av familierelaterte og sosiale sammenlikninger og forventninger, og så videre.

Trussel
Sentrale trusler her er fysisk fare, emosjonell overveldelse, å føle seg fanget, emosjonell omsorgssvikt, maktesløshet, tap av aktørskap og kontroll, å bli forlatt, identitetsforvirring, fysisk omsorgssvikt og kroppslig invadering.

Mening
Truslene tillegges vanligvis meninger som frykt, skam, verdiløshet, emosjonell tomhet, å bli forlatt, svik, håpløshet, å føle seg kontrollert, fanget og overvunnet.

Trusselresponser
Truslene – og meningene de tillegges – gir opphav til trusselresponser som er mediert av kroppen. Trusselresponser anses som grunnleggende beskyttende. Invalidiserende aspekter kan reduseres og motvirkes av andre responser. Mange av disse responsene utøves på den mer «refleksive» enden av spektret og drar veksler på ferdigheter, styrker, materiell, relasjonell og sosial støtte, alternative narrativer og andre maktressurser. Innenfor dette mønstret har trusselresponsene ofte følgende funksjoner (delvis avhengig av utviklingsstadium), grovt listet opp i rekkefølge ut fra hvor vanlige de er:

Å regulere *overveldende følelser* (for eksempel gjennom selvskading, emosjonell nummenhet, humørsvingninger, bruk av alkohol og andre rusmidler hos eldre barn, dissosiasjon, å høre stemmer, uvanlige overbevisninger, kroppslige fornemmelser, kroppslig nummenhet, hodedunking, hukommelseshull, oppmerksomhets- og konsentrasjonsforstyrrelser, redusert empati, impulsivitet, hyperaktivitet, derealisering, sinne og aggresjon).

Å beskytte *seg mot tap av tilknytningsrelasjoner, å bli såret og forlatt* (for eksempel gjennom mistro, selvhat, føyelighet, å stille krav, sinne, dårlige relasjoner til jevnaldrende).

Å søke tilknytning (for eksempel gjennom seksualisert atferd, dominerende atferd, ettergivenhet og føyelighet).

Å beskytte *seg mot fare* (for eksempel gjennom hyperårvåkenhet, angst, rastløshet, oppmerksomhet- og konsentrasjonsforstyrrelser, søvnløshet, mistro, aggresjon, biting, fobier).

Å oppfylle emosjonelle behov, selv*trøst* (for eksempel gjennom rugging, hodedunking, hudplukking, selvskading, ritualer).

Å kommunisere stress, å fremkalle omsorg (for eksempel gjennom selvskading, selvdestruktivitet, raserianfall, aggresjon og raseri, å søke tilknytning, nedstemthet, kroppslige fornemmelser).

Å bevare *en følelse av kontroll* (for eksempel gjennom raseri, mobbing, aggresjon, spisevansker).

Å bevare *identitet, selvbilde og selvfølelse* (for eksempel gjennom mobbing, dominerende atferd).

Å *beholde en plass i den sosiale gruppen* (for eksempel gjennom mobbing, dominerende atferd, ettergivenhet).

Avhengig av alder vil det sannsynligvis være utviklingsmessige effekter, for eksempel når det gjelder taleevne, språk og milepæler for atferdsutviklingen samt fysisk helse.

Undermønstre innenfor hovedmønstret «å klare seg gjennom forstyrrede tilknytningsrelasjoner og belastninger i barndom eller ungdom»

Undermønstre innenfor *hovedmønstret* kan eksempelvis ses i forbindelse med følgende spesifikke omstendigheter:

Å klare seg gjennom det å være vitne til vold i hjemmet som barn eller ungdom: Disse barna kan – hvis de er gutter – ha spesielt høy sannsynlighet for å videreføre voldelig atferd (dyremishandling, aggresjon og temperamentsutbrudd, mindre alvorlige lovbrudd, slåssing, mobbing, trusler, dårlige relasjoner til jevnaldrende, manglende respekt for kvinner, vold i hjemmet i voksen alder). Dette kan innebære en prosess der man «identifiserer seg med aggressoren». Alternativt kan de (hovedsakelig jenter) ty til føyelighet og tilbaketrekking og føle stort ansvar for den mishandlede forelderen, noe som viser seg i form av sterk skyldfølelse, angst og separasjonsangst. Senere kan ungdom og voksne søke hengivenhet gjennom risikabel og ukritisk seksuell atferd. Jo mer alvorlig volden i hjemmet er, desto mer alvorlig er påvirkningen på barna.

Å klare seg gjennom seksuelle overgrep som barn eller ungdom: Seksuelle overgrep mot barn kan ha flere langvarige effekter i barndom og ungdom, delvis avhengig av forverrende og dempende faktorer. Dette er en sterk tilleggsbelastning i barndommen for både gutter og jenter. Jenter som har opplevd seksuelle overgrep, opplever oftere nedstemthet, selvskading, dissosiasjon, kognitive vansker, nummenhet, impulsivitet, mistro og dissosiasjon enn jevnaldrende jenter eller kvinner som ikke er blitt misbrukt, samt mangel på venner og problematiske seksuelle relasjoner i ungdomsårene. Skaden er generelt mer alvorlig dersom overgriperen er den biologiske faren, hvis hendelsen involverer kontakt mellom kjønnsorganer, hvis overgrepet skjer tidlig i livet, og hvis det involverer flere overgripere og vold. Seksuelle overgrep mot barn øker også sannsynligheten for «hallusinasjoner», noe som indikerer sterk grad av dissosiasjon («flukt uten noen steder å flykte»), selv om dette ikke er en spesifikk eller unik prediktor for slike opplevelser.

Å klare seg gjennom mobbing i barndom eller ungdom: Mobbing kan på ett nivå forstås som en prosess der gruppenormer håndheves i grupper av jevnaldrende. Mobbing reflekterer normene på skolen, i media og i det større sosiale miljøet, slik at barn som oppfattes som avvikende fra disse normene på grunn av utseende, sosioøkonomisk status, evner eller funksjonsnedsettelser, sosialt og biologisk kjønn samt seksualitet, kultur, etnisitet og religion, har høyere sannsynlighet for å være mål for mobbingen. Mobbekulturer har derfor sin opprinnelse i sosiale og kulturelle normer og i en generell mangel på toleranse overfor annerledeshet. Mobbere trenger kanskje også hjelp; det er mer sannsynlig at barn mobber andre hvis de har opplevd mishandling fra foreldre, spesielt fysiske og seksuelle overgrep, og har vært vitne til vold i hjemmet.

Mobbing ser ut til å være temmelig vanlig i skolen. Mobbingen kan inkludere fysiske og verbale angrep og «nettmobbing» via sosiale medier. Selv om det ikke finnes noe «typisk» mobbeoffer, er det en viss sannsynlighet for at han eller hun tilhører en gruppe som allerede er umyndiggjort og diskriminert på andre måter, på grunn av seksualitet, etnisitet eller nedsatt funksjonsevne.

Effekten av mobbing blir ofte undervurdert, men kan inkludere dårlige faglige prestasjoner, nedstemthet, redusert selvverd, angst, selvskading og selvmord samt somatiske plager som hodepine, søvnløshet, magesmerter og sengevæting. Risikoen øker også for «psykotiske» opplevelser i ungdomsårene, som kan innbefatte å høre mobbernes stemmer. Mer langsiktige følger for voksne – som delvis avhenger av forverrende og dempende faktorer – spenner fra lav selvtillit og ensomhet til «psykotiske» opplevelser. Mobbing er også en årsaksfaktor ved en rekke former for smerte i voksen alder (se også mønstrene «å klare seg gjennom nederlag, å føle seg fanget, utenforskap og tap» og «å klare seg gjennom sosial eksklusjon, skam og tvangsmakt»).

Å klare seg gjennom invasiv medisinsk behandling i barndom eller ungdom: Barn som må gjennomgå gjentatt, smertefull og invasiv medisinsk behandling, kan bli traumatisert, delvis fordi barn ifølge noe forskning har en «moralsk» forklaring på helsebehandling, og de tolker den gjerne som at medisinsk fagpersonell eller foreldre påfører dem smerte med hensikt, som straff for noe de har gjort galt. Behandlingen kan også innebære en viss følelse av å være fanget eller fysisk tvang (fastholding) som, selv om slik tvang er uunngåelig i noen situasjoner, kan forsterke den psykiske smerten.

Ikke-vestlig mønster: *Å klare seg gjennom konflikt som ungdom i det nordlige Uganda:* I mange kulturer verden over rapporteres det om å være «besatt av ånder», noe som er forbundet med mange ulike situasjoner, manifestasjoner og betydninger – noen positive, noen mindre positive. Dette er ikke en diagnose som er inkludert i *DSM*, men den er inkludert under det som kalles «transe- og besettelsestilstander», en underkategori av «dissosiative lidelser», i *ICD-10*. Den anses av og til som en ekvivalent til det psykiatriske begrepet «psykose». «Cen»[15] er en type besettelsestilstand som er kjent fra det nordlige Uganda, der borgerkrig har ført til omfattende brutalitet og bortføring og tvangsrekruttering av barn som soldater. Der forteller unge mennesker at identiteten deres er blitt overtatt av det onde gjenferdet til en død person. Det er blitt vist at «cen» er knyttet til høy forekomst av krigstraumer og til bortføring, og ånden er ofte blitt identifisert som en som de bortførte har vært tvunget til å drepe.

---

15   Se https://www.researchgate.net/publication/339795935_Orongo_and_Cen_Spirit_Possessions_Post-Traumatic_Stress_Disorder_in_a_Cultural_Context_-_Local_Problem_Universal_Disorder_with_Local_Solutions_in_Northern_Uganda (overs. anm.)

4. Foreløpig hovedmønster: å klare seg gjennom separasjon og identitetsforvirring

Som alle hovedmønstrene beskriver også dette mønstret et kontinuum, og dersom færre trusler og forverrende faktorer og flere dempende og beskyttende faktorer er til stede, innebærer det at færre – og mindre invalidiserende – trusselresponser er nødvendig.

Narrativ oppsummering av hovedmønstret

Innenfor et MTM-rammeverk beskriver dette et mønster som er karakteristisk i individualistiske kulturer der tradisjonen er å skilles fra kjernefamilien sent i tenårene eller i tjueårene, kombinert med høye prestasjonsforventninger. Et sentralt dilemma (som gjenspeiles innenfor den mer omfattende kulturelle diskursen) er å finne en balanse mellom avhengighet, som kan oppleves som å være fanget og å miste seg selv, kontra separasjon og individuering, som kan oppleves som å bli forlatt og skape frykt for å mislykkes. Dette dilemmaet oppstår ofte i tenårene eller i tidlig voksen alder. Familier kan være avskåret fra støtte, og pårørende kjemper kanskje med sine egne kulturelle forventninger og kjønnsrolleforventninger og/eller traumehistorier. Dette kan bidra til at pårørende inntar en beskyttende, kontrollerende og/eller kritiserende holdning samt forvirrende kommunikasjonsstiler. Sosiale diskurser om uavhengighet, streben, hardt arbeid, konkurranseinnstilling og prestasjoner kan legge press på det unge mennesket. En identitetskrise kan også oppstå på andre viktige overgangspunkter i livet, som hvis noen man er glad i, dør, hvis man mister jobben, hvis man avslutter et forhold, eller når man når en viss alder. Vanlige diagnoser er «psykose», «schizofreni», «anoreksi», «bulimi» og «tvangslidelse», selv om ikke alle med disse diagnosene passer inn i mønstret, og disse diagnosene stilles også innenfor andre mønstre. Dårlig fysisk helse kan komplisere personens vansker. For ungdom og unge voksne kan dette mønstret overlappe med mønstret «å klare seg gjennom forstyrrede tilknytningsrelasjoner og belastninger i barndom eller ungdom». I likhet med de andre mønstrene kan også dette mønstret beskrive mennesker som aldri er blitt formelt diagnostisert.

Makt, trussel, mening og trusselresponser innenfor hovedmønstret

Aspektene *makt, trussel, mening* og *trusselresponser* innebærer vanligvis følgende innenfor dette *hovedmønstret*:

Makt

Innenfor dette mønstret har det vært langvarige vansker med å oppnå en balanse mellom avhengighet og individuering, noe som noen ganger starter tidlig i livet. Personen kan ha opplevd tap av eller separasjon fra foreldre eller seksuelle overgrep og andre traumer. Opprinnelsesfamilien har kanskje ingen støtte. Sosiale diskurser om prestasjoner og uavhengighet legger press på den unge, som kan ha utviklet svært høye forventninger til seg selv. Vestlige idealer om kvinners – og i økende grad menns – kroppsfasong blir formidlet og opprettholdt gjennom media, slankebransjen, motemagasiner og andre bransjer og bidrar til å utløse problematisk spiseatferd og overdreven trening som uttrykk for psykisk smerte. (Noen steder i verden – for eksempel i Ghana, Hongkong og Sør-Afrika – kan kontroll snarere enn kroppsstørrelse være det dominerende motivet når det gjelder et restriktivt matinntak).

Trussel

Innenfor dette mønstret er det noen sentrale trusler mot identitet, selvoppfatning og aktørskap, inkludert emosjonell nedvurdering. Andre trusler er å bli forlatt, emosjonell omsorgssvikt, avvisning, sosial eksklusjon og isolasjon, kroppslig invadering og konkurranserelatert nederlag.

Mening

Truslene tillegges vanligvis meninger som å bli forlatt, avvisning, verdiløshet, skam og underlegenhet og å føle seg kontrollert, invadert, fanget.

Trusselresponser

Truslene – og meningene de tillegges – gir opphav til trusselresponser som er mediert av kroppen. Trusselresponser anses som grunnleggende beskyttende. Invalidiserende aspekter kan reduseres og motvirkes av andre responser. Mange av disse responsene utøves på den mer «refleksive» enden av spektret og drar veksler på ferdigheter, styrker, materiell, relasjonell og sosial støtte, alternative narrativer og andre maktressurser. Innenfor dette mønstret har trusselresponser ofte følgende funksjoner, listet opp i rekkefølge ut fra hvor vanlige de er:

Å beskytte *seg mot tap av tilknytning, å bli såret og forlatt* (for eksempel gjennom separasjonsangst, fornektelse eller projeksjon av sinne og seksualitet, føyelighet, selvsensur, emosjonell regresjon, forvirring om egen identitet og grenser, nedstemthet, angst).

Å bevare *identitet, selvbilde og selvfølelse* (for eksempel gjennom uvanlige overbevisninger, å sulte seg, sinne, opprørskhet, perfeksjonisme).

Å regulere *overveldende følelser* (for eksempel gjennom å sulte seg, selvskading, kroppslig nummenhet, uvanlige overbevisninger, å høre stemmer, å utføre ritualer).

Å beskytte *seg mot fare* (for eksempel gjennom hyperårvåkenhet, ettergivenhet).

Å bevare *en følelse av kontroll* (for eksempel gjennom ritualer og tvangshandlinger, å sulte seg eller gjennom sykelig overspising, overdreven trening).

Å søke *tilknytning* (for eksempel gjennom avhengighet av andre, føyelighet).

Å beholde *en plass i den sosiale gruppen* (for eksempel gjennom perfeksjonisme, streben).

Å *straffe seg selv* (for eksempel gjennom selvklandring, kroppshat, selvskading, nedstemthet).

Å kommunisere *smerte*, å fremkalle omsorg (for eksempel gjennom uvanlige overbevisninger, å høre stemmer, forvirret kommunikasjon, å sulte seg, ritualer, nedstemthet).

Å finne *mening og formål* (for eksempel gjennom uvanlige overbevisninger, kontrollert spising).

Undermønstre innenfor hovedmønstret «å klare seg gjennom separasjon og identitetsforvirring»

Undermønstre innenfor *hovedmønstret* kan eksempelvis ses i forbindelse med følgende spesifikke omstendigheter:

Å klare seg gjennom overgangsfaser midt i livet: Kvinner som opplever en rolleendring etter at barna har flyttet hjemmefra, eller andre aspekter midt i livet, inkludert at foreldrene dør, opplever ofte betydelig psykisk smerte. Et liknende mønster ses av og til hos menn. Både kvinner og menn kan ha ønske om å oppfylle behov som er blitt fornektet eller tilsidesatt fordi det har vært nødvendig å møte sosiale og kjønnsmessige forventninger tidligere i livet. For eksempel kan kvinners identitetsfølelse ha blitt en del av kravene som følger med barneoppdragelse, forsterket av ideer om emosjonell selvoppofrelse, og andre sosiale og økonomiske ulikheter. Menn kan ha høyere sannsynlighet for å føle seg utmattet som følge av forventninger på arbeidsplassen og begrenset sosialisering med andre menn.

Å klare seg gjennom separasjon innenfor migrantfamilier: Unge mennesker fra første generasjons migrantfamilier kan oppleve det tosidige presset på å skulle skape seg en identitet i henhold til vestlige kulturelle normer, slik som deres jevnaldrende gjør, og på å fortsette å ha nær kontakt med familien sin i tråd med kulturelle forventninger. De kan også måtte inngå kompromisser når det gjelder klesstil, bruk av alkohol og andre rusmidler, seksuelle relasjoner og så videre. Dette kan, sammen med økt sannsynlighet for arbeidsledighet og andre former for diskriminering, delvis forklare den høye rapporterte forekomsten av psykisk smerte, inkludert «psykose», hos noen grupper av etnisk minoritetsungdom.

5. Foreløpig hovedmønster: å klare seg gjennom nederlag, å føle seg fanget, utenforskap og tap

Som alle hovedmønstrene beskriver også dette mønstret et kontinuum, og dersom færre trusler og forverrende faktorer og flere dempende og beskyttende faktorer er til stede, innebærer det at færre – og mindre invalidiserende – trusselresponser er nødvendig.

Narrativ oppsummering av hovedmønstret

Innenfor MTM-rammeverket beskriver dette mønstret et bredt spekter av trusler, både tidligere og nåværende, samt trusselresponser som gir opphav til sentrale oppfatninger som nederlag, å føle seg fanget, utenforskap og tap. En viss grad av tristhet, lidelse, ensomhet og engstelse er en uunngåelig del av livet. Imidlertid, hvis situasjonen man befinner seg i nå, har vart tilstrekkelig lenge, er alvorlig nok og umulig å komme unna (for eksempel omstendigheter på arbeidsstedet, isolasjon fra nærmiljøet sitt, en kontrollerende partner, fysiske helseproblemer, fattigdom, flyktningstatus), kan effekten være dyptgripende og invalidiserende, selv uten tidligere eller ytterligere belastninger og tap. Dette mønstret for smerte er mer vanlig i grupper med mindre makt, for eksempel hos kvinner, i lavere sosiale klasser, blant eldre, innenfor etniske minoriteter, spesielt i forbindelse med nedskjæringer, sosial ulikhet og sosial urettferdighet. Disse gruppene har også størst sannsynlighet for å merke de negative konsekvensene av høy arbeidsledighet, lav lønn, dårlige arbeidsvilkår og så videre. Sosiale diskurser om streben, hardt arbeid, prestasjoner, konkurranseinnstilling og vellykkethet kan gi en følelse av skam og nederlag hvis man ikke lykkes med disse strategiene. I omstendigheter preget av nedskjæringer og ulikheter kan hele befolkningsgrupper oppleve høyere grad av ydmykelse og skam, frykt og mistro, mangel på stabilitet og usikkerhet, isolasjon og ensomhet, og de kan føle seg fanget og maktesløse. Dette gjelder uansett hva slags personlig bakgrunn og erfaring man har med andre belastninger. Dette påvirker også mer velstående medlemmer av samfunnet, selv om de er skånet for de materielle effektene.

Hvis «depresjon» og «angst» anses som synonymer for noen mennesker som passer inn i dette mønstret, er det mest sannsynlig at de blir påvist hos kvinner. Dette kan henge sammen med at de får dårligere betalt og har mindre verdsatt arbeid samtidig som de bærer den største byrden når det gjelder omsorg for barn. En maktfaktor – arbeidsledighet – kan imidlertid ha større effekt på menn fordi den er sterkere knyttet til menns identitet som arbeidere og forsørgere. Sosial diskurser om familier, barneoppdragelse, kvinners rolle som pårørende, menns rolle som den som tjener pengene, og så videre, påvirker forventninger og skaper også grunnlag for selvklandring hvis disse forventningene ikke blir oppfylt. Vanlige diagnoser er «depresjon», «angst», «generalisert angstlidelse», «panikklidelse», «agorafobi», «alkoholisme» eller «rusavhengighet», «tvangslidelse», «samlemani»[16], «fødselsdepresjon», «bulimi» og «forlenget sorglidelse» eller «komplisert sorg»[17] samt suicidale følelser, selv om ikke alle som befinner seg innenfor disse kategoriene, passer inn i mønstret, og disse diagnosene stilles også innenfor andre mønstre. Dårlig fysisk helse eller smerter og funksjonsnedsettelse kan forverre personens vansker. Som de øvrige mønstrene kan også dette mønstret beskrive mennesker som aldri er blitt formelt diagnostisert.

---

16 Eng: «hoarding disorder», jf. DSM-5 300.3 *(dette er ikke en formell diagnose i Norge)* (overs. anm.).

17 Finnes i *ICD-11*, men er ennå ikke tatt i bruk i Norge (overs. anm.).

Makt, trussel, mening og trusselresponser innenfor hovedmønstret

Aspektene *makt, trussel, mening* og *trusselresponser* innebærer vanligvis følgende innenfor dette *hovedmønstret*:

Makt

Innenfor et MTM-rammeverk beskriver dette mønstret mennesker som er fanget i langvarige situasjoner preget av kronisk mellommenneskelig eller miljømessig stress og/eller sosial eksklusjon. Dette kan inkludere fattigdom, kontrollerende eller ikke støttende relasjoner, sosial isolasjon, å miste noen man er glad i, flyktningstatus, stress på arbeidsplassen, arbeidsledighet, smerter og funksjonsnedsettelser – eller barneoppdragelse med utilstrekkelig støtte. På et mer omfattende nivå kan det beskrive den generelle effekten av å ha vært utsatt for situasjoner med sosial ulikhet og urettferdighet og den påfølgende samfunnsfragmenteringen som påvirker alle borgere. Det kan være en forhistorie preget av forstyrrede tilknytninger og traumer inkludert tap av en forelder, fysiske og seksuelle overgrep, vold i hjemmet, mobbing, kritikk eller omsorgssvikt.

Trussel

Sentrale trusler kan være å føle seg fanget, sosial eksklusjon, konkurranserelatert nederlag, tap av tilknytning, tap av aktørskap, tap av tilgang på ressurser, fysisk utmattelse og utbrenthet.

Mening

Truslene tillegges vanligvis meninger som hjelpeløshet, å føle seg fanget, nederlag, ensomhet, eksklusjon, mistro, selvklandring, skam, ydmykelse, underlegenhet, uverdighet og håpløshet. Andre meningsdannelser kan være en følelse av fremmedgjøring, mislykkethet, urett eller urettferdighet.

Trusselresponser

Truslene – og meningene de tillegges – gir opphav til trusselresponser som er mediert av kroppen. Trusselresponser anses som grunnleggende beskyttende. Invalidiserende aspekter kan reduseres og motvirkes av andre responser. Mange av disse responsene utøves på den mer «refleksive» enden av spektret og drar veksler på ferdigheter, styrker, materiell, relasjonell og sosial støtte, alternative narrativer og andre maktressurser. Innenfor dette mønstret har trusselresponser ofte følgende funksjoner, listet opp i rekkefølge ut fra hvor vanlige de er:

Å beskytte seg mot tap av tilknytningsrelasjoner, å bli såret eller forlatt (for eksempel gjennom ettergivenhet, føyelighet, selvsensur, isolasjon, avhengighet av andre, «å gi opp», utmattelse).

Å regulere overveldende følelser (for eksempel gjennom tilbaketrekking, unngåelse [«agorafobi»], nedstemthet som maskering av sorg, sinne og tap, ritualer, overarbeid, depersonalisering).

Å straffe seg selv (for eksempel gjennom nedstemthet, selvklandring, selvskading, selvmordsforsøk, sinne).

Å bevare identitet, selvbilde og selvfølelse (for eksempel gjennom streben, konkurranseinnstilling, å sulte seg, perfeksjonisme, kroppshat).

Å beholde en plass i den sosiale gruppen (for eksempel gjennom ettergivenhet, føyelighet, avhengighet av andre, streben, konkurranseinnstilling, kroppshat).

Å søke tilknytning (for eksempel gjennom hjelpeløshet, gråt).

Å oppfylle emosjonelle behov, selvtrøst (for eksempel gjennom overspising, bruk av alkohol og andre rusmidler, utmattelse).

Å beskytte seg mot fysisk fare (for eksempel gjennom angst, panikk, fobier, tilbaketrekking, «agorafobi», søvnløshet).

Å bevare en følelse av kontroll (for eksempel gjennom ritualer, grubling).

Å kommunisere smerte, å fremkalle omsorg (for eksempel gjennom selvskading, utmattelse, gråt, hjelpeløshet).

Undermønstre innenfor hovedmønstret «å klare seg gjennom nederlag, å føle seg fanget, utenforskap og tap»

Undermønstre innenfor *hovedmønstret* kan eksempelvis ses i forbindelse med følgende spesifikke omstendigheter:

Å klare seg gjennom konkurranserelatert nederlag: Noen mennesker viser utad at de er vellykket gjennom sterke prestasjoner og konkurransedriv som kommer fra sosiale forventninger, blant annet fra familie. Hvis oppfattede forventninger ikke blir møtt, eller hvis det ikke er mulig å holde drivkraften oppe, eller de plutselig blir arbeidsledige eller står overfor en annen krise de selv ikke har kontroll over, kan trusselresponser være «konkurranserelatert nederlag», utmattelse og selvkritikk med en følelse av mislykkethet, skam og håpløshet samt suicidale følelser. Disse reaksjonene vil sannsynligvis være mer utbredt ved generelt press i form av eksempelvis økonomisk nedgang og/eller nedskjæringer, noe som har vist seg å føre til generelt høyere grad av ydmykelse og skam, frykt og mistro, manglende stabilitet samt usikkerhet, isolasjon og ensomhet og å føle seg fanget og maktesløs. Menn kan være mer sårbare overfor disse forventningene og har den høyeste risikoen for selvmord. Her har økonomisk vanskeligstilte menn midt i livet de høyeste selvmordsratene. Årsaken kan være en kombinasjon av faktorer, inkludert oppfattet mislykkethet med tanke på å leve opp til maskuline standarder for suksess og kontroll, i forbindelse med samlivsbrudd og under sosioøkonomiske endringer og press.

Å klare seg gjennom eksklusjon og nederlag i ung alder: Ungdom og unge voksne i Storbritannia rapporterer om svært høye forekomster av selvskading, kroppshat, spiseforstyrrelser, angst, ulykkelighet, bruk av medikamenter og alkohol og så videre i forbindelse med økt press på å prestere i et konkurransepreget miljø sammen med kontinuerlig sammenlikning av status gjennom sosiale medier. Det «tynne kroppsidealet» har ført til en nesten altomfattende besettelse av vekt hos unge kvinner. Unge menn kan ha en tilsvarende opptatthet av å være veltrent og ha en veldefinert kropp. Nedskjæringer og ulikheter øker presset på alle og kan ha en sterk påvirkning på unge mennesker i form av tap av muligheter kombinert med sosialt og økonomisk press.

Å være atypisk eller ikke-konform og klare seg gjennom eksklusjon og nederlag: Jo mer avgrenset spektret for akseptable væremåter er, og jo mer individualistiske og konkurranserettet de sosiale normene er, desto vanskeligere er det for mennesker som på ulike måter er atypiske, å finne sin sosiale rolle og plass, og desto større er sannsynligheten for at de vil oppleve følelser som mislykkethet, utilstrekkelighet, skam og eksklusjon. Eksempler kan være å ha en psykisk utviklingshemming, å ha trekk som er forbundet med diagnosene Aspergers syndrom eller autismespekterforstyrrelse, å være LGBTQ, å ha et synlig avvikende utseende, og så videre.

Å klare seg gjennom barnefødsel og barneoppdragelse: Dette blir av og til diagnostisert som «fødselsdepresjon». Barnefødsler kan involvere trusselaspekter som å føle seg fanget, å bli fysisk invadert, mangel på kontroll, tap av tidligere roller og status og så videre, og for noen kvinner kan en barnefødsel være en trigger for seksuelle eller fysiske traumeminner. Alt dette kan bli forsterket av hormonelle endringer, fysisk utmattelse og så videre. Mer langsiktige maktrelaterte problemstillinger inkluderer mangel på sosial støtte for familier eller en isolert kjernefamiliestruktur kombinert med idealiserte ideer om foreldreskap. Mødre – og noen ganger fedre – som ikke har hatt den beste oppveksten med sine egne foreldre, og/eller som har opplevd tidligere belastninger, og/eller som er isolert og lever i fattigdom, og/eller som er utsatt for vold i hjemmet, har høyere sannsynlighet for å oppleve de følelsesmessige og fysiske kravene ved foreldrerollen som overveldende og umulig å unnslippe.

Betydninger inkluderer sannsynligvis mislykkethet og en følelse av å være fanget. Funksjonen til trusselresponsene er å kommunisere et behov for støtte og «reparasjon», å uttrykke uakseptable følelser samt å flykte unna gjennom nedstemthet, angst, påtrengende bilder av skade, «agorafobi», selvklandring og så videre.

Å klare seg gjennom mobbing i barndommen og i arbeidslivet: På ett nivå kan mobbing forstås som en prosess der man håndhever gruppenormer innenfor grupper av likesinnede. Hos voksne som har opplevd vedvarende mobbing i barndommen, er mobbingen forbundet med nedstemthet og lav selvverd, vansker med tillit og intimitet i romantiske forhold, skam og mangel på selvtillit og vedvarende ensomhet. I mer alvorlige former kan det føre til «psykotiske symptomer» og andre vansker i voksen alder, slik det blir beskrevet under hovedmønstret «å klare seg gjennom avvisning, å føle seg fanget samt nedvurdering». Selv om voksne som oftest har bedre forutsetninger enn barn for å takle mobbing, er mobbing på arbeidsplassen en situasjon preget av en følelse av å være fanget samt nedvurdering, som er forbundet med panikkanfall, nedstemthet, tap av selvfølelse, overaktivering, unngåelse og fysiske symptomer som hodepine, søvnløshet, fordøyelsesproblemer, hudplager, kvalme og hjertebank. Mobbing er mer vanlig innenfor forretningsvirksomhet eller institusjonsmiljøer som primært er basert på konkurranse og trusler.

Ikke-vestlige mønstre: «Brain fag» – eller hjernetretthet – er et uttrykk brukt i Vest-Afrika for liknende mentalt press. Tilstanden er hovedsakelig rapportert av mannlige skole- og universitetsstudenter og andre studenter innenfor høyere utdanning, spesielt i intensive studieperioder, og omfatter mental utmattelse, en følelse av smerter eller brenning i hodet og nakken samt uklart syn. Opplevelsene ser ut til å være knyttet til et intenst ønske om å lykkes og forbedre sin egen og familiens økonomi og sosiale status. Denne typen press oppstår i forbindelse med raske sosiale endringer og globalisering og skaper en ubalanse med mer tradisjonelle verdier og praksiser. Det ser ut til at bruken av diagnosen «brain fag» eller hjernetretthet er i ferd med å avta, og at mer nyutdannede psykiatere relativt sjelden setter diagnosen i praksis. Det er også blitt hevdet at den ikke er et ekte «kulturbundet syndrom», men et begrep som er hentet fra 1900-tallets Storbritannia.

I Khwe-samfunnet sør i Afrika beskrives en versjon av dette, kalt «kufingisisa», et fenomen som kan oversettes som «å tenke for mye», som er nevnt i *DSM-5* og kjent i en rekke verdensregioner. Selv om denne tilstanden ikke alltid har negative innvirkninger eller konnotasjoner for Khwe-folket, refererer den noen ganger til intens grubling over den ekstreme fattigdommen, de materielle manglene og de helserelaterte utfordringene som denne fordrevne og marginaliserte folkegruppen møter. Disse omstendighetene ledsages av følelser som håpløshet og manglende kontroll.

6. Foreløpig hovedmønster: å klare seg gjennom sosial eksklusjon, skam og tvangsmakt

Som alle hovedmønstrene beskriver også dette mønstret et kontinuum, og dersom færre trusler og forverrende faktorer og flere dempende og beskyttende faktorer er til stede, innebærer det at færre – og mindre invalidiserende – trusselresponser er nødvendig.

Narrativ oppsummering av hovedmønstret

Innenfor MTM-rammeverket beskriver dette mønstret mennesker hvis opprinnelsesfamilie sannsynligvis har levd i miljøer preget av trusler, diskriminering, ressursfattigdom og sosial eksklusjon. Dette kan ha inkludert fraværende fedre, oppvekst på institusjon og/eller hjemløshet. Sannsynligvis har pårørende selv strevet med sine historier preget av tidligere og nåværende belastninger, ofte ved å ta alkohol og andre rusmidler til hjelp. Som følge av alt dette har disse menneskene ofte hatt forstyrrede og utrygge tidlige tilknytninger, og både som barn og som voksen kan de ha opplevd betydelige belastninger, inkludert fysiske og seksuelle overgrep, mobbing, å være vitne til vold i hjemmet samt harde og ydmykende foreldrestiler. «Desorganiserte» tilknytningsstiler er vanlig. Enkeltpersoner har her en tendens til å benytte seg av overlevelsesstrategier som å stenge av for sine egne og andres følelser, å opprettholde emosjonell avstand og å fortsette å være svært årvåkne overfor trusler. Sosiale diskurser og statussammenlikninger kan ha formidlet en følelse av verdiløshet, skam og urettferdighet, som kan kontrolleres med ulike former for voldelig atferd. I samfunn der ulikhetene er større, og der økonomisk ulikhet øker den sosiale konkurransen, kan disse dynamikkene utvikle seg fritt. Dette kan ha en spesielt sterk innvirkning på vanskeligstilte menn, som har sterkere insentiver enn kvinner til å konkurrere, prestere og opprettholde høy sosial status, samtidig som de møter utallige indikasjoner på at de verken er vellykket eller har status.

«Paranoia», eller mistenksomhet, er svært karakteristisk for dette mønstret (dog ikke alltid, og det kan også forekomme innenfor andre mønstre). Det er blitt vist at det har røtter i forstyrrede tilknytninger, vold i hjemmet innenfor opprinnelsesfamilien, fattigdom, oppvekst på institusjon, utrygge urbane miljøer samt mobbing, overfall og andre fysiske trusler. Etnisk minoritetsstatus øker sannsynligheten for å oppleve diskriminering og eksklusjon, noe som kan forklare den høye forekomsten av mistenksomhet («paranoia») i disse gruppene. «Paranoia» kan derfor anses som en mulig respons på eksklusjon og utenforskap. Trusselresponser kan være frykt, hyperårvåkenhet, ettergivenhet, unngåelse og selvisolasjon.

Det er vist at vold og aggresjon har tilsvarende opphav som «paranoia». Noen ganger, men ikke alltid, henger disse to sammen innenfor dette mønstret ved at trusselresponser i form av aggresjon svært lett kan trigges som respons på «paranoia» eller oppfattet fare, spesielt siden refleksjonsevnen ikke har fått mulighet til å utvikle seg tidlig i livet. Kjønnssosialisering innebærer at menn sannsynligvis vil rette sinne utover i form av vold og destruktivitet overfor andre, mens kvinner har høyere forekomst av selvskading og spiseproblemer. Kvinner med denne typen bakgrunn kan derfor ha høyere sannsynlighet for å passe inn i mønstret «å klare seg gjennom avvisning, å føle seg fanget samt nedvurdering». Fattigdommen som er et vanlig element i dette mønstret, er en spesielt sterk tilleggsbelastning i barndommen for både menn og kvinner.

Innenfor MTM-rammeverket antar man at mennesker er i stand til å gjøre valg i livet sitt, samtidig som man er innforstått med at valgmulighetene ofte er begrenset. Derfor kan mange (men ikke alle) eksempler på voldelig og krenkende atferd forstås som overlevelsesresponser. Mønstret er derfor karakteristisk for et stort antall menn (og noen kvinner) innenfor strafferettssystemet (og for mange andre). Det er også blitt hevdet at «antisosial personlighetsforstyrrelse» er en ekstrem variant av vestlige kulturelle stereotypier om dominerende menn med begrenset evne til å ha empati eller uttrykke følelser.

Vanlige diagnoser for menn som passer beskrivelsen i dette mønstret, er «antisosial personlighets-forstyrrelse» eller «paranoia», mens kvinner har større sannsynlighet for å bli diagnostisert med «emosjonelt ustabil personlighetsforstyrrelse», «spiseforstyrrelser», «bipolar lidelse» eller «alvorlig depresjon». En annen mulig diagnose er «avhengighetssyndrom», selv om ikke alle som har fått disse diagnosene, passer inn i mønstret, og disse diagnosene blir også stilt innenfor andre mønstre. Som de øvrige mønstrene kan også dette mønstret beskrive mennesker som aldri er blitt formelt diagnostisert.

Makt, trussel, mening og trusselresponser innenfor hovedmønstret

Aspektene *makt, trussel, mening* og *trusselresponser* innebærer vanligvis følgende innenfor dette *hovedmønstret*:

Makt
Det har her vært mange ulike opplevelser av nesten alle former for makt i negativ forstand, noe som gir opphav til mange ulike sosiale og relasjonelle trusler og belastninger, både tidligere og nåværende. Dette kan forsterkes ved at man havner i andre truende omgivelser, for eksempel fengsel. Kontekstene rundt er i videre forstand preget av konkurrerende, men økonomisk og sosialt ulike samfunn, der mennesker, spesielt menn, konstant møter indikasjoner på at de er mislykket og ekskludert. Sosiale diskurser om kjønnsroller former måten truslene oppleves og uttrykkes på, for eksempel inkludert vold i hjemmet, som fremmes av diskurser om mannlig styrke, dominerende atferd og kontroll.

Trussel
En enkeltperson (eller familie eller sosial gruppe) innenfor dette mønstret har møtt og møter sentrale trusler som sosial eksklusjon og utenforskap, fysisk fare, emosjonell overveldelse eller dysregulering, følelsesmessig omsorgssvikt og nedvurdering, ydmykelse, maktesløshet, å bli forlatt, ressursfattigdom og kroppslig invadering.

Mening
Truslene tillegges vanligvis meninger som frykt, skam, ydmykelse, underlegenhet, verdiløshet og maktesløshet, selv om bevisstheten om og anerkjennelsen av dette kan være begrenset. Det er blitt vist at mistenksomhet oppstår som følge av følelser av maktesløshet, urettferdighet, skam, sinne, å være fanget, verdiløshet og sosial eksklusjon. Frykt for å bli forlatt, emosjonell tomhet, emosjonell nummenhet, skyld og fremmedgjøring kan også være en del av bildet.

Trusselresponser
Truslene – og meningene de tillegges – gir opphav til trusselresponser som er mediert av kroppen. Trusselresponser anses som grunnleggende beskyttende. Invalidiserende aspekter kan reduseres og motvirkes av andre responser. Mange av disse responsene utøves på den mer «refleksive» enden av spektret og drar veksler på ferdigheter, styrker, materiell, relasjonell og sosial støtte, alternative narrativer og andre maktressurser. Innenfor dette mønstret har trusselresponser ofte følgende funksjoner, grovt listet opp i rekkefølge ut fra hvor vanlige de er:

The British Psychological Society

Å bevare identitet, selvbilde og selvfølelse (for eksempel gjennom dominerende atferd, å føle seg berettiget, vold, mistenksomhet, seksuell aggresjon, eksternalisering, hyperårvåkenhet, mistro).

Å regulere overveldende følelser (for eksempel gjennom fornektelse, projeksjon, redusert empati og redusert oppmerksomhet på følelser, mistenksomhet, dissosiasjon, nummenhet, somatiske opplevelser, å høre stemmer, selvskading, bruk av alkohol og andre rusmidler., selvskading, impulsivitet, raseri som en maske for frykt, tristhet, skam og ensomhet).

Å beskytte seg mot fysisk fare (for eksempel gjennom mistenksomhet, mistro, dominerende atferd, aggresjon, hyperårvåkenhet, unngåelse, selvisolasjon).

Å bevare en følelse av kontroll (for eksempel gjennom å opprettholde emosjonell og/eller fysisk avstand, bruk av aggresjon som et forsvar mot skam og ydmykelse, dominerende atferd, vold og trusler).

Å beskytte seg mot tap av tilknytning, å bli såret eller forlatt (for eksempel gjennom ettergivenhet, ved å opprettholde emosjonell avstand, mistenksomhet, vold, seksuell aggresjon, sensitivitet overfor å bli ydmyket og skjemmet ut, redusert empati, impulsivitet).

Å beholde en plass i den sosiale gruppen (for eksempel gjennom aggresjon, gjengmedlemskap).

Å straffe seg selv (for eksempel gjennom selvskading, selvmordsforsøk).

Å oppfylle emosjonelle behov, selvtrøst (for eksempel gjennom bruk av alkohol og andre rusmidler, spisevaner).

Undermønstre innenfor hovedmønstret «å klare seg gjennom sosial eksklusjon, skam og tvangsmakt»

Undermønstre innenfor *hovedmønstret* kan eksempelvis ses i forbindelse med følgende spesifikke omstendigheter:

Å begå vold i hjemmet: Vold i hjemmet kan være enhver relasjon mellom voksne familiemedlemmer preget av vold eller tvang, men vanligvis beskriver det mishandling mellom partnere. De som begår mishandling i hjemmet, har, i likhet med alle andre som har begått en kriminell handling eller opptrådt på en voldelig måte eller med tvang, ansvar for sine egne handlinger. Samtidig er det viktig å erkjenne at visse MTM-mønstre øker sannsynligheten for at noen mennesker vil velge å handle på denne måten. Vold i hjemmet som er begått av menn, er mer vanlig ved arbeidsledighet, lavere sosioøkonomisk status og økonomisk press. Tidlige opplevelser av å bli gjort til offer og av å være vitne til vold mellom foreldrene i hjemmet øker også risikoen for denne typen atferd hos menn, men ikke hos kvinner. Graden av eksponering for vold i barndommen henger sammen med alvorlighetgraden ved overgrep en person begår som voksen. Mishandling i hjemmet skjer i alle deler av samfunnet, og noen mannlige voldsutøvere har høy sosial status og få eller ingen andre tilfeller av voldelig atferd. Menn som kan beskrives innenfor dette mønstret, blir noen ganger beskrevet med diagnoser under «narsissistisk», «antisosial» eller «emosjonelt ustabil personlighetsforstyrrelse», og de misbruker noen ganger alkohol. Vi vet mindre om mishandling i hjemmet som begås av kvinner, men det kan henge sammen med tilknytningsforstyrrelser og tidlige traumer. Lite er kjent om mishandling i hjemmet innenfor relasjoner av samme kjønn og transkjønnede, selv om det er blitt antydet at utrygge tilknytningsrelasjoner og det å være vitne til vold i hjemmet kan ha relevans også når det gjelder homofile og lesbiske gjerningspersoner.

Å klare seg gjennom hjemløshet: Mennesker som er hjemløse over lengre tid, forteller ofte om dårlige familierelasjoner, høye forekomster av emosjonell og fysisk vold eller mishandling (inkludert vold i hjemmet), opphold på institusjon og stoffmisbruk, i en kumulativ rekke av belastninger.

Å klare seg gjennom separasjon, institusjonalisering og privilegier: Mennesker fra mer velstående kår vil kanskje utvise noe annerledes responsmønstre. Tidligere tilknytningsforstyrrelser, det å bli gjort til offer, traumer og senere trusselresponser kan være mer begrenset, subtile og sosialt akseptert – eller til og med ønskelige. Redusert empati kan maskeres av sosiale ferdigheter, overflatisk sjarme og høy sosial status. For eksempel har det vært beskrevet et såkalt internatskolesyndrom blant mer priviligerte grupper. Plutselig tap av tilknytning i tidlig alder kombinert med å måtte klare seg i et nytt miljø som kan være truende eller preget av fysisk eller psykisk vold, kan føre til at man utvikler en overflatisk selvsikkerhet som dekker over sårbarhet, frykt og ensomhet, selv fra personen selv. Det er sannsynlig at dette vil føre til senere vansker med tillit og intimitet og (for gutter som har gått på rene gutteskoler) med å forholde seg til kvinner. Noen ganger, men så avgjort ikke alltid, viser dette mønstret seg i form av dominerende atferd, mobbing eller krenkende atferd.

Ikke-vestlige undermønstre: «Å gå amok» er et atferdsmønster som er blitt påvist i blant annet Malaysia og Indonesia. Det kan anta ulike former, men ett eksempel er at en hittil fredelig mann skaffer seg et våpen og gjør et ukontrollert og desperat forsøk på å skade eller drepe andre. En slik episode vil gjerne ende med at mannen enten dreper seg selv eller blir drept av andre. Innenfor malayisk mytologi er denne typen atferd blitt knyttet til det å være besatt av ånder. Det er også blant mange oppfattet som en måte en mann kan gjenopprette sitt rykte som en som bør respekteres og fryktes på, etter en oppfattet fornærmelse.

Det er blitt trukket sammenlikninger med skoleskytinger i USA, som ser ut til å ha sammenheng med menns følelser av ydmykelse, avvisning, mislykkethet, eksklusjon, bitterhet og sinne.

7. Foreløpig hovedmønster: å klare seg gjennom enkeltstående trusler

Som alle hovedmønstrene beskriver også dette mønstret et kontinuum, og dersom færre trusler og forverrende faktorer og flere dempende og beskyttende faktorer er til stede, innebærer det at færre – og mindre invalidiserende – trusselresponser er nødvendig.

Narrativ oppsummering av hovedmønstret

Innenfor MTM-rammeverket beskriver dette mønstret mennesker som har opplevd én eller flere bestemte trusselhendelse(r), enten direkte eller ved å være vitne til at andre er blitt skadet. Disse truslene kan være ikke-intensjonelle, som trafikkulykker, medisinske prosedyrer, naturkatastrofer, en vanskelig barnefødsel eller dødsfall i en nær relasjon, eller intensjonelle, som voldtekt, overfall, tortur, å være vitne til eller begå krigshandlinger, og så videre. De forverrende faktorene gjelder også her, slik at mellommenneskelige og intensjonelle traumatiske hendelser (voldtekt, overfall) trolig vil ha den sterkeste innvirkningen. I fravær av tidligere belastninger og tilknytningsvansker er effekten, i gjennomsnitt, mindre alvorlig. Dermed kan man komme seg gjennom bestemte truende hendelser som seksuelle overgrep, mobbing, overfall, en vanskelig barnefødsel og så videre uten varig psykisk smerte, forutsatt at det ikke er noen forverrende faktorer, og forutsatt tilstedeværelse av støttende og beskyttende relasjoner. Det vil sannsynligvis likevel være en viss effekt av slike hendelser i begynnelsen, mediert av de vanlige sosiale betydningene til denne typen hendelser.

Dette mønstret er allment kjent innenfor vestlige settinger under diagnosebetegnelsen «PTSD». Den viktigste forskjellen innenfor et MTM-rammeverk er at patologien som antydes i termen «lidelse», er unngått, og aspekter ved sosiale kontekster er inkludert. Dette åpner for individuell og kulturell variasjon, og anerkjenner at mening og funksjon er en viktig del av alle trusselresponser. Det er viktig å merke seg at de karakteristiske PTSD-kriteriene hyperårvåkenhet, unngåelse, påtrengende tanker og så videre ikke er allmenngyldige responser, verken tverrkulturelt eller historisk (et eksempel er «granatsjokk»).

Mønstret er også beskrevet i traumelitteraturen, som skiller mellom «enkeltstående traumer» (en uventet engangshendelse eller «ut av det blå»-hendelse, som en naturkatastrofe, en traumatisk ulykke, et terrorangrep eller en enkeltstående overfallsepisode, overgrep eller å være vitne til overgrep) og komplekse traumer, som er kumulative, gjentakende og oppstår i mellommenneskelige relasjoner. Som de øvrige mønstrene kan også dette mønstret beskrive mennesker som aldri er blitt formelt diagnostisert. Jo mer alvorlig og langvarig trusselen eller truslene er, desto større sannsynlighet er det for at dette mønstret vil gli over i andre hovedmønstre, som «å klare seg gjennom avvisning, å føle seg fanget samt nedvurdering og belastninger».

Makt, trussel, mening og trusselresponser innenfor hovedmønstret

Aspektene *makt, trussel, mening* og *trusselresponser* innebærer vanligvis følgende innenfor dette *hovedmønstret.*

Makt

Makt kan være uten sammenheng (for eksempel at man har mistet noen man er glad i, av naturlige årsaker) eller bare ha en indirekte sammenheng med enkeltstående traumer. For eksempel kan en ulykke på en arbeidsplass være forårsaket av maskinsvikt, mens det større bildet kan vise en arbeidsplass med utrygge arbeidsbetingelser. En naturkatastrofe kan være utenfor menneskers kontroll, men effektene og ettervirkningene (hvem var best beskyttet, hva slags hjelp ble tilbudt?) vil sannsynligvis involvere maktrelaterte aspekter.

Trussel

Den traumatiske hendelsen var en trussel mot den psykiske og/eller fysiske integriteten til personen og/eller mennesker nær vedkommende.

Mening

Truslene tillegges vanligvis meninger som frykt, hjelpeløshet, isolasjon, fremmedgjøring, selvklandring og skam. De to sistnevnte er spesielt sannsynlige når traumatiske hendelser oppleves som svært personlige og intensjonelle, og når de er forbundet med negativ kulturell mening. Trusler som oppstår i forbindelse med følelser av svik – for eksempel en krig som oppfattes som urimelig, eller dersom andre ikke innser omfanget av traumet eller holder personen delvis ansvarlig – kan ha en mer ødeleggende effekt.

Trusselresponser

Truslene – og meningene de tillegges – gir opphav til trusselresponser som er mediert av kroppen. Trusselresponser anses som grunnleggende beskyttende. Invalidiserende aspekter kan reduseres og motvirkes av andre responser. Mange av disse responsene utøves på den mer «refleksive» enden av spektret og drar veksler på ferdigheter, styrker, materiell, relasjonell og sosial støtte, alternative narrativer og andre maktressurser. Innenfor dette mønstret har trusselresponser ofte følgende funksjoner, grovt listet opp i rekkefølge ut fra hvor vanlige de er:

Å regulere overveldende følelser (for eksempel gjennom å unngå triggere eller gjennom bruk av alkohol og andre rusmidler).

Å avlede tankene fra eller unngå overveldende følelser (for eksempel gjennom bruk av alkohol og andre rusmidler, emosjonell og fysisk nummenhet, dissosiasjon, hukommelseshull, depersonalisering, irritabilitet, raseri, selvsensur).

Å beskytte seg mot fare (for eksempel gjennom kamp–flukt-respons, hyperårvåkenhet, insomni, flashbacks, mareritt).

Å bevare en følelse av kontroll (for eksempel gjennom hyperårvåkenhet).

Å straffe seg selv (for eksempel gjennom selvkritikk, skam, skyld, nedstemthet).

Å oppfylle emosjonelle behov, selvtrøst (for eksempel gjennom bruk av alkohol og andre rusmidler).

The British Psychological Society

Undermønstre innenfor hovedmønstret «å klare seg gjennom enkeltstående trusler»

Undermønstre innenfor *hovedmønstret* kan eksempelvis ses i forbindelse med følgende spesifikke omstendigheter:

Å klare seg gjennom voldtekt: Voldtekt er kjent for å ha en sterkere innvirkning enn mange andre kriminelle handlinger på grunn av grunnleggende elementer som intens frykt, ydmykelse, maktesløshet og kroppslig krenkelse. Vanlige trusselresponser og betydninger er følelser av ansvar og dermed selvklandring, skam og skyld (spesielt hos kvinner) og også sinne og relasjonelle og seksuelle vansker. Et liknende mønster hos menn inkluderer trusselresponser og betydninger som ydmykelse, fornektelse, fortrengning, skam, maktesløshet, lav selvtillit, mistro overfor voksne menn, seksuelle vansker, negativt kroppsbilde og tvil om sin egen seksuelle orientering i tillegg til internalisert homofobi. Ofre kan være plaget av nedstemthet, angst, frykt, panikk og/eller suicidalitet i kjølvannet av overfallet sammen med en opplevelse av hyperårvåkenhet, unngåelse og påtrengende tanker, og de kan bruke alkohol eller andre rusmidler for å takle disse følelsene.

Disse betydningene er formet av sosiale diskurser om kvinne- og mannsroller, mannlig og kvinnelig seksualitet og så videre. Mange voldtekter er begått av en overgriper som offeret kjenner, og dette kan innebære at gjerningspersonen nedtoner eller fornekter det som har skjedd – noe som i sin tur kan føre til mer omfattende sosial fornektelse av hendelsen. Ofre som anmelder voldtekt, kan møte tolkninger og rettsprosesser som forsterker smerten deres. Voldtekt kan også bli brukt som et våpen mot sivilbefolkningen ved krig, folkemord og andre former for massevold.

Å overleve kamphandlinger i krig: Disse responsene har lenge vært kjent som eksempelvis «granatsjokk», og de ble offisielt anerkjent da det nye begrepet «posttraumatisk stresslidelse» ble inkludert i *DSM-III*, i kjølvannet av Vietnamkrigen. Hvis truende hendelser i kamp er preget av mange forverrende faktorer og opptrer i sammenheng med tidligere belastninger og tilknytningsvansker, vil trusselresponsene sannsynligvis være mer alvorlige, og mønstret kan være mer typisk for «å klare seg gjennom avvisning, å føle seg fanget samt nedvurdering». Det er blitt hevdet at responsmønstrene er grunnleggende like dem som hovedsakelig oppleves av (først og fremst) kvinner og barn innenfor den private sfære, som følge av voldtekt, vold i hjemmet og seksuelle overgrep. I krig er sannsynligheten spesielt høy for at soldatene blir eksponert for ekstrem vold, krenkelser, skade og groteske former for død, og alle disse er kjent for å øke sannsynligheten for å påføre vitnet psykiske skader. Den overlevende kan bli sittende fast i en tilstand av fysiologisk hyperaktivering og forberedelse på fare, med medfølgende søvnløshet, skvettenhet og irritabilitet. De kan oppleve levende, fragmenterte og påtrengende minner av kamphendelser i form av flashbacks og mareritt. De kan prøve å kontrollere alt dette ved å «skru av» følelsene og sanseinntrykkene sine, noen ganger til et punkt der de kobler seg fra kroppen sin. De kan også bruke alkohol og andre rusmidler for å håndtere følelser som hjelpeløshet og intens frykt. Som ved traumatiske hendelser generelt vil en følelse av svik (for eksempel over rettferdiggjøring av krig) forsterke den ødeleggende effekten ved å knuse soldatens tro på seg selv, andre mennesker og verden.

Ikke-vestlige mønstre: *Å klare seg som kambodsjansk flyktning:* Såkalte *Khyâl*-anfall er rapportert i mange asiatiske og sørasiatiske land, der man tror på *Khyâl*, det vil si en vindliknende substans som strømmer sammen med blodet gjennom kroppen. Kroppslige symptomer blir ofte tilskrevet forstyrrelser av denne strømmen. *Khyâl*-anfall kjennetegnes av hjertebank, svimmelhet, kortpustethet, ledd- og nakkesmerter, tinnitus, hodepine og energitap. Man tror at *khyâl* plutselig har begynt å strømme opp mot hjertet, lungene og nakken. Dette gjør at hendene og føttene blir kalde, og at den oppadgående strømmen av *khyâl* og blod potensielt kan få hjertet til å stoppe eller blodårene i nakken til å briste. *Khyâl*-strømmen går ut av kroppen via ørene eller øynene, noe som forårsaker tinnitus eller uklart syn. Kambodsjanske flyktninger rapporterer ofte om slike anfall. Hos denne gruppen er anfallene ofte knyttet til påminnelser eller minner om alvorlige traumeopplevelser under Pol Pot-regimet, inkludert vold, dødstrusler og å være vitne til at andre blir torturert eller drept.

Del 5. Personlige narrativer innenfor makt–trussel–mening-rammeverket

Et av de viktigste formålene med *hovedmønstrene* er å støtte utformingen av narrativer i ulike versjoner som et alternativ til psykiatriske diagnoser. «Personlige narrativer» kan i denne forstand omfatte enkeltpersoner, par, familier eller sosiale nettverk, avhengig av situasjonen og – hvis det er relevant – intervensjonsmodellen. Og narrativer kan være i alle former, fra strukturerte psykologiske kasusformuleringer til selvforfattede personlige historier i skriftlig form eller gjennom et hvilket som helst annet medium. Siden muntlige og skriftlige narrativer er de vanligste og ofte de mest sosialt verdsatte uttrykksformene i en vestlig kontekst, er det disse oppmerksomheten rettes mot i denne delen, selv om andre typer narrativer (kunst, musikk, teater, poesi, dans og så videre) er like viktige og noen ganger mer hjelpsomme og relevante.

Først drøftes problemstillingene knyttet til kontekstene, formene, strukturene og funksjonene til narrativene, inkludert den versjonen som kalles kasusformulering.

Narrativer – kontekster og debatter

Innenfor MTM-rammeverket er de «personlige» meningene som utgjør narrativer, uatskillelige fra de mer omfattende sosiale diskursene og de ideologiske betydningene de oppstår fra. I kapittel 2 og 3 i hovedpublikasjonen er det en omfattende drøfting av det faktum at «[a]lle samfunn har prosedyrer der utformingen av diskurser er kontrollert for å bevare strukturen og konvensjonene innenfor akkurat det samfunnet» (Hawtin & Moore, 1998, s. 91, vår oversettelse). Denne koblingen mellom det personlige og sosiale eller ideologiske går begge veier. Som Sherry Mead og Beth Filson påpeker: «Gjennom dialog oppstår ny mening når vi sammenlikner og kontrasterer hvordan vi har fått kjennskap til det vi vet. Våre felles historier skaper fellesskap preget av intensjonell heling og håp … Når mennesker deler historiene sine uten at andre påtvinger dem mening, skaper det sosial endring» (Mead & Filson, 2016, s. 109, vår oversettelse). Å utforme et narrativ gjennom dialog er i denne forstand derfor mye mer enn å utforme en individuell historie. Narrativet er del av å reversere prosessen som, med Jasna Russos ord, «devaluerer ikke bare våre personlige historier, men også nettopp evnen vår til å forstå og skape mening med våre egne opplevelser». I stedet er det behov for å «[…] ta del i utformingen av offisiell kunnskap om galskap og gjenopprette vår egen epistemiske eksistens» (Russo, 2016, s. 62–61, vår oversettelse).

Det er viktig å huske at historiefortelling og meningsskaping er universelle menneskelige egenskaper, og som sådan finnes det et nesten uendelig antall andre eksempler på narrative og dialogiske praksiser over hele verden. Narrativer for sosiale grupper kan anses som like verdifulle eller mer verdifulle i kollektivistiske kulturer, der tanken på å delta i individuell terapi kan være fremmed og upassende, og følgelig kan det legges mer vekt på å lokalisere emosjonell smerte innenfor utvidede familierelasjoner, tilknytning til landsbyen og sosialt nettverk, forhold til hus og land, og så videre (Bracken, 2002; Somasundaram & Sivayokan, 2013). For eksempel beskrev Davar og Lohokares (2008) studie av trosbaserte helbredelsessentra i India hvordan menneskers vansker var «vevd inn i et større narrativ om formålet med livet, åndelig søken, økonomisk deprivasjon og sosiale utfordringer» (sitert i Davar, 2016, s. 15, vår oversettelse). På samme måte kan det være mer vanlig at mening kommer til uttrykk som mønstre innenfor samfunn som en helhet – både med tanke på skaden som kan ha blitt påført hele den sosiale veven som følge av krig, naturkatastrofer og så videre, og med tanke på å bidra til heling gjennom felles samfunnsritualer og narrativer. Denne skaden omtales noen ganger som et «kollektivt traume», og som sådan kan en kollektiv respons anses som mer relevant (Somasundaram & Sivayokan, 2013). Disse perspektivene er til sammenlikning for lite vektlagt i mer individualistiske kulturer, til tross for at det finnes mye dokumentasjon på hvor viktige relasjoner og samfunnsbånd er i alle samfunn for å ha det bra emosjonelt (Cromby et al., 2012).

Hovedpublikasjonen drøfter i detalj hvordan opplevelser av smerte i euroamerikanske og vestliggjorte kulturer trolig vil bli møtt av et sterkt dominerende narrativ om medikalisering. Imidlertid kan narrativer, som drøftet tidligere, være gjenoppbyggende og helende i tillegg til å være begrensende. Dette er et viktig tema i livet til mange tidligere tjenestebrukere og innenfor bevegelser ledet av overlevere. Ergo setter det fremvoksende fagfeltet for «mad studies»[18] «kunnskapen til dem som er ansett som gale», i sentrum i stipendordninger, teorier, forskning og praksis som en måte å stå imot diagnostisk og biomedisinsk tenkning på (LeFrancois, 2016, s. v). Overlevere eller aktivister som Jacqui Dillon og Rufus May er samstemt i at «[…] mange beretninger om recovery ser ut til å handle om en frigjøringsprosess» som dreier seg om «å ta tilbake sin egen opplevelse for å ta tilbake forfatterskapet til sine egne historier». Disse nye historiene kan omforme diskurser om nederlag til nye diskurser om styrke og overlevelse, som del av vår «rett til å definere oss selv; retten til å finne vår egen stemme» (Dillon & May, 2003, s. 16, vår oversettelse). Dette innebærer å se dine egne opplevelser som valide og meningsfulle, å sette dem inn i en større kontekst av sosial rettferdighet, å komme sammen med andre og noen ganger å finne et nytt formål i livet som vokser frem gjennom lidelsen (Dillon & May, 2003, s. 16).

Det er viktig å erkjenne at det å distansere seg fra dominerende ekspertnarrativer og utforme nye, hvis det er det du velger, ikke er en rask, enkel eller endelig løsning (Romme et al., 2009), delvis fordi medikaliseringsdiskursen er så dypt integrert i våre sosiale institusjoner, teorier, praksiser og hverdagsliv. Det kan være svært vanskelig å frigjøre seg fra det internaliserte diagnosestigmaet. Vedvarende former for smerte vil kanskje ikke forsvinne, selv om det kan være mulig å finne måter å leve med dem på (som beskrevet i noe av den tidlige recoverylitteraturen). Prosessen med å heles fra noen av konsekvensene av en diagnose – for eksempel effekten av medisiner – kan ta måneder eller år eller vil kanskje aldri bli fullstendig. Utfordringer med økonomi, bolig, lavtlønnet arbeid og så videre kan komme til å fortsette å dominere livet i hverdagen. Og en advarsel er på sin plass når det gjelder det å ta selve ideen om narrativer i bruk – som observert dersom man blir presset for å utforme en akseptabel «recoveryhistorie» mens man lar grunnleggende diagnostiske, økonomiske og materielle strukturer være uendret. I en kritikk av denne trenden påpeker Lucy Costa og medforfattere (2012) følgende:

> *[D]et er nå vanlig for organisasjoner innen psykisk helse å be om klientenes personlige historier, vanligvis om hvordan de har havnet i – og om påfølgende tilfriskning fra – psykisk sykdom. Formålet med disse historiene er å samle støtte fra autoritetspersoner, som politikere og filantroper, å bygge opp det organisatoriske «varemerket» uavhengig av programkvalitet og å skaffe driftsmidler i perioder med økonomiske begrensninger.* (Costa et al., 2012, s. 86, vår oversettelse)

Forfatterne advarer om at formålet med disse «forskjønnende» beretningene, støttet opp av opplysninger fra kjente offentlige personer, er «å befeste hegemoniske forklaringer om psykisk sykdom ytterligere» (Costa et al., 2012, s. 87, vår oversettelse).

---

18   Se https://en.wikipedia.org/wiki/Mad_studies (overs. anm.).

En tilsvarende advarsel er nødvendig når det gjelder den økende trenden med å bruke «narrativ medisin» som et rammeverk for en holistisk, empatisk forståelse av en pasients fysiske sykdom og den meningen den har for ham eller henne (Greenhalgh & Hurwitz, 1999). Selv om denne tilnærmingen kan ha mye for seg innenfor allmennmedisinsk praksis, kan den ikke rettferdiggjøre analogier mellom dårlig fysisk helse og «psykisk sykdom» (se hovedpublikasjonen for en drøfting av den problematiske «likeverdighetsagendaen» [the «parity of esteem» agenda]). Det medikaliserte «sykdomsnarrativet» er ikke bare enda en historie som noen kan bli fortalt i forbindelse med emosjonell smerte eller problematiske væremåter, og det at fagpersoner fortsatt benytter seg av det, reiser spørsmål om så vel etikk som evidens.

Til tross for alle advarslene over er fortsatt tilnærminger basert på narrative, relasjonelle, dialogiske prinsipper og prinsipper for sosial rettferdighet en mulighet for å åpne for det psykiater Judith Herman kaller den «gjenoppbyggende kraften i å fortelle sannheten» (Herman, 2001, s. 181, vår oversettelse). Dette kan gi personen en måte å plassere lidelsen sin i en større sosial kontekst og erstatte utenforskap og selvklandring med en følelse av medfølelse og fellesskap på. I en artikkel de skrev sammen, er psykiater Philip Thomas og overlever Eleanor Longden enige om at «[a]kkurat som selvet kan bli ødelagt og dehumanisert av brutalitet og isolasjon, kan det bli fornyet og gjenskapt gjennom solidaritet og forbindelse med andre gjennom narrativer» (Thomas & Longden, 2013, s. 4, vår oversettelse). Disse samtalene krever, med Hermans ord, «en forpliktet moralsk holdning. Terapeuten […] må garantere en solidaritetsposisjon med offeret. Dette innebærer ikke at man skal ha en overforenklet oppfatning av at offeret ikke kan gjøre noe galt, men at man i stedet skal ha en forståelse av hvor grunnleggende urettferdig den traumatiske opplevelsen er, og av behovet for en løsning som gjenoppretter en viss følelse av rettferdighet» (Herman, 2001, s. 135, vår oversettelse). Dette resonerer åpenbart med samfunnspsykologiens vekt på kjerneverdiene frigjøring, myndiggjøring og sosial rettferdighet (Orford, 2008), med kasusformulering innenfor sosial ulikhet- og samfunnspsykologiperspektiver (Hagan & Smail, 1997a, 1997b; McClelland, 2014), med frigjøringspsykologiene i Latin-Amerika (Afuape & Hughes, 2016; Burton & Kagan, 2011) og med prosessen av «bevisstgjøring» eller utvikling av kritisk bevissthet om hvilken innvirkning samfunnsstrukturer har på livskvaliteten, der det er et skift fra «du har skyld i omstendighetene dine, og du må løse problemene dine selv, med min eksperthjelp» til «visse sosiale strukturer holder bestemte grupper i henholdsvis maktposisjoner og maktesløse posisjoner, så la oss gjøre noe sammen for å endre dem» (Nelson & Prilleltensky, 2010, vår oversettelse).

Å bruke de personlige narrativene innenfor hovedmønstrene

MTM-rammeverket er ikke ment å erstatte eksisterende narrative og dialogiske praksiser, eller å presentere menneskelige evner som kompetanse fagpersonell har enerett på. Det mer langsiktige siktemålet er å gjøre MTM-rammeverket til en mulig ressurs som er tilgjengelig for alle. I mellomtiden presenteres nedenfor noen tanker om hvordan MTM-rammeverket kan overføres til praksis. Flere ressurser, materialer og gode praksiseksempler er tilgjengelig i vedleggene.

Hovedmønstrene gir et grunnlag for å kunne utforme personlige narrativer som mer effektivt fyller diagnosenes hjelpsomme funksjoner slik tjenestebrukere beskriver dem, som for å gi en forklaring, å få validering av smerte, å legge til rette for kontakt med andre i liknende situasjoner, å tilby lettelse fra skam og skyld og å foreslå veier fremover. Et personlig narrativ som tar utgangspunkt i MTM-rammeverket, tar sikte på å skape forståelse og gi personen, familien eller det sosiale nettverket innflytelse eller aktørskap ved å øke bevisstheten om hvor opplevelsen av smerte kommer fra, både nært og mer fjernt, ved å identifisere og avmystifisere påvirkningen fra sosiale diskurser og ideologisk mening, ved å gjenopprette forbindelsene mellom meningsbaserte trusler og funksjonelle trusselresponser, ved å tilrettelegge for å gå bort fra narrativer som handler om stigma, skam og nederlag, ved å åpne opp for alternative måter å leve med eller finne løsninger på emosjonell smerte på, ved å øke tilgangen på makt og ressurser, ved å bidra til økt innflytelse og aktørskap innenfor uunngåelige biologiske, psykiske, sosiale og materielle begrensninger og lokale kulturelle oppfatninger og ved å skape eller samskape et nytt og mer lovende narrativ som støtter opp om og gjør alt det ovenstående mulig. I evaluerende termer innenfor narrativ terapi er det større sannsynlighet for at narrativer som er basert på et MTM-rammeverk, er «tykke» historier som øker innflytelsen og valgmulighetene (Harper & Spellman, 2014). I vedlegg 1 er det et forslag til en mal som kan gi nyttig veiledning i denne prosessen.

Som beskrevet tidligere må *personlige narrativer* innenfor et MTM-rammeverk eller et hvilket som helst annet rammeverk inkludere to viktige elementer i tillegg til informasjonen i *hovedmønstrene* (se vedlegg 1). Disse to er:

- Maktressursene som er tilgjengelig for personen og vedkommendes sosiale gruppe, som demper de negative virkningene av makt, som formidler et budskap om håp og motstandskraft, og som legger grunnlaget for støtte og for å kunne bevege seg fremover. Med andre ord må vi stille spørsmålet: «Hva er dine styrker?» (Hvilken tilgang til *maktressurser* har du?»)
- En oppsummering av historien, narrativet, hypotesen eller det «beste forslaget» som utvikler seg, som innlemmer *makt*, *trussel*, *mening* og *trusselresponser* gjennom meningene de har for personen og vedkommendes familie, sosiale nettverk eller samfunn, og styrkene og ressursene de kan dra veksler på. Med andre ord må vi finne ut: «Hva er din historie?»

Det er klart at makt kan bli brukt på hjelpsomme (opplevd som beskyttende, muliggjørende og støttende) og også ikke-hjelpsomme (opplevd som truende, som å bli fanget eller som nedvurderende) måter. Selv de mest umyndiggjorte enkeltpersoner eller familier og det mest raserte samfunn vil i det minste ha en viss tilgang til kilder for innflytelse og motstand, som er mer eller mindre det motsatte av de negative makthandlingene, slik Hagan og Smails maktkartleggingsprosess (eng: «powermapping») viser (Hagan & Smail 1997a, 1997b). Disse kan omfatte:

- trygge tidlige relasjoner.
- støttende nåværende foreldre, familie og venner
- sosial støtte og tilhørighet
- tilgang til materielle ressurser, kulturell kapital, utdanning og så videre
- tilgang til informasjon eller alternative perspektiver
- positive eller sosialt verdsatte aspekter ved en persons identitet
- ferdigheter eller evner – intelligens, oppfinnsomhet, besluttsomhet, talenter
- kroppslige ressurser – utseende, styrke, god helse
- trossystemer – tro, samfunnsverdier og så videre
- samfunnspraksiser og ritualer
- tilknytning til naturen

Dette kan sette enkeltpersoner, familier og grupper i stand til å respondere på trusler ved hjelp av noen av de følgende ressursene og strategiene:

- å regulere følelser ved å slippe løs, uttrykke eller bearbeide følelser (for eksempel gjennom skriving, trening, samtaleterapi, kroppsterapi, kreativitet og kunst, medfølelsesfokuserte tilnærminger, mindfulness, meditasjon)
- egenomsorg – for eksempel med ernæring, trening, hvile, alternative terapiformer
- bruk av helende tilknytningsrelasjoner eller andre relasjoner for praktisk og emosjonell støtte og for å beskytte, være vitner og validere
- å finne meningsfulle sosiale roller og aktiviteter
- verdier og åndelige overbevisninger
- andre kulturelle ritualer, seremonier og intervensjoner
- å støtte hverandre i påvirkningsarbeid og aktivisme
- å skape eller finne nye narrativer, ny mening, overbevisninger, verdier eller «overlevelsesformål»

Bruk av narrativer i nåværende praksis

Det finnes allerede et bredt spekter av praksiser relatert til narrativer, dialog og kasusformuleringer som kan bygges videre på, der hver av dem har sine særegne styrker og begrensninger.
I tjenestesettinger inkluderer disse psykologiske kasusformuleringer fra ulike teoretiske perspektiver (Johnstone & Dallos, 2014; Corrie & Lane 2010), narrativ terapi (f.eks. White, 2000; se også vedlegg 9), den såkalte tidevannsmodellen (Barker & Buchanan-Barker, 2005), reflekterende team (Andersen, 1991), åpen dialog (f.eks Seikkula & Arnkil, 2006; se også vedlegg 10) og mange flere. Narrative tilnærminger til emosjonell heling som har utviklet seg hovedsakelig utenfor tjenester, inkluderer «konstruerte oppfatninger» eller personlige forståelser av stemmehøring fra Hearing Voices-nettverket (Romme & Escher, 2000; se også vedlegg 11), andre ressurser utviklet av Hearing Voices-nettverket (for eksempel Maastricht-intervjuet), «Intentional Peer Support», en form for utveksling av historier med andre som har liknende erfaringer, og «å bli en del av hverandres narrativer» (Mead & Filson, 2016), «Livets tre»-tilnærmingen, som først ble utviklet i det sørlige Afrika (Ncube-Millo & Denborough, 2007), og som nå blir brukt i ulike settinger, inkludert i arbeid med psykisk utviklingshemming og unge mennesker (Denborough, 2008). For andre har kunst, poesi, maling, musikk, litteratur, idrett, yoga og så videre vært hjelpsomt i tillegg til – eller i stedet for – rådgivning og terapi. Eksempler kan være å bruke musikkteknologi for å utforske hvordan unge lovbrytere oppfatter maskulinitet (Clemon, 2016), og filmskaping med unge flyktninger og asylsøkere (Clayton & Hughes, 2016). Se også prosjektene Sharing Voices og MAC-UK i vedlegg 13 og 14.

Innenfor dette arbeidet kan ideer om vitnesbyrd og det å være vitne ofte være mer relevant enn ideer som er knyttet til formelle terapeutiske intervensjoner. Alec Grant (2015) har hevdet følgende:

> *[Alle fagpersoner innen psykisk helse må] utvikle stadig mer avansert narrativ kompetanse [...]*
> *Dette begrepet refererer til evnen mennesker har til å ta inn, tolke og respondere på andre menneskers historie på en dyp og hensiktsmessig måte. Denne typen inngående oppmerksomhet fremmer metoder for å rette søkelyset mot brukeres eksistensielle spørsmål rundt indre smerte, desperasjon, håp [...]*
> *Ved å være svært oppmerksom på kontekst, nyanser og forskjeller innenfor og mellom menneskers opplevelser av smerte er en narrativt kompetent praksis til hjelp for å engasjere mennesker som benytter seg av psykiske helsetjenester, i en recoveryprosess der de vil kunne gjenskape historien om sitt liv.* (Grant, 2015, s. 52, vår oversettelse)

Denne prosessen med å «omskrive narrativer» (Grant et al., 2015) ligger nærmere den «profesjonelle kunsten» i refleksiv praksis enn den dominerende tekniske eller rasjonelle medisinske modellen (Schon, 1987). Følgen er at «narrativ kompetanse» bør ligge til grunn for hvert eneste aspekt ved fagpersoners interaksjoner med tjenestebrukere. Dette samsvarer med prinsippene i «åpen dialog»-tilnærmingen, der samtalen ikke er en måte å velge intervensjon på, men er selve intervensjonen og verktøyene som endring kan skje gjennom. Mange tjenestebrukeres eller overleveres beretninger har vist hvilken styrke som ligger i denne prosessen (Coleman, 2017; Grant et al., 2015; Longden, 2014; Romme et al., 2009; Waddingham, 2013).

Hensikten med MTM-rammeverket er ikke å erstatte disse eksisterende praksisene, og malen for personlige narrativer er helt klart ikke den eneste måten å strukturere et narrativ på, selv om den har spesielle fordeler i noen sammenhenger. Siktemålet er heller er å skape bevissthet om de aspektene som eksisterende narrativ- og kasusformuleringspraksiser kan legge for lite vekt på. Disse aspektene er:

- Den «forheksende» effekten til det dominerende psykiatriske diagnostiske narrativet og den større konteksten av metanarrativer om vitenskap.
- Motsetningene som ligger i det å kombinere psykiatriske diagnostiske narrativer med psykososiale narrativer.
- De sosiale diskursenes rolle, spesielt diskurser om kjønn, klasse, etnisitet og medikaliseringen av psykisk smerte, og hvordan disse diskursene kan bidra til at andres meninger påtvinges en.
- Effektene av tvangsmakt, juridisk makt og økonomisk makt.
- Kjennetegn på maktforskjeller og effekten av dem innenfor psykiatriske settinger.
- Utbredelsen av misbruk av mellommenneskelig makt i relasjoner.
- Den ideologiske maktens rolle slik den vanligvis kommer til uttrykk gjennom dominerende narrativer og oppfatninger om individualisme, prestasjoner, personlig ansvar, kjønnsroller og så videre.
- Den medierende rollen til de biologisk baserte trusselresponsene.
- At funksjon er viktigere enn «symptom» eller spesifikt problem.
- Den sosiale læringens og maktressursenes rolle i å forme trusselresponser.
- Kulturspesifikk mening, trossystemer og uttrykksformer.
- Selvhjelp og sosial handling sammen med – eller i stedet for – faglig intervensjon.
- Hvor viktige samfunnsnarrativer, verdier og åndelige overbevisninger er som støtte i helingen til og gjenintegreringen av den sosiale gruppen.
- Anerkjennelse av at alle narrativer er varierte, personlige og foreløpige, og av at sensitivitet, kreativitet og respekt er nødvendig for å støtte opp om disse narrativenes utvikling og uttrykk, uansett hvilken form de tar.
- Et metabudskap som er normaliserende, ikke patologiserende (verken medisinsk eller psykologisk): «Du opplever en forståelig og tydelig tilpasset reaksjon overfor trusler og vanskeligheter. Mange andre i samme situasjon har følt det samme.»

Analysen som er presentert i denne teksten og i hovedpublikasjonen, indikerer at alle former for narrativer vil bli mer holistiske, hjelpsomme og helende, myndiggjørende og evidensbaserte hvis de drar veksler på alle aspekter ved makt–trussel–mening-rammeverket, som over.

Personlige narrativer og psykologisk kasusformulering

Psykologiske og psykoterapeutiske kasusformuleringer er en slags narrativer, og en narrativ tilnærming har åpenbart betydning for utviklingen av kasusformuleringer.

Selv om opplæringskurs og noen tekstbøker har en tendens til å beskrive en kasusformulering som om det er en hendelse eller en «ting», er det kanskje mer presist å se den som en prosess, et aspekt ved en felles utforsking mellom to eller flere mennesker, som ikke har et bestemt sluttpunkt. Dette fanges opp i definisjonen «en pågående meningsskapende samarbeidsprosess» (Harper & Moss, 2003, s. 8). Utviklingen av denne personlige historien eller det personlige narrativet er blitt beskrevet som «en måte å oppsummere mening på og komme frem felles måter å forstå og kommunisere om dem på», selv om denne beretningen aldri kan være endelig eller «sann» (Butler, 1998). I motsetning til psykiatriske diagnoser nærmer en psykologisk kasusformulering seg alle uttrykk for smerte med forutsetningen om at «[…] på et eller annet nivå gir alt mening» (Butler, 1998, s. 2, vår oversettelse). Med andre ord representerer den en fundamentalt annen måte å tenke på emosjonell smerte på og er ikke bare en ekstra aktivitet eller ferdighet.

En psykologisk kasusformulering oppfyller allerede – ut fra beskrivelsen i Division of Clinical Psychologys *Good Practice Guidelines* (DCP, 2011) – noen av kriteriene for narrativer som er listet opp over. Et viktig poeng er at en kasusformulering er tenkt som et alternativ – ikke som et tillegg – til en psykiatrisk diagnose: «Beste praksis-formuleringer […] er ikke basert på psykiatriske diagnoser. I stedet er selve opplevelsene som kan ha ført til en psykiatrisk diagnose (nedstemthet, uvanlige overbevisninger og så videre), formulert» (DCP, 2011, s. 17, vår oversettelse). Dette er spesielt relevant i settinger innenfor psykisk helse, selv om kasusformuleringer også blir brukt for å kunne gi en holistisk forståelse innenfor fagfeltene psykisk utviklingshemming, eldrehelse, nevropsykologi og helsetjenester, der en medisinsk tilstand eller nevroutviklingsforstyrrelse ofte vil være i søkelyset med tanke på intervensjon. I *Good Practice Guidelines* erkjennes de skadelige effektene av belastninger, diskriminering, deprivasjon og ulikhet (DCP, 2011, s. 14, 18, 20), og at tjenester kan ha en potensielt traumatiserende og retraumatiserende effekt (DCP, 2011, s. 20). Det er anbefalt at psykologiske kasusformuleringer inkluderer «[…] en kritisk oppmerksomhet på den større samfunnsmessige konteksten som kasusformuleringen skjer i» (DCP, 2011, s. 20, vår oversettelse). Det er nevnt at det å flytte oppmerksomheten over fra individuelle svakheter til «skader påført av et ødeleggende miljø [kan] bidra til en form for 'avmystifisering', noe som bringer med seg en betydelig grad av lettelse» (Hagan & Smail, 1997a, sitert i DCP, 2011, s. 20, vår oversettelse). Det er anerkjent at en psykologisk kasusformulering i seg selv bare er en måte å utforme narrativer på, og at den er påvirket av vestlige antakelser om indre årsakssammenheng, individualisme og selvrealisering (DCP, 2011, s. 18). Og til slutt er respekt, samarbeid og refleksjon anbefalt i prosessen med å utforme kasusformuleringer i fellesskap (DCP, 2011, s. 30). Mange av disse prinsippene er gjengitt i en sentral tekst fra rådgivningspsykologien, Corrie og Lanes (2010) *Constructing stories, telling tales: A guide to formulation in applied psychology*, som fremhever hvilken rolle narrativer og historiefortelling har på tvers av de vanlige skillene mellom psykologi og kunst og faktisk i alle menneskelige samfunn. Teksten inneholder nyttige refleksjoner om definisjoner, bruk, faglige kontekster, nøyaktighet, evaluering og eierskap til kasusformuleringer.

Malen for personlige narrativer kan anses som et annet mulig format for å strukturere psykologiske kasusformuleringer med enkeltpersoner, familier og team. I videre forstand er håpet at MTM-rammeverket vil gjøre teorien om og praksisen med psykologiske kasusformuleringer rikere, uansett hvilken form de blir brukt i her og nå, og bidra til å minimere noen av de iboende farene som ligger i individualisering, i kulturinsensitivitet, i det å påtvinge «ekspertsynspunkter» og i å nedvurdere årsaksrollen til belastninger, både relasjonelt og sosialt (DCP, 2011). Dette er et fagfelt som er i utvikling, og det finnes noen interessante eksempler på kasusformuleringer i forbindelse med politiske og samfunnsmessige problemstillinger, for eksempel ungdommers «sexting», debatter om kjernevåpen og effekten av juridiske prosesser for flyktninger (se *Clinical Psychology Forum*, 2017, nr. 293). Andre diskuterer måter for å sikre at kasusformuleringer er kultursensitive og passende (f.eks. McInnis, 2017).

DCPs *Good Practice Guidelines* (2011, s. 17) gjør et viktig skille mellom psykiatriske kasusformuleringer – som er et tillegg til psykiatrisk diagnose, og psykologiske kasusformuleringer – som er et alternativ til psykiatrisk diagnose. Det er trolig ikke tilfeldig at kasusformuleringer og diskusjoner om hvilken rolle de spiller, er blitt mer fremtredende i kjølvannet av at psykiatriske diagnoser er blitt utfordret (se f.eks. Craddock & Mynors-Wallis, 2014). Nå som kasusformuleringer – i psykiatriversjon – er blitt en sentral del av kompetansen for alle profesjoner innenfor psykisk helse og relaterte fagområder (Skills for Health, 2016), må man være ekstra oppmerksom på å fremme, beskytte og utvikle de aspektene ved kasusformuleringer og utformingen av dem som gir et alternativ til medikalisering og psykiatrisk diagnose.

Evaluering av narrativer og kasusformuleringer

Vi har nevnt at jo større variasjon det er mellom enkeltpersoner og mellom omgivelser innenfor de ulike *hovedmønstrene*, desto mer åpne, forskjellige og foreløpige vil de personlige narrativene som er avledet fra dem, være. Vi har også hevdet at denne variasjonen og overlappingen mellom mønstrene er uunngåelig, siden den oppstår fra svært betingede og synergistiske årsakssammenhenger i menneskelige anliggender, fra mangfoldet, kompleksiteten og samhandlingen mellom faktorene som er involvert, og fra våre roller som meningsskapende og aktive aktører i vårt eget liv. Derfor kan det aldri finnes en endelig, presis og sann forklaring på opprinnelsen til – og hvilken mening som tillegges – noens vansker. Med utgangspunkt i en psykoanalytisk tradisjon advarer Stephen Frosh (2007) mot at det er umulig noensinne å komme frem til et endelig personlig narrativ som «gir mening», fordi:

> *Det menneskelige subjekt er aldri helt, det er alltid splittet mellom ulike drivkrefter, sosiale diskurser som former tilgjengelige opplevelsesmodi, måter å være på som er motsetningsfylte, og som gjenspeiler skiftende tilknytninger til makt slik de utspiller seg i kropp og sinn.* (Frosh, 2007, s. 638, vår oversettelse)

Mer generelt har Bebe Speed (1999) lagt vekt på den kombinasjonen av usikkerhet og regelmessighet som kjennetegner personlige narrativer:

> *Jeg kan fortelle mange historier om meg selv, om hvem jeg er, og om de forskjellige selvene eller delene av meg som fremtrer i mine interaksjoner med andre, [men hvordan] jeg oppfører meg og føler meg i enhver kontekst, er ikke tilfeldig, men følger et mønster. Livet mitt er ikke fiksjon [...] Sammen konstruerer klientene mine og jeg en slags historie om hva som skjer. Den vil ikke være den eneste mulige – sannheten – om situasjonen [...] Det vil være andre versjoner av situasjonen som jeg (for ikke å snakke om andre terapeuter) og de sammen kunne ha utformet, som også til dels ville ha vært riktig, og som ville ha stemt relativt godt med deres situasjon.* (Speed, 1999, s. 136, vår oversettelse)

Dette reiser et viktig spørsmål: På hvilken måte, om noen, kan et narrativ eller en kasusformulering sies å være «sann», presis eller – med nåværende terminologi – «evidensbasert»?

Spørsmålet om evidens er blitt drøftet mer direkte i forbindelse med kasusformuleringer, som skiller seg fra «narrativer» i mer generell forstand fordi de er definert av å være tydelig basert på etablert teori og forskningsevidens (DCP, 2011). Praksis basert på kasusformuleringer er i hovedsak en måte å skreddersy denne dokumentasjonen til en enkeltperson på, der kasusformuleringer fungerer som «limet» som holder teori og praksis sammen» (Butler, 1998, s. 2). Med andre ord: «Kasusformuleringer kan best forstås som hypoteser som skal testes ut» (Butler, 1998, s. 2, vår oversettelse). Siden det å utvikle og teste ut hypoteser er kjernen i evidensbasert praksis (Sackett, 2002), gir det lite mening å hevde at kasusformuleringer, enten enkeltvis eller som en helhet, «mangler validitet». Validiteten til en bestemt kasusformulering – eller hypotese – testes ut i praksis og tilpasses deretter, og styrken på kasusformuleringen – eller hypotesen – avhenger delvis av styrken på evidensen den baserer seg på. Denne prosessen vil alltid innebære en viss usikkerhet og foreløpighet.

I tillegg kan vi, når det gjelder både kasusformuleringer og narrativer generelt, reflektere over hvor *nyttige* de er, fra våre forskjellige ståsteder som fagpersoner, tjenestebrukere eller helt enkelt mennesker som opplever emosjonell smerte. Ifølge Speed kan vi tenke igjennom hvor godt de nye narrativene stemmer overens med levd erfaring, og i hvilken grad de forbedrer og beriker livet vårt eller begrenser og reduserer det – med andre ord om de «gjør endring tenkelig og oppnåelig» (Schafer, 1980, s. 42, vår oversettelse) gjennom å tilby en «helingsteori» (Meichenbaum, 1993, s. 204). Denne nytten avhenger av en annen form for «sannhet», i det minste slik klienten opplever den, enn den man søker gjennom «evidensbasert praksis». Vi har alle opplevd plutselig å oppnå en ny innsikt – enten gjennom selvrefleksjon, samtale eller i en mer formell terapiprosess. Dette illustreres av noen klienter som hadde disse reaksjonene på forslag til kasusformuleringer knyttet til deres egne vansker (Redhead et al., 2015):

> *Jeg tror det på en måte åpnet øynene mine for … å, herregud, det er akkurat det jeg gjør. Jeg gjør faktisk det, og det hjelper meg virkelig ikke. Det er nesten som algebra på skolen; plutselig faller bare alt på plass.* (Redhead et al., 2015, s. 459, vår oversettelse)

> *Alt ga bare mening. Jeg forsto den [kasusformuleringen] fordi den var sann. Den virket sann for meg, i hvert fall.* (Redhead et al., 2015, s. 459, vår oversettelse)

Nok en erfaringsbasert bekreftelse på hvor riktig en kasusformulering var, kom i form av en emosjonell endring og en følelse av å være i stand til å gå videre:

> *Alle tankene mine fløt bare tilfeldig rundt, det var som en slags storm inne i hjernen min. Men skjemaet tok på en måte bort presset … å forstå det hele var akkurat som om – puh, stormen var over.* (Redhead et al., 2015, s. 460, vår oversettelse)

> *Jeg tror at hvis du vet grunnen til at noe skjer, blir det automatisk mer kontrollerbart. Jeg kunne ta kontrollen.* (Redhead et al., 2015, s. 462, vår oversettelse)

Dette ble sammenliknet med den intuitive reaksjonen på en kasusformulering som ikke føltes sann og derfor heller ikke nyttig:

> *Hun var helt på jordet da, og foreslo til og med at det var fordi moren min hadde en dårlig periode, og at jeg så henne da hun ikke følte seg bra. Og jeg bare: Nei.* (Redhead et al., 2015, s. 461, vår oversettelse).

For både kasusformuleringer og narrativer er det da ikke nok å vise at teorien som underbygger dem, er logisk, eller at faktaene om personens liv er historisk korrekt. Det er mulig å oppfylle disse kravene og likevel oppleve at kasusformuleringen ikke er til hjelp eller er feil. Man kunne håpe at kasusformuleringer som er basert på etablert evidens, ville ha større sannsynlighet for å frembringe opplevelsen av at de «stemmer», men vi kan ikke anta at dette ville være tilfellet. Faktisk er det tvert imot en fare for at man presser klienters opplevelser inn i en teori som man tviholder for hardt på. For noen mennesker kan også elementer av motstridende narrativer være nyttige, avhengig av situasjonen (Leeming et al., 2009). Dette er grunnen til at klienters responser (som ironisk nok sjelden blir tatt med i betraktningen når man undersøker kasusformuleringers validitet, se Johnstone, 2013) må være sentrale når man evaluerer personlige narrativer og kasusformuleringer.

Denne problemstillingen kan bli tydeligere ved å utforske Donald Spences skille mellom «narrativ sannhet» og «historisk sannhet». Han definerer narrativ sannhet som «kriteriet vi bruker for å avgjøre når en bestemt opplevelse er blitt godt nok fanget opp … at en gitt forklaring sannsynligvis er overbevisende. Så snart en bestemt konstruksjon har oppnådd narrativ sannhet, blir den like ekte som en hvilken som helst annen sannhet» (Spence, 1982, s. 31, vår oversettelse). Faktisk hevder han at for personen det gjelder, kan narrativ sannhet være viktigere enn historisk sannhet «fordi vi kan romme en ufullstendig del av virkeligheten i en meningsfull setning» (Spence, 1982, s. 137, vår oversettelse), med andre ord hjelpe noen til å se ting på en ny måte, noe som kan hjelpe dem med å skape ny mening. Disse effektene vil bli forsterket hvis tolkninger har kjennetegn som konsistens, sammenheng og helhet. Mening er sentralt her, fordi, som Spence påpeker, er psykoterapeutisk arbeid basert på teorier om meningene til situasjoner og handlinger, ikke (som innenfor naturvitenskapene) om mer objektivt verifiserbare hendelser og prosesser. Dette er grunnen til at narrativene som er utformet i terapi, «i sterk grad [...] fortsetter å være uavhengig av fakta» (Spence, 1982, s. 292, vår oversettelse).

Kasusformuleringer og relaterte praksiser innenfor terapeutiske kontekster kan derfor anses som en bro mellom vitenskapelige narrativer og narrativer basert på subjektivitet og personlig mening. Selv om de tar utgangspunkt i den etablerte evidensbasen, krever kasusformuleringer også «en form for kreativitet som innbefatter intuisjon, fleksibilitet og kritisk vurdering av ens egen opplevelse [...] en balansert syntese av de intuitive og rasjonelle kognitive systemene» (Kuyken, 2006, s. 30, vår oversettelse). Dette oppfordrer oss til å innta en mer åpen og respektfull holdning overfor ikke-kliniske narrativer – med andre ord overfor det enorme spektret av historier som vi kan bli presentert for som klinikere, eller som vi kan utforme og leve etter som mennesker. For å gi et eksempel: Elementer ved tjenestebrukeres narrativer kan være totalt usannsynlige med tanke på konvensjonell evidens (for eksempel en brukers overbevisning om at han eller hun blir plaget av djevelens stemme). I slike situasjoner er terapi ofte en langsom prosess som består i å forhandle seg frem til et annet, mindre invaliderende narrativ som verken er bevist eller mulig å bevise – kanskje at «djevelen» egentlig er en manifestasjon av et ubearbeidet overgrep fra en gjerningsperson som brukte de samme ordene. Eller kanskje personen kan ta utgangspunkt i en annen metafor fra sitt eget kulturelle trossystem. Med tiden kan denne nye historien få en narrativ sannhet og kan dermed bidra til å gjøre personen åpen for nye måter å forstå og takle sin egen smerte på.

Hva bidrar MTM-rammeverket med til disse komplekse problemstillingene? Argumentet er at det, sammen med *hovedmønstrene* som kan beskrives ved å benytte denne forståelsen, støtter påstanden om at kasusformuleringer og personlige narrativer som er inspirert av dette perspektivet, kan være evidensbasert. Det gjelder på to viktige måter.

For det første, som nevnt over, har «beste praksis»-formuleringer alltid vært evidensbasert i den forstand at de tar utgangspunkt i eksisterende kunnskap. Det ekstra elementet som MTM-rammeverket tilfører, er et teoretisk grunnlag for å gruppere kroppsliggjorte, meningsbaserte trusselresponser i hovedmønstre. Disse høyere grads mønstrene, underbygget av en betydelig mengde teori og forskning, støtter utformingen av og innholdet i bestemte formuleringer eller hypoteser og gir dem et fastere evidensgrunnlag. Det er denne «grupperingen» psykiatriske diagnoser påberoper seg å gjøre, men som de ikke klarer innenfor sine egne vilkår – det vil si å støtte antakelsen om at mennesker med en bestemt diagnose har noe viktig til felles, noe som er avledet fra felles etiologi, og som antyder at behandlinger bør rettes mot kjente underliggende dysfunksjoner. Ved å gå bort fra å lete etter den typen biologiske mønstre som er nødvendig for å støtte medisinske diagnoser, og heller benytte oss av den svært annerledes tilnærmingen som er nødvendig for å forstå menneskers atferd og opplevelser, har vi foreløpig kunnet identifisere brede, meningsbaserte regelmessigheter som kan ha en parallell funksjon i forbindelse med kasusformuleringer, men som drar veksler på helt andre oppfatninger av årsakssammenheng og felles etiologi.

For det andre kan *hovedmønstrene* – siden de primært er organisert rundt personlig, sosial og kulturell mening – brukes for å identifisere vanlige mønstre for mening som kan underbygge bestemte narrativer, enten disse narrativene er presentert formelt som kasusformuleringer, eller de oppstår uformelt som individuelle historier eller familie- eller gruppehistorier. Dermed kan MTM-rammeverkets evidens om meningsbaserte mønstre hjelpe oss med å plassere personlige narrativer innenfor mer omfattende kulturelle meninger og diskurser og, der det er nødvendig, å identifisere og støtte utformingen av mer hjelpsomme og myndiggjørende narrativer som gir mening i personens egen trossystem, og som trolig vil oppleves som at de «stemmer». Dette kan støttes av en eksisterende evidensbase, men vi står også fritt til å arbeide (som Hearing Voices Network[19] og National Paranoia Network[20] gjør) innenfor enhver referanseramme som er meningsfull for personen, med viten om at dersom historiske og vitenskapelige fakta ikke stemmer overens, er det ingen hindring for å utforme nye og frigjørende narrative «sannheter».

MTM-rammeverket har derfor potensial til å gjøre narrativer og kasusformuleringer mer evidensbaserte, både i konvensjonell forstand og for å støtte utformingen av «narrativ sannhet».

Hvilket språk bruker vi i stedet for diagnostiske termer?

Spørsmålet om språk, spesielt når det gjelder språkbruk i det daglige, er kanskje det mest fundamentale og viktige neste steget som understøtter alle forsøk på å utvikle alternative måter å forstå og respondere på emosjonell smerte og problematiske væremåter på. Alternativer for formål som tjenesteplanlegging, behovsvurderinger og kvalitetskontroll, forskning, tilgang til velferdsgoder og så videre er beskrevet mer detaljert i kapittel 8 i hovedpublikasjonen.

Det å endre språket vårt handler om mye mer enn å bytte ut et omstridt eller stigmatiserende begrep med et annet. I stedet innebærer det å erstatte hele diskursen om det som kalles «psykisk helse». «Diskurs» refererer til organiserte og ofte ubestridte måter å snakke og bruke språk på, og som former og overfører kunnskapen og praksisene som avhenger av det (Foucault, 1979, 1980). Diskurser foregår aldri i et vakuum, men avhenger alltid av hvor forståelige de er, basert på andre, vanligvis uuttalte påstander som «formidler dypt forankrede overbevisninger og forklaringsskjemaer som ligger til grunn for den dominerende dominerende måten å forstå verden på, i en gitt

19   www.hearing-voices.org
20   https://nationalparanoianetwork.org/

tidsperiode» (Sawicki, 1991, s. 104, vår oversettelse). Det å endre språk handler derfor ikke bare om å bruke et alternativt ordforråd, men åpner for nye måter å tenke, oppleve og handle på. Inntil dette skjer, vil vi helt enkelt fortsette å reprodusere eksisterende praksiser på litt forskjellige, men like lite tilfredsstillende måter.

Det er av disse grunnene det har vært gjort ulike forsøk på å beskrive alternative måter å bruke språk på, fra både fagpersoners (DCP, 2014b) og tjenestebrukeres eller overleveres (Wallcraft & Michealson, 2001) perspektiv. Traumebevisste retningslinjer har på samme måte foreslått et skifte fra «symptom» til «tilpasning», fra «lidelse» til «respons», og så videre (Arthur et al., 2013, s. 24). BPS-rapportene *Understanding bipolar disorder*[21] og *Understanding psychosis*[22] har erkjent debatten og oppfordret til å bruke tjenestebrukernes valg av terminologi (BPS, 2010, 2014). Dette er imidlertid et sammensatt spørsmål uten noe enkelt svar. I stedet foreslår vi et spekter av ikke-medisinske begreper og uttrykk som kan passe til ulike formål og situasjoner. I stedet for et «nytt dogme» trenger vi med andre ord «et sensitivt språkmangfold» (Beresford et al., 2016, s. 27). Samtidig erkjenner vi at medikalisert språk ikke vil endre seg over natten, at det å utvikle en ny språkbruk er en utviklingsprosess som bare kan skje parallellt med en generell endring i måten man tenker om smerte på, at eksisterende terminologi fortsatt vil bli brukt – og derfor må bli brukt av andre – for noen nåværende praktiske formål, som å få tilgang til tjenester eller for å finne relevant litteratur og selvhjelpsgrupper, og at noen mennesker vil fortsette å anse diagnostiske termer som nyttige og enkle beskrivelser av deres problemer i det daglige.

Viktigst er det at vi støtter enkeltpersoners rett til å velge terminologi selv. På nåværende tidspunkt går denne retten vanligvis bare én vei; de som vil at problemene deres skal defineres i diagnostiske termer, vil trolig ikke bli nektet dette. Retten til å avvise psykiatriske merkelapper – eller også til å bli informert om debatter om temaet og mulige begrensninger – blir sjelden eller aldri presentert. Faktisk kan det i mange settinger innenfor psykisk helse, strafferett og andre velferdssettinger være uklokt og utrygt for tjenestebrukerne å avvise en diagnose i favør av alternative forståelser.

Samtidig som vi mener at det er menneskers rett å beskrive sine vansker slik de selv ønsker, støtter vi også det like viktige prinsippet om at fagpersoner, forskere, instruktører, forelesere, veldedige organisasjoner, beslutningstakere og andre som er involvert i psykisk helsefeltet, bør bruke språk og begreper som kan hevdes å gi noenlunde nøyaktige beskrivelser og å være evidensbasert. Fordi psykiatriske diagnoser ikke oppfyller disse standardene, følger det at det ikke lenger kan bli ansett som profesjonelt, vitenskapelig eller etisk forsvarlig å presentere psykiatriske diagnoser som om de var valide påstander om mennesker og deres vansker. For å trekke en analogi til psykiatrihistorien: Så snart det blir klart at begreper som for eksempel «forskjøvet livmor» (eng: «wandering womb») er feil, burde ingen fagpersoner bruke dem – og langt mindre tvinge dem på noen.[23] At nåværende kategorier vil dø ut, er blitt spådd av ledende britiske psykiatere som Paul Bebbington og Robin Murray. Sistnevnte har sagt at han forventer at termen «schizofreni» blir like utdatert som «vattersott» (2017). Eksisterende begreper vil sannsynligvis overleve i vanlig språkbruk en stund til, siden det tar tid før lekmannsterminologi tar innpå, men de kan ikke lenger være profesjonelt anerkjente begreper.

Imidlertid er det ikke bare diagnostiske termer som må endre seg. For å kunne tenke og handle annerledes må også de mange måtene å bruke språk på som involverer, støtter opp om og

---

21 https://explore.bps.org.uk/content/report-guideline/bpsrep.2010.rep151
22 https://explore.bps.org.uk/content/report-guideline/bpsrep.2017.rep03
23 Forestillingen i antikken om at livmoren kan bevege seg i kroppen og forårsake en rekke fysiske og mentale forstyrrelser hos kvinner er opphavet til den nå forlatte diagnosen «hysteri» (av gresk *hystera* = livmor) (overs. anm.).

viderefører den nåværende modellen (pasient, symptomer, diagnose, psykopatologi, sykdom, lidelse, forstyrrelse, prognose, remisjon og så videre), endres. DCPs *Guidelines on Language* (DCP, 2014b) foreslår tre prinsipper for fagdokumenter:

- Der det er mulig, unngå å bruke diagnostisk språk i forbindelse med de funksjonelle psykiatriske uttrykk (bruk for eksempel «ekstreme humørsvingninger» i stedet for «bipolar lidelse» og «mistenksomhet» i stedet for «paranoia»).
- Erstatt termer som har et diagnostisk eller mer avgrenset biomedisinsk perspektiv, med psykologisk eller vanlig språk (for eksempel «problem» i stedet for «symptom», «tiltak» i stedet for «behandling»).
- I situasjoner der bruk av diagnostisk og relatert terminologi er vanskelig eller umulig å unngå, gi uttrykk for å være bevisst på at den kan være problematisk og omstridt (for eksempel i et introduksjonsnotat).

Disse prinsippene kan også anvendes mer generelt. For eksempel bruker ofte forskere et unødvendig medikalisert språk, som «sykdom», «symptomer» og «psykopatologi». Ikke bare gjenskaper dette kontinuerlig et problematisk syn på virkeligheten, det tar også oppmerksomheten bort fra forskernes beskrivelser av det de faktisk studerer, og de risikerer å miste verdifull kunnskap om menneskers opplevelser. Vi antyder ikke her at forskere ikke bør utlede begreper eller prosesser. Evidensene som er presentert her, indikerer imidlertid at disse vil være mer valide hvis de gjenspeiler sosiale kontekster og relasjoner i tillegg til individuell atferd og opplevelser. For eksempel refererer «dissosiasjon» til en funksjonell, kontekstavhengig prosess som både enkeltpersoner og større sosiale grupper er involvert i.

Det bør imidlertid nevnes at det ikke finnes fullgode erstatninger for begreper som «psykisk sykdom», «psykisk lidelse» eller «psykisk helse», og noen steder i disse dokumentene har ikke det siste begrepet vært mulig å unngå. Det vil heller aldri være mulig å finne passende enkeltstående erstatningsord eller uttrykk, siden spektret av tanker, følelser og handlinger som kan føre til en psykiatrisk diagnose, omfatter nesten alle menneskelige opplevelser, oppstår fra et sammensatt mangfold av betingede årsaksfaktorer og til sjuende og sist avhenger av lokale sosiale og kulturelle forståelser. En løsning er å ta i bruk et spekter av ikke-medisinske termer som kan brukes om hverandre, og bruke de(t) som passer best for bestemte omstendigheter eller formål. I dette dokumentet har vi vekslet mellom emosjonell eller psykisk smerte (emotional/psychological distress), problemer, emosjonelle vansker, uvanlige opplevelser og problematiske væremåter. I DCPs retningslinjer for språk foreslås «emosjonell smerte, psykisk smerte, alvorlig psykisk smerte, ekstremtilstand, psykologisk smerte ('distress')».

Som beskrevet i hovedpublikasjonen kan tilgang til tjenester, velferdsgoder, bolig og så videre være – og er til en viss grad allerede – bestemt på bakgrunn av en faglig tilslutning til og attestasjon om at en person opplever alvorlig psykisk smerte – eller et annet synonym for dette – som påvirker den daglige fungeringen. For mer spesifikke formål kan ikke-medisinske problembeskrivelser som «hører fiendtlige stemmer» eller «mistenksom» eller «svært nedstemt» eller «føler seg suicidal» eller «selvskadende» være nyttige som startpunkt for forskning og arbeid innenfor tjenestene, eller som et grunnlag å tilby bestemte intervensjoner, utarbeide litteratur eller sette sammen støttegrupper ut ifra. Tjenesteutforming og -planlegging, behovsvurderinger med videre kan på samme måte være basert på behov, bestemte befolkningsgrupper eller problemkategorier fremfor på diagnoser. Klyngebegreper som «komplekse traumer» er allerede brukt i noen settinger og tilnærminger (Sweeney et al., 2016) og er – selv med våre nevnte forsiktighetsadvarsler om begrepet «traumer» i bakhodet – mer relevante for menneskers faktiske problemer og behov enn nåværende diagnostiske grupperinger. Selv om nåværende systemer krever at det er registrert en diagnose, åpner *DSM-5* og forslagene til *ICD-11* for alternativer som «akutt stresslidelse», «tilpasningsforstyrrelse», «dissosiativ lidelse» eller «komplekse traumer», som anerkjenner psykososiale snarere enn medisinske årsaker, og som i det store og hele er mindre stigmatiserende enn for eksempel et begrep som «schizofreni», som disse begrepene vil kunne erstatte. Noen databaserte registre gir rom for en kort kasusformuleringsaktig oppsummering, normalt i tillegg til diagnose, men i fremtiden vil slike trolig bli brukt i stedet for diagnoser.

Problemstillingene i forbindelse med dagligspråk er også sammensatt. Et av de litt vanskeligere dilemmaene for dem som har fått en psykiatrisk merkelapp, er hvordan de kan beskrive smerte for andre på en konsis måte som gjør at det de strever med, virker fornuftig og forståelig. De mange ulempene med psykiatriske diagnoser kan bli redusert som følge av at de kan brukes til å legitimere og (åpenbart) forklare smerte for venner, familie, ansatte eller andre lekfolk. Som drøftet av Leeming et al. (2009) kan det synes som om narrativer og kasusformuleringer ikke gir nok forsvar mot attribusjoner av skam eller svakhet, og på grunn av den sammensatte informasjonen de inneholder, egner de seg ikke for alle formål. Betegnelsene på de *foreløpige hovedmønstrene* egner seg sannsynligvis ikke for å forklare smerte for andre, selv om tilpassede versjoner kan være godt nok for noen mennesker (for eksempel «jeg opplever [strever med, lever med] effekten av vold og omsorgssvikt og traumer [tap og deprivasjon]»).

Det vil kunne bli nødvendig å finne en balanse mellom verb – mer presise, men også lengre – og substantiver. Vi har på ulike steder brukt eksemplet med sorg. Fordi dette er en vanlig form for smerte, vil ikke et uttrykk som «sorgreaksjon» generelt forstås som å henvise til en sykdom eller en bestemt tilstand noen «har», men til en kjent emosjonell prosess, som en annen måte å si «jeg sørger» på. Offentlig utdanning kan hjelpe oss frem til det punktet der det blir forstått at uttrykk som «traumereaksjon», «separasjonsvansker», «tilknytningsvansker», «identitetskonflikt», «sosial eksklusjon» eller «alvorlig trusselrespons» henviser til prosesser som tilsvarer det å klare seg gjennom påvirkningen fra livshendelser og belastninger. Det burde også være rom for konseptualiseringer som «åndelig krise». Noen tjenestebrukere vil ta tilbake ordet «galskap», for eksempel slik man har gjort innenfor «Mad Pride»-bevegelsen, mens andre definitivt ikke vil det (Beresford et al., 2016).

Disse eksemplene er ikke nøyaktig definerte psykologiske (fortsatt mindre medisinske) begreper, men det er hele poenget: Som vi har sagt, kan ikke mønstre for menneskelige responser på belastninger plasseres i ryddige kategorier. Hvis vi vil ha korte og enkle måter å formidle hvordan mennesker som strever med belastninger, reagerer, fanges dette bedre opp av «diffuse begreper» – filosofisk sagt kategorier som er åpne, upresise og likevel fortsatt nyttige og meningsfulle i lys av konteksten, som mange eksempler på dagligpråk er (Haack, 1996). Interessant nok viser forekomsten av lekmanns-versjoner av psykiatrisk språk, som «stress» eller «nervøst sammenbrudd», at generelle termer eller diffuse begreper som «emosjonell eller psykologisk krise eller sammenbrudd» kunne fungere som akseptable erstatninger for de nåværende psevdomedisinske begrepene (Barke et al., 2000). Det vil uten tvil komme innvendinger om at disse kategoriene ikke er presise, men det er heller ikke kategoriene de erstatter. Det avgjørende spørsmålet er om de er presise nok for det formålet de er ment for. Det er det klart at de kan være – og dessuten uten de mange ulempene som følger med diagnoser og identiteten «psykisk syk».

Et grunnleggende problem er hvis man ikke lykkes med finne en middelvei i det som er blitt kalt «brain or blame»-dikotomien (Boyle, 2013). Med andre ord: «Som samfunn ser det ut til at vi synes det er vanskelig å finne en middelvei mellom 'du har en fysisk sykdom, og derfor er din smerte ekte, og ingen har skylden for den' og 'vanskene dine er innbilt og/eller din eller noen andres feil, og du burde ta deg sammen'» (Johnstone, 2014, s. 2, vår oversettelse). Det er et presserende behov for offentlig helseinformasjon om de nåværende modellenes begrensninger. For å gå tilbake til det vi sa i introduksjonen, gir MTM-rammeverket i stedet ressurser for å unngå denne fellen ved å konstruere ikke-diagnostiske, ikke-dømmende, avmystifiserende historier om styrke og overlevelse. På denne måten åpner det opp muligheten for å erstatte diagnoser med et spekter av beskrivelser for å beskrive disse universelle menneskelige erfaringene.

Konklusjon

Ideene som er presentert i dette prosjektet, er nødvendigvis beskrevet hovedsakelig på et teoretisk nivå, og mye mer arbeid er nødvendig for å overføre det konseptuelle rammeverket til praksis. Prosjektteamet vil gjerne ha tilbakemeldinger og forslag for å kunne gjøre tilpasninger og forbedringer, ut fra en erkjennelse om at det nåværende arbeidet er på et tidlig utviklingsstadium.

Det langsiktige målet er å gjøre MTM-rammeverket til en allment tilgjengelig ressurs ved å utvikle tilgjengelige versjoner og materialer for å støtte fagpersoner, pårørende, tjenestebrukere eller «overlevere» og alle andre som opplever eller arbeider med emosjonell smerte. I mellomtiden gir vedleggene noen eksempler på hvordan ikke-diagnostiske alternativer allerede er i bruk, sammen med forslag og ressurser for videre implementering av ideene og prinsippene i dette rammeverket. I tillegg gir kapittel 8 i hovedpublikasjonen en detaljert oversikt og beskrivelse av rammeverkets implikasjoner når det gjelder 1) folkehelsepolitikk, 2) psykisk helse-politikk, 3) tjenesteprinsipper, 4) tjenesteplanlegging og utforming, behovsvurderinger, kvalitetskontroller og -resultater, 5) tilgang til sosial støtte, bolig og velferdsgoder, 6) terapeutiske intervensjoner, 7) rettssystemet og 8) forskning.

Til slutt er det viktig å understreke følgende:

- Det viktigste formålet med MTM-rammeverket er å beskrive en konseptuell og faglig ressurs som vil ta oss forbi diagnostisk og medisinsk tenkning og praksis i forbindelse med emosjonell smerte, uvanlige opplevelser og problematiske væremåter.
- MTM-rammeverket er ikke betinget av en bestemt teoretisk orientering. I stedet tar det utgangspunkt i generelle prinsipper og evidens for å presentere et fundamentalt annerledes perspektiv med potensial til å berike nåværende teori og praksis i tillegg til å foreslå nye veier fremover.
- Det finnes ingen direkte erstatninger for eksisterende psykiatriske kategorier og terminologi. MTM-rammeverket foreslår et mer fundamentalt skifte i tenkning som utfordrer alle aspekter ved nåværende diagnostisk basert teori og praksis, og som gjelder på tvers av grenser for hva som anses «normalt» og «unormalt».
- De foreslåtte *hovedmønstrene* er foreløpige og ufullstendige og vil nødvendigvis bli endret som følge av videre forskning og praksisbasert kunnskap.
- Et viktig siktemål med MTM-rammeverket er å gjenopprette de aspektene som er marginalisert og tilslørt av nåværende diagnostisk baserte praksis: Måten makt opererer på, forbindelsene mellom trusler og trusselresponser, de større sosiale, politiske og kulturelle kontekstene og meningsskapingen og aktørskapet hos dem som strever med å klare seg innenfor sine kroppsliggjorte personlige, sosiale, sosioøkonomiske og materielle omgivelser.
- Narrativer i videste forstand kan gi – og gir allerede i mange settinger og kulturer – et rikholdig og meningsfullt alternativ til psykiatriske diagnoser. MTM-rammeverket presenterer forslag til måter å støtte konstruksjonen og samkonstruksjonen av narrativer på – konseptuelt, empirisk og praktisk – både i og utenfor tjenestene.

Vedlegg

Vedleggene er satt sammen med det tosidige målet å vise at ikke-diagnostiske tilnærminger allerede blir implementert med gode resultater både i og utenfor offentlige tjenester, og de gir forslag til hvordan man ytterligere kan integrere ideene og prinsippene som understøtter MTM-rammeverket. Som allerede nevnt er MTM-rammeverket i seg selv ansett som en konseptuell ressurs med potensial til å påvirke et spekter av intiativer når det gjelder tjenester, likemannsstøtte, selvhjelp, forskning, offentlig engasjement og politiske initiativer.

Vedlegg 1 er en kort guide til hvordan MTM-rammeverket kan brukes direkte i arbeid med klienter – eller innenfor en likemannsstøtte- eller selvhjelpskontekst. Det er utformet som et grunnlag for å kunne introdusere mennesker som opplever smerte, til ideene som understøtter MTM-rammeverket, og for å gi dem mulighet til å reflektere over livet sitt og opplevelsene sine fra dette perspektivet. Materialet er ikke beskyttet av opphavsrett, og prosjektteamet anbefaler at du bruker og tilpasser det slik at det passer i din situasjon.

Den veiledede samtalen i vedlegg 1 inneholder en mal. Eksisterende maler som kommer fra et tilsvarende perspektiv, er for eksempel Hagan og Smails «powermapping» («maktkartlegging») (Hagan & Smail, 1997a, 1997b) og McClellands «kartlegging av sosiale ulikheter» («map of social inequalities») (McClelland, 2013). Hagan og Gregory (2001) har utarbeidet en versjon som kan være til hjelp i gruppearbeid med kvinner som har vært utsatt for seksuelle overgrep.

Vedlegg 2–14 består av en rekke eksempler på arbeid som ikke er basert på diagnostiske perspektiver. Eksemplene i vedlegg 2–10 er blitt implementert innenfor offentlige tjenester og viser derfor forsøk på å arbeide parallelt med eller modifisere og tilpasse eksisterende systemer. Eksemplene i vedlegg 11–14 er utviklet utenfor tjenester, og av den grunn har man hatt større frihet til å utvikle innovative ikke-medisinske tilnærminger.

Type	Vedlegg nr.	Tittel
Rammeverk	1	En kort veileder til bruk av MTM-rammeverket for å støtte narrativer
Gode praksis-eksempler	2	Opplæring i komplekse traumer for IAPT-personell: «Comprehend, cope and connect»
	3	En modell for arbeid med barns og unges psykiske helse: The Outcome-Oriented CAMHS model
	4	Kasusformullring i team
	5	Gruppearbeid for kvinnelige overgrepsofre
	6	Tilnærminger innenfor rettspsykiatrien
	7	Traumebevisste tilnærminger innenfor psykisk helse for voksne
	8	Kasusformuleringer som alternativ til diagnoser – i Midtøsten
	9	Narrative tilnærminger
	10	Åpen dialog
	11	Hearing Voices-nettverket
	12	Leeds Survivor-Led Crisis Service
	13	Sharing Voices Bradford
	14	MAC-UK

Vedlegg 1

En kort veileder til bruk av MTM-rammeverket for å støtte narrativer

Disse spørsmålene og tilhørende ledetekster er tilpasset fra dem som ble brukt i prosjektets referansegruppe av tjenestebrukere. De gir et mulig sted å starte en refleksjon og diskusjon om hvordan MTM-rammeverket kan være relevant, til personlig bruk eller i forbindelse med likemannsarbeid eller mellom tjenestebrukere og fagpersoner. Den samme strukturen kan tilpasses familie- eller gruppearbeid, eller personalopplæring, konsultasjon, veiledning eller kasus-formulering i team. Den egner seg best i bruk sammen med utdanningsmateriell om hvordan ulike typer trusler påvirker sinnet, hjernen og kroppen (se f.eks. https://ctmuhb.nhs.wales/services/mental-health/self-help-resources/stabilisation-pack/). Det kan også være hjelpsomt å bruke malen for «identiteter» (se til slutt i dette vedlegget) som et startpunkt. Til slutt er det et alternativ for å sammenlikne den historien som utvikler seg, med de mer omfattende mønstrene som er beskrevet under overskriften «Foreløpige hovedmønstre». Dette kan bidra til å gi validering og trygghet samt til å sette historier inn i en større samfunnsmessig kontekst.

Ledetekstene og spørsmålene nedenfor er i høy grad åpne for utvikling og tilpasning. Prosjektteamet vil gjerne ha tilbakemeldinger, spesielt fra personer som jobber innenfor tjenester for barn og unge eller psykisk utviklingshemmede, hvor det vil være nødvendig å gjøre tilpasninger.

Makt–trussel–mening-rammeverket: en veiledet samtale

«Hva har skjedd med deg?» (Hvordan opererer *makt* i livet ditt?)

«Hvordan har det påvirket deg?» (Hva slags *trusler* utgjør det for deg?)

«Hvordan har du forstått det som har skjedd?» (Hvilken *mening* tillegger du det som har skjedd med deg?)

«Hva måtte du gjøre for å klare deg gjennom det?» (Hvilke *trusselresponser* bruker du?)

«Hva er dine styrker?» (Hvilken tilgang til *maktressurser* har du?)

«Hva er din historie?» (Hvordan henger det hele sammen?)

Introduksjon til samtalen

MTM-rammeverket er en alternativ måte å forstå hvorfor mennesker noen ganger opplever ulike former for smerte, forvirring, frykt eller desperasjon – i alt fra mild til alvorlig grad. Slike tilstander blir ofte kalt «psykisk sykdom». MTM-rammeverket er basert på en stor mengde dokumentasjon som indikerer at hvis vi vet nok om menneskers relasjoner, sosiale situasjoner og livshistorier, og om kampene de har stått eller fortsatt står i, er det mulig å forstå disse opplevelsene. Hvis vi også tar menneskers styrker og støtteressurser med i betraktningen, vil vi kunne finne nye veier fremover.

The British Psychological Society

Mal for makt–trussel–mening-rammeverket

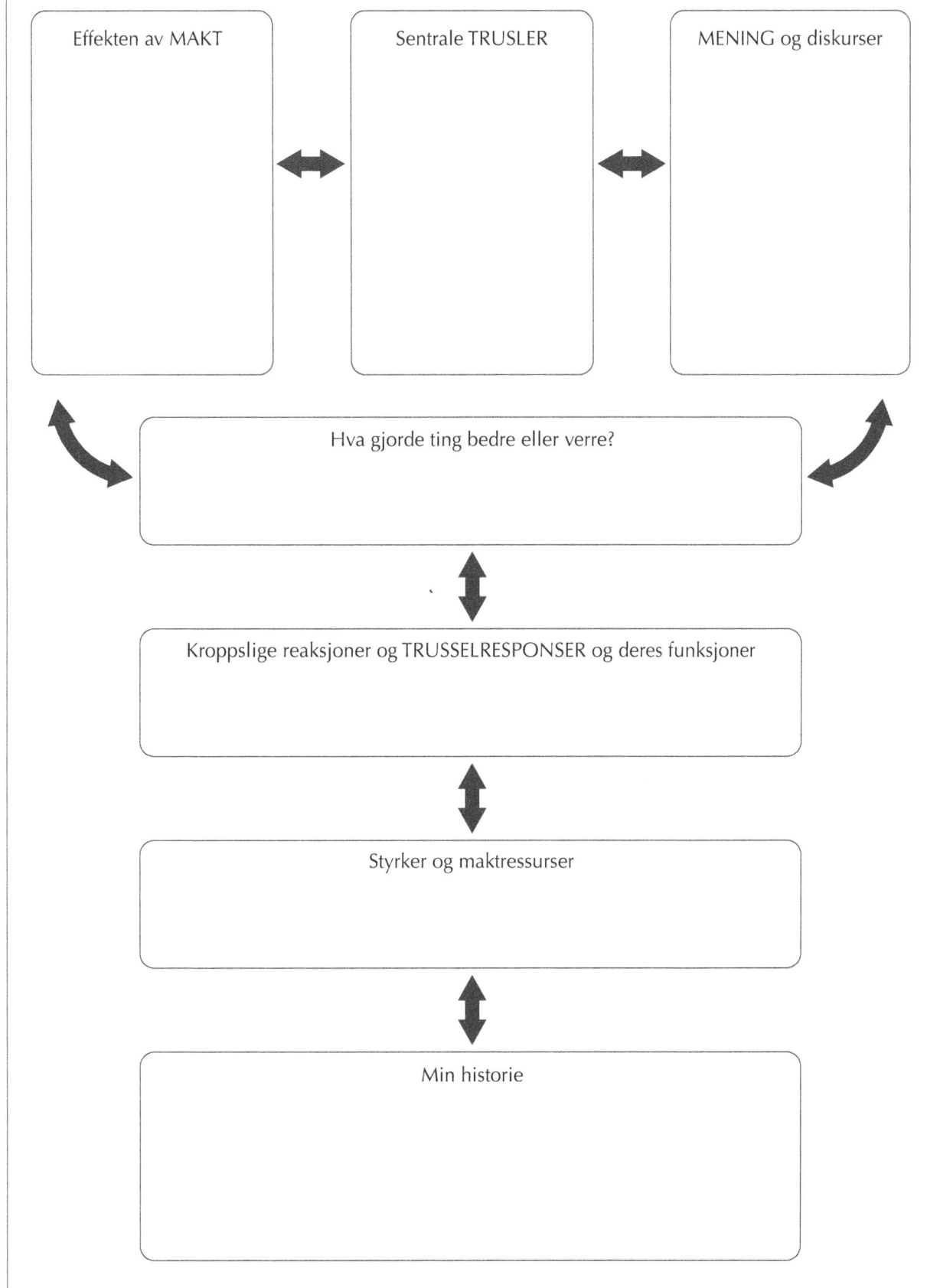

Effekten av MAKT	Sentrale TRUSLER	MENING og diskurser

Hva gjorde ting bedre eller verre?

Kroppslige reaksjoner og TRUSSELRESPONSER og deres funksjoner

Styrker og maktressurser

Min historie

Figur 1. Mal for makt–trussel–mening-rammeverket

MTM-rammeverket er basert på de fire første spørsmålene over. Det femte spørsmålet handler om ferdigheter, styrker og støtte. Svarene på alle disse spørsmålene kan oppsummeres i form av et personlig narrativ eller en personlig historie (av og til kalt «kasusformulering» innenfor tjenesteapparatet).

Spørsmålene nedenfor er et startpunkt for å reflektere over, enten på egen hånd eller med støtte fra en venn, erfaringskonsulent eller fagperson, hvordan alt dette kan være relevant for deg og din familie, gruppe eller ditt sosiale nettverk. Siden spørsmålene er nært knyttet til hverandre, kan svarene overlappe hverandre. For eksempel vil det å snakke om hvordan *makt* har påvirket deg i livet ditt, høyst sannsynlig føre til at du setter ord på noen av de *truslene* den har resultert i, og kanskje også noen av måtene de har påvirket deg på, og hvordan du håndterer dem. Det kan være nyttig å skrive ned disse tankene i de relevante boksene i malen ovenfor etter hvert som du jobber deg gjennom spørsmålene, i stedet for å følge rekkefølgen på spørsmålene altfor slavisk.

Det er ingen riktig eller feil måte å bruke spørsmålene og malen på. De fleste vil måtte gjøre denne prosessen trinnvis. De vil kanskje ønske å komme tilbake til den og legge til nye tanker og ideer over tid.

Den første delen av den veiledede samtalen inviterer deg til å tenke gjennom de ulike måtene makt har påvirket deg på. De ulike typene makt er beskrevet nedenfor. Du vil kanskje notere ned eksempler på hvordan disse kan være relevante for deg og ditt liv.

MAKT

«Hva har skjedd med deg?» (Hvordan opererer makt i livet ditt?)

«Makt» kan ha flere betydninger. Generelt handler det om å ha tilgang på fordeler eller privilegier, å organisere ting slik at de tilfredsstiller dine egne interesser, eller å kunne få fordeler eller privilegier for andre, å organisere ting for å tilfredsstille deres interesser.

Makt kan komme til uttrykk gjennom partnere, familie, venner, samfunn, skoler, arbeid, helse-tjenester, politiet, styresmakter og media. Makt kan bli brukt på en negativ måte, for eksempel slik at mennesker blir såret, ekskludert eller brakt til taushet av andre. Den kan også bli brukt på en positiv måte, som når andre beskytter oss og viser oss omsorg.

Det finnes mye dokumentasjon på at negativ bruk av makt, både i fortid og nåtid, kan føre til psykiske helseproblemer. Det finnes også dokumentasjon på at vi kan få hjelp og beskyttelse av positiv og støttende makt. Nedenfor kan du finne eksempler på de ulike typene makt, og de vanskelige hendelsene og omstendighetene de kan føre til. Noen av dem kan være relevante for deg.

Biologisk eller kroppsliggjort makt handler om kroppen vår og de fysiske egenskapene våre. På den ene siden kan vi for eksempel glede oss over å være sterke, være fysisk friske, ha et attraktivt utseende, være gode i sport, og så videre. På den andre siden kan vi oppleve å ha fysiske begrensninger, som smerter, sykdom, hjerneskade, misdannelser eller funksjonsnedsettelser.

Tvangsmakt eller makt basert på tvang innebærer å bruke aggresjon, vold eller truende atferd for å få noen til å gjøre noe de ikke vil gjøre, eller for å skremme eller kontrollere dem. Eksempler kan være å bli slått som barn, å bli mobbet på skolen, å oppleve vold i hjemmet, å bli påtvunget psykiatriske intervensjoner man selv ikke ønsker, eller å bli ranet eller angrepet. I et større perspektiv forekommer makt basert på tvang i utrygge nabolag, i form av systematisk vold mot bestemte menneskegrupper og i politisk konflikt og krig. Hvis den brukes på en positiv måte, kan makt basert på tvang beskytte oss mot trusler eller farer.

Juridisk makt: Lovverket er nødvendig for at vi alle skal kunne leve i et rettferdig og fredelig samfunn der rettighetene våre er beskyttet. Loven blir også brukt for å straffeforfølge eller fengsle mennesker eller begrense friheten deres på andre måter, for å beskytte resten av samfunnet. Imidlertid kan tvangsinnleggelse eller bruk av tvang med bakgrunn i psykisk helsevernlovgivning oppleves traumatiserende, og noen ganger gir ikke lovverket rom for å straffeforfølge noen som har krenket deg, eller for å gi like rettigheter til bestemte personer eller grupper. Velferdssystemet støttes opp av juridisk makt, slik at mennesker kan få de velferdsgodene de har rett på. Loven kan imidlertid også bli brukt for å påtvinge sårbare mennesker retningslinjer som oppleves urettferdige eller skadelige.

Økonomisk og materiell makt: Å ha nok penger å leve av, med en god bolig og nok å spise, er avgjørende for livskvaliteten vårt. Det gjør det også enklere å komme seg bort fra eller forandre på noe vi er misfornøyd med, å beskytte familiene våre og å få tilgang på hjelp og støtte når vi trenger det. Noen ganger kan andre sette den økonomiske tryggheten vår i fare, for eksempel foreldre, partnere, huseiere, offentlige autoritetspersoner eller arbeidsgivere, som kan ha kontroll over økonomien, inntekten, boligen og eiendelene våre. Velferdssystemer og mer omfattende sosiale og økonomiske retningslinjer og strukturer kan også skape og opprettholde fattigdom og ulikhet.

Sosial eller kulturell kapital refererer til hvorvidt vi har eller ikke har tilgang på sosialt verdsatt utdanning, opplæring i arbeidslivet samt fritidsmuligheter. Den har også å gjøre med hvorvidt vi har – eller vet hvordan vi kan skaffe oss – kunnskapen og informasjonen vi trenger for å leve det livet vi ønsker å leve, og om vi har fordeler av sosiale sammenhenger og en følelse av sosial selvtillit og tilhørighet i det samfunnet vi lever i. Alle disse fordelene kan bli overført til neste generasjon. Uten dem kan vi føle oss ekskludert fra – eller at vi ikke fortjener – ulike former for innflytelse eller muligheter, for eksempel arbeid, utdanning, helsetjenester og så videre.

Mellommenneskelig makt: Alle de andre formene for makt kan utøves gjennom relasjoner. I tillegg er relasjonene våre viktige kilder til trygghet, støtte, beskyttelse, validering, kjærlighet og samhørighet. Dette hjelper oss å bygge en følelse av identitet – hvem vi er – som individer og som medlemmer av familier, sosiale nettverk eller det større samfunnet. Relasjoner til andre, inkludert familie, kollegaer, lærere, venner, naboer, arbeidsgivere, helsetjenestepersonell og offentlige tjenestepersoner kan også ha negative aspekter som omsorgssvikt, mobbing, overgrep, å bli forlatt, nedvurdering, skam, ydmykelse, diskriminering og så videre. Disse opplevelsene kan påvirke oss og selvoppfatningen og identiteten vår på svært negative måter, spesielt hvis de forekommer i barndommen.

Ideologisk makt er makt over mening, språk og «agendaer». Dette er en av de minst åpenbare, men viktigste formene for makt fordi den har med tankene og overbevisningene våre å gjøre. Ideologiske budskap – eller måter å se på oss selv og verden på – kan komme fra en rekke ulike kilder. Noen eksempler er foreldre, sosiale nettverk, skoler, reklame, helsepersonell, politikere og andre offentlige personer samt media, internett og sosiale medier. Enten disse budskapene er positive eller negative, har de ekstremt sterk innflytelse og kan føles svært vanskelige å utfordre, delvis fordi de ofte blir akseptert som normale og udiskutable. Ideologisk makt omfatter:

- Makt til å skape oppfatninger eller stereotypier om din gruppe. Vår følelse av identitet er delvis basert på ulike sosiale identiteter – eksempelvis som kvinne, mann, transperson, svart eller etnisk minoritet, eldre, person med psykiske helseproblemer eller psykisk eller fysisk utviklingshemming, og så videre. Vi kan også bli identifisert som medlemmer av en undergruppe, for eksempel som mennesker som mottar velferdsgoder, eller som en aleneforelder. Alle disse overlappende identitetene kan ha både positive og negative aspekter.

- Makt til å fortelle mennesker, direkte eller indirekte, hvordan de bør tenke, føle, se ut og oppføre seg for å være et akseptert medlem av en gruppe eller av samfunnet. Dette kan omfatte nesten hva som helst, fra «riktig» kroppsstørrelse og utseende til «riktig» livsstil, den korrekte måten å oppdra barn på eller å uttrykke seksualitet eller religiøs tro på, og så videre. Jo lenger unna disse passende standardene vi er, desto vanskeligere vil det være å utvikle en følelse av selvtillit og selvverd.

- Makt til å undergrave eller bringe deg og/eller din sosiale gruppe til taushet, for eksempel gjennom kritikk, trivialisering, undergraving, bevisst mistolking av dine synspunkter, gjennom skremmende atferd eller noen ganger ved å stemple deg som «psykisk syk». Dette kan skje i direkte kontakt med andre eller indirekte gjennom kilder som rettssystemet og media.

- Makt til å tolke dine opplevelser, din atferd og dine følelser og fortelle deg hva de betyr. Ideelt sett vil barn bli veiledet til å utvikle sine egne forståelser, overbevisninger og verdier. Som voksne kan vi få støtte fra andre som deler våre overbevisninger og vårt verdenssyn. Imidlertid kan både barn og voksne møte å bli brakt til taushet, å bli nedvurdert og å bli påtvunget andres synspunkter og følelser. Det å fortelle en person at vedkommendes opplevelse av smerte kommer av en «psykisk sykdom», selv om han eller hun ikke er enig i det, kan være ett eksempel. Denne formen for makt kan utøves gjennom mange kilder, inkludert utdanningsmateriell og sosiale medier.

> *Du vil mest sannsynlig ha noen tanker om hvordan de ulike formene for makt har påvirket deg. De følgende ledetrådene vil hjelpe deg med å reflektere mer i detalj over dette.*

TRUSSEL

«Hvordan har det påvirket deg?» (Hva slags trusler utgjør det for deg?)
Når makt blir brukt på negative måter, skaper den ofte svært vanskelige og truende situasjoner eller utfordringer. Nedenfor er noen flere eksempler som kan hjelpe deg å tenke gjennom hvilke trusler som har vært eller er til stede i ditt eget liv.

Relasjonelt: Trusler kan her inkludere foreldre, partnere, andre slektninger, venner, kollegaer, lærere, helsepersonell og mange andre. Som beskrevet over kan relasjonelle trusler innebære å bli forlatt eller avvist av eller miste noen man er glad i eller avhengig av, å være vitne til eller oppleve vold i hjemmet eller mobbing, å bli underminert eller krenket gjennom kritikk, fiendtlighet, ydmykelse, avvisning av dine følelser eller overbevisninger, forvirrende kommunikasjon, å bli påtvunget andre menneskers synspunkter eller meninger selv om du ikke er enig i dem, mangel på kjærlighet, omsorg og beskyttelse, seksuelle, fysiske eller emosjonelle overgrep, emosjonell, fysisk eller materiell omsorgssvikt, generasjonstraumer som overføres via foreldre eller andre slektninger.

Emosjonelt: I møte med trusler kan mennesker føle seg utrygge og følelsesmessig overveldet av et helt spekter av følelser som er svært vanskelige å styre.

Sosialt eller samfunnsmessig: På arbeidsplassen eller i lokalsamfunnet kan mennesker møte isolasjon, eksklusjon, fiendtlighet, mobbing, seksuell trakassering, diskriminering, tap av sosial rolle eller arbeidsrolle, og så videre.

Økonomisk eller materielt: Trusler her inkluderer fattigdom, mangel på husvære, å være ute av stand til å tilfredsstille grunnleggende fysiske behov eller å få tilgang til basistjenester for seg selv og/eller dem man forsørger.

I lokalmiljøet: Mennesker kan leve eller ha levd i vanskelige og utrygge situasjoner, enten i sin egen bolig og/eller i områder med fattigdom, konflikt eller krig. De kan ha mistet kontakt med sitt lokalsamfunn, opprinnelsesland og/eller med naturen.

Kroppslig: Trusler kan inkludere dårlig helse, kroniske smerter, funksjonsnedsettelse, skade, hjerneskade, andre funksjonstap, fysisk fare, sult, utmattelse, å bli fysisk angrepet eller kroppslig invadert.

Identitetsmessig: Trusler her kan inkludere mangel på støtte for å utvikle dine egne overbevisninger, verdier og din egen identitet, tap av status, tap av sosial, kulturell eller religiøs identitet, som å være arbeider, forelder eller medlem av en bestemt sosial eller etnisk gruppe. Uten denne støtten vil mennesker og deres sosiale grupper kunne føle seg skamfulle eller devaluert.

Knyttet til verdigrunnlag: Trusler inkluderer tap av formål, verdier, overbevisninger og meninger og tap av samfunnshistorier, kultur, ritualer og praksiser.

Knyttet til kunnskap og meningsskaping: Noen former for ideologisk makt kan bidra til å frata mennesker muligheter, støtte eller sosiale ressurser for å stille spørsmål ved eller skape mening med sine egne opplevelser. For eksempel gir internett tilgang til enorme mengder informasjon, men kan også bli manipulert til å vise bestemte synspunkter og undertrykke andre. En persons egen kunnskap, forståelse og overbevisninger kan bli undergravet på grunn av ujevne maktrelasjoner mellom ham eller henne selv og andre. Innenfor fagfeltet psykisk helse kan førende ideer og meninger fremmes eller påtvinges av familie, helsepersonell, akademia, personer i media, forskere og andre, noe som gjør det vanskelig å få informasjon om alternative synspunkter på psykisk helse. Disse situasjonene kan gjelde for store grupper av mennesker (for eksempel kvinner eller de «psykisk syke») eller for bestemte enkeltpersoner (for eksempel ved å stemple dem som «uutdannet», eller som at de «mangler innsikt»).

Omstendigheter som gjør trusler lettere eller vanskeligere å overkomme

Nedenfor er en liste over noen av omstendighetene som er kjent for å påvirke virkningen av svært vanskelige situasjoner. Du har kanskje allerede vært inne på dem som svar på tidligere spørsmålsstillinger. Disse ledetrådene kan hjelpe deg med å tenke mer detaljert over de trusselaspektene som har vært spesielt vanskelige for deg, og også over noen av de måtene som du klarte deg gjennom dem på.

- Om du følte deg trygg, beskyttet eller elsket av dine foreldre og pårørende.
- Hvor gammel du var da en av disse vanskelige hendelsene skjedde.
- Om trusselen var en bevisst handling av en annen person.
- Om du følte deg forrådt eller sveket, av en person og/eller en instans.
- Om du opplevde bare én trussel eller flere trusler, og om det var én eller flere gjerningspersoner.
- Om den truende hendelsen skjedde én gang eller ble gjentatt eller skjedde over tid.
- Hvor forutsigbar(e) trusselen (truslene) var, og hvor mye kontroll du hadde over de(n).
- Hvor alvorlig trusselen (truslene) var, og om det fantes en fluktmulighet eller ei.
- Om trusselen (truslene) var fysisk invaderende.
- Om truslene skjedde tett på hverandre eller samtidig.
- Om truslene pågikk kontinuerlig og over tid (i omgivelsene eller personlig).
- Om det var en trussel (trusler) mot selvfølelsen din og hvem du er som person.
- Om trusselen (truslene) kom fra noen i en nær relasjon, eller som du var følelsesmessig avhengig av.
- Om du hadde noen å betro deg til om trusselen (truslene), og som trodde på deg og beskyttet deg.

Mens du tenkte på trusler, har du sannsynligvis blitt oppmerksom på hvilke bestemte meninger trusselen (truslene) hadde for deg. Du kan for eksempel ha følt deg redd eller skamfull. De følgende ledetrådene vil hjelpe deg med å reflektere mer i detalj over dette.

MENING

«Hvordan har du forstått det som har skjedd?» (Hvilken mening tillegger du det som har skjedd med deg?)

Mening i denne forstand inkluderer det vi tror, følelser og kroppslige reaksjoner. Alle tillegger vi mening til det som skjer med oss. Ofte, men ikke alltid, er vi fullt klar over denne meningen eller fortolkningen. Noen ganger har meningen en tendens til å få oss å til å føle oss enda verre – for eksempel «det var min feil» eller «det er umulig å elske meg» eller «ingen er til å stole på». Nedenfor er en liste over ulike varianter av fortolkninger som ofte er relevante for mennesker som har opplevd truende hendelser. De gjelder kanskje deg, på forskjellige tidspunkter og i forskjellige situasjoner. Det kan hende du også vil tenke på positive fortolkninger som har hjulpet deg med å holde det gående. For eksempel kan mennesker i livet ditt, nå eller tidligere, ha hjulpet deg til å føle deg elsket, verdsatt og beskyttet.

Boks 1. Mening

Utrygg, redd, angrepet	Fanget
Forlatt, avvist	Overvunnet
Hjelpeløs, maktesløs	Mislykket, underlegen
Håpløs	Skyldig, klanderverdig, ansvarlig
Invadert	Sveket
Kontrollert	Skjemmet ut, ydmyket
Emosjonelt overveldet	En følelse av urett eller urettferdighet
Emosjonelt «tom»	En følelse av meningsløshet
Dårlig, uverdig	Uren, ond
Isolert, ensom	Fremmed, farlig
Ekskludert, fremmedgjort	Annerledes, «unormal»

Boks 2. Trusselresponser

Å forberede seg på å «kjempe» eller angripe

Å forberede seg på å «flykte», rømme, søke trygghet

Frysrespons

Hyperårvåkenhet, skvettenhet, søvnløshet

Panikk, fobier

Selektiv minnekoding

Undertrykkelse av minner (amnesi)

Å høre stemmer

Dissosiasjon (miste oversikt over tid eller sted, ulike grader av oppdelt bevissthet)

Depersonalisering, derealisering

Flashbacks

Mareritt

Ikke-epileptiske anfall (PNES)

Emosjonell nummenhet, flathet, likegyldighet

Kroppslig nummenhet

Underkastelse, ettergivenhet

Å gi opp, «lært hjelpeløshet», nedstemthet

Protest, gråt, klamring

Mistenksomhet

Emosjonell regresjon, tilbaketrekking

«Oppstemthet» eller ekstreme stemningstilstander, raske humørsvingninger («emosjonell dysregulering»)

Å ha uvanlige overbevisninger

Å ha uvanlige syns-, lukt- eller berøringsfornemmelser

Fysiske fornemmelser – spenninger, svimmelhet, fysisk smerte, tinnitus, føle varme eller kulde, utmattelse, hudirritasjon, mage- og tarmproblemer og mange andre kroppslige reaksjoner

Emosjonelle forsvars- reaksjoner: fornekter hva som har skjedd, idealiserer mennesker osv.

Intellektualisering (unngå følelser og kroppslige fornemmelser)

Oppmerksomhet- eller konsentrasjonsvansker

Forvirret/ustabilt selvbilde/ selvoppfatning

Forvirret/forvirrende tale og kommunikasjon

Ulike typer selvskading

Selvforsømmelse

Slanking, å sulte seg

Overforbruk, overspising

Selvsensur

Sorg, sørgeatferd

Selvklandring og å straffe seg selv

Kroppshat

Tvangstanker

Å utføre ritualer og annen trygghetssøkende atferd

Samling, hamstring

Unngåelse av eller tvangspreget seksualitet

Impulsivitet

Sinne, raseri

Aggresjon og vold

Selvmordstanker og handlinger

Mistro til andre

Å føle seg berettiget

Redusert empati

Mistro

Å unngå trusseltriggere

Streben, perfeksjonisme, «indre driv»

Å bruke alkohol, rusmidler, røyking

Overarbeid, overdreven trening osv.

Å gi opp håpet, å miste troen på verden

Relasjonelle strategier: avvisning og opprettholde emosjonell distanse, søker omsorg og tilknytninger, påtar seg en omsorgsrolle, isolasjon eller unngåelse av andre, dominerende atferd, søker kontroll over andre osv.

Grubling, refleksjon, forventning, fantasering, tolkning, meningsskaping

TRUSSELRESPONSER

«Hva måtte du gjøre for å klare deg gjennom det?» (Hvilke trusselresponser bruker du?)
Disse måtene å reagere på trusler på kalles noen ganger «symptomer», men innenfor dette MTM-rammeverket blir de kalt «trusselresponser». De var nødvendige overlevelsesstrategier da trusselen (truslene) pågikk, og de kan fortsatt ha en beskyttende effekt hvis situasjonen ikke har endret seg. Med andre ord er de der av en god grunn. Slike grunner kan være å hjelpe med å kontrollere overveldende følelser, med å gi beskyttelse mot fysisk fare, med å bevare en følelse av kontroll, med å beskytte deg selv mot tap, mot å bli såret, avvist eller å bli forlatt, med å søke eller holde fast ved trygge relasjoner, med å holde fast ved en følelse av deg selv og din egen identitet, med å finne en din plass i sosiale grupper, med å tilfredsstille dine emosjonelle behov, med å kommunisere behov for omsorg og hjelp og med å finne mening og formål i livet ditt. Imidlertid er noen av disse trusselresponsene kanskje ikke lenger nødvendige eller nyttige. Faktisk kan de i seg selv skape problemer for deg.

Trusselresponser ligger i et spekter som går fra automatiske kroppslige reaksjoner, som flashbacks eller panikk eller trangen til å kjempe mot eller flykte fra fare, til mer bevisste strategier, som å begrense matinntaket, å unngå relasjoner eller å drikke alkohol. Uvanlige opplevelser som å høre stemmer, å ha humørsvingninger eller å bli overveldet av mistenksomhet kan også anses som trusselresponser. Listen i boks 2 kan hjelpe deg med å identifisere noen av de reaksjonene på trusler som er mest vanlige og mest problematiske for deg.

(Se kapittel 6 i hovedpublikasjonen for trusselresponser som kan være mer vanlige hos barn, eldre med kognitive svekkelser, mennesker med psykisk utviklingshemming og mennesker med nevrologiske vansker.)

STYRKER

«Hva er dine styrker?» (Hvilken tilgang til maktressurser har du?)

Styrker kan være mennesker som tar vare på deg, aspekter ved din identitet som du liker, ferdigheter og det du tror på, og så videre. Andre mulige styrker i livet ditt – tidligere og nåværende – kan være:

- kjærlige og trygge tidlige relasjoner
- støttende partnere, familie og venner
- sosial støtte og en følelse av tilhørighet
- å ha mulighet til å glede seg over materielle, fritidsmessige og utdanningsmessige muligheter
- å ha tilgang til informasjon, kunnskap, alternative synsmåter (for eksempel på psykisk helse)
- positive eller sosialt verdsatte aspekter ved egen identitet
- ferdigheter eller evner – som intelligens, ressursrikdom, besluttsomhet, talenter
- kroppslige ressurser – utseende, styrke, helse
- trossystemer – tro, samfunnsverdier og så videre
- samfunnspraksiser og ritualer
- kontakt med naturen

Det kan kanskje være nyttig for deg å tenke gjennom noen av disse måtene å bygge videre på ressursene og styrkene dine på:

- Å håndtere emosjonene dine ved å slippe løs, uttrykke eller bearbeide følelser (for eksempel gjennom skriving, trening, samtaleterapi, kroppsterapi, kreativitet og kunst, medfølelsesfokuserte tilnærminger, mindfulness, meditasjon).
- Selvomsorg – for eksempel gjennom ernæring, trening, hvile, alternative terapiformer.
- Å bruke eller finne relasjoner som kan gi emosjonell støtte, beskyttelse, bekreftelse.
- Å finne meningsfulle sosiale roller og aktiviteter.
- Andre kulturelle ritualer, seremonier og intervensjoner
- Å engasjere seg i påvirkningsarbeid og aktivisme.
- Å skape eller finne nye narrativer, meninger, overbevisninger eller verdier.

Hva er din historie?

Når du har jobbet deg gjennom alle spørsmålsstillingene, kan det være hjelpsomt å trekke all denne informasjonen sammen til et narrativ eller en historie om livet ditt, vanskene du har møtt, virkningene alt dette har hatt på deg, hva alt betydde for deg, måtene du har taklet det på, og styrkene som har gjort deg i stand til å klare deg gjennom det. Historien blir aldri ferdig eller komplett, og du vil sannsynligvis ønske å komme tilbake til den.

Har andre mennesker liknende historier?

I tillegg til å gi deg en måte å utforske din egen historie på oppsummerer MTM-rammeverket mønstre som er vanlige i mange menneskers historier. Disse kalles *hovedmønstre*, og de er basert på omfattende forskningsevidens om hvordan elementene makt, trussel, mening og trusselrespons virker inn på menneskers liv. Noen ganger er det hjelpsomt og betryggende å innse at andre mennesker har vært gjennom liknende opplevelser og har reagert på liknende måter. *Hovedmønstrene* er beskrevet på nettsiden til British Psychological Society.[24]

---

24   https://www.bps.org.uk/member-networks/division-clinical-psychology/power-threat-meaning-framework

Det er viktig å merke seg følgende:

- *Hovedmønstrene* er ikke direkte erstatninger for bestemte psykiatriske diagnoser. De gjelder uavhengig av diagnoser, og de inkluderer også mennesker som ikke har noen diagnose i det hele tatt.
- Ofte passer ikke en bestemt person og et bestemt mønster nøyaktig sammen. Mange vil gjenkjenne deler av sin egen historie i flere mønstre.
- *Hovedmønstrene* ligger i et spekter når det gjelder alvorlighetsgrad. Hvilke virkninger makt og trussel har på en bestemt person, avhenger av mange faktorer som vil gjøre virkningen av dem verre eller bedre. Noen mennesker vil ha mildere vansker, andre vil ha større utfordringer å streve med.
- *Hovedmønstrene* vil bli forbedret og endret over tid etter hvert som mer evidens blir tilgjengelig. Særlig vet vi mindre om typiske mønstre i ikke-vestlige kulturer og settinger i både Storbritannia (rammeverkets opprinnelsesland, overs. anm.) og resten av verden.

Identiteter

En persons følelse av identitet former ethvert annet aspekt ved vedkommendes liv og måten han eller hun responderer på trusler og vanskeligheter på. Det kan være til hjelp å tenke på hvordan ulike aspekter ved din egen identitet har påvirket deg. Slike påvirkninger vil sannsynligvis inkludere positive og støttende aspekter, som å føle seg trygg på seg selv og å være del av en gruppe, og negative aspekter, som å bli utsatt for diskriminering. Du vil kanskje tenke på din etnisitet, samfunnsklasse, alder, kjønn, nasjonalitet, seksuell orientering, religion, funksjonsnedsettelse eller på det å bli definert som «psykisk syk».

Det tenkte eksemplet i skjemaet nedenfor beskriver en ung, heteroseksuell kvinne med arbeiderklassebakgrunn som har vært involvert i en alvorlig ulykke som har gjort henne delvis funksjonshemmet. Hun har klart seg gjennom tidligere utfordringer og har bygget seg opp en fremgangsrik karriere, men er nå sykmeldt. Hun har flashbacks etter ulykken, og hun må takle mange endringer i livet sitt og ambisjonene sine. For øyeblikket føler hun seg fanget og uten håp for fremtiden. Hun har deltatt i en veiledningssamtale om MTM-rammeverket, og hun innser at reaksjonene hennes kan beskrives ut fra to av *hovedmønstrene*: «å klare seg gjennom nederlag, å føle seg fanget, utenforskap og tap» og «å klare seg gjennom enkeltstående trusler».

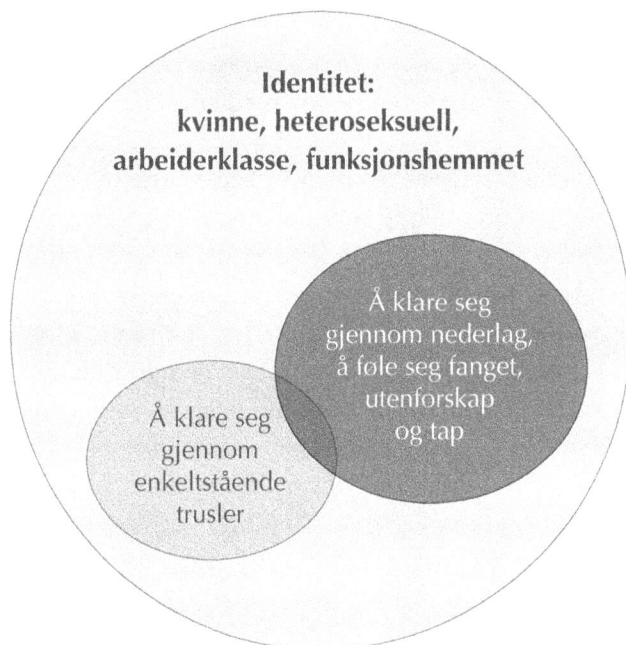

Identitet:
kvinne, heteroseksuell,
arbeiderklasse, funksjonshemmet

Å klare seg gjennom nederlag, å føle seg fanget, utenforskap og tap

Å klare seg gjennom enkeltstående trusler

Vedlegg 2

Opplæring i komplekse traumer for IAPT-personell: «Comprehend, cope and connect»

En såkalt IAPT-tjeneste (et psykisk helsetilbud i henhold til IAPT-programmet[25], overs. anm.) i Hampshire kalt «italk» utførte en gjennomgang av en pasientgruppe som hadde vist begrenset bedring med de eksisterende behandlingsformene, og påviste at gruppemedlemmene slet med problemer som var forsterket av komplekse traumer. Det nasjonale helseprogrammet i Storbritannia[26] finansierte så et prosjekt, «Comprehend, cope and connect» (CCC), for å kunne tilby en skreddersydd tjeneste for denne gruppen. CCC-modellen, utviklet av Isabel Clarke (2015), ble tatt i bruk som en tilnærming som integrerer oppmerksomhet omkring tidligere traumer med relasjonelle aspekter ved terapi til en samarbeidsbasert kasusformulering og motiverer IAPT-terapeuter for klare behandlingsprotokoller. Dette er nå et pilotprosjekt som blir gjennomført på fire forskjellige steder i Hampshire, som et program som kobler fire individuelle, transdiagnostiske kasusformuleringsøkter sammen med et intensivt tolv økters gruppekurs etterfulgt av en eller to individuelle evalueringsøkter.

CCC-modellen (tidligere Emotion Focused Formulation, EFFA) er beskrevet i Clarke (2008, 2009), og en pilotevaluering av tilnærmingen er publisert i Durrant et al. (2007). Det er en fleksibel og intuitivt forståelig tilnærming basert på følgende prinsipper:

- Den starter med en individuell kasusformulering som utarbeides i samarbeid, fremfor med en diagnose.
- Den anerkjenner at dersom en persons opplevelse av seg selv føles uutholdelig, vil vedkommende prøve å håndtere denne opplevelsen – for eksempel ved å trekke seg tilbake, med selvskading, ved å drikke alkohol, og så videre.
- Disse strategiene er forståelige og fungerer på kort sikt. Alle bruker de fleste av dem på et eller annet tidspunkt.
- Tidligere traumer kombinert med hvordan kroppen fanger opp trusselsignaler og forbereder seg på handling, utgjør onde sirkler som mennesker blir låst fast i.
- Når en ond sirkel er identifisert, kan personen velge å bryte den, og vedkommende kan få tilbud om støtte til å utvikle ferdigheter som kan hjelpe ham eller henne med arbeidet.

CCC-modellen tilbyr et perspektiv grunnet i medfølende forståelse for menneskers vanskelige omstendigheter, samt veier videre for å oppnå støtte – fra enten fagpersoner eller støttepersoner i omgivelsene, som familie og venner. Modellen er ikke en ny terapimerkevare, men representerer en integrasjon av «tredje bølge»-tilnærminger innen kognitiv terapi, teoretisk forankret i en ny type modell for kognitiv arkitektur, «Interacting Cognitive Subsystems» (ICS-modellen), en modell for kognitiv arkitektur basert på kognisjonsvitenskap (Teasdale & Barnard, 1993). Dermed gir den en forenklet terapeutisk tilnærming på tvers av diagnostiske kategorier. Den tar utgangspunkt i at alle mennesker i alle kulturer til tider strever med relasjoner (inkludert indre relasjoner med seg selv),

---

25 The Improving Access to Psychological Therapies (IAPT) programme, et nasjonalt program i regi av Storbritannias National Health Service (NHS) for å forbedre psykoterapitilbud til mennesker med depresjon og angst (https://www.england.nhs.uk/mental-health/adults/iapt/)

26 Strategic Health Authority, en organisasjon under NHS frem til omorganisering i 2013 (overs. anm.).

med emosjoner og med å passe inn i verden rundt seg. Dette kan spores tilbake til måten hjernen vår fungerer på. En del av tenkeapparatet vårt gir oss en individuell selvbevissthet og evne til å gjøre presise vurderinger. I vestlige kulturer blir disse aspektene ofte overvurdert, og funksjonene til den andre hjernekretsen anses som mindre viktige. Dette kognitive subsystemet gir oss emosjonene våre, som gjør at vi kan forholde oss til andre og – inni oss – til oss selv. Graden av aktivering bidrar til å opprettholde den viktige balansen mellom disse to hjernekretsene; standardkretsen – den relasjonelle – er mer tilgjengelig ved høy og lav aktivering. Høy aktivering kan oppleves som en emosjon, eller som fysisk ubalanse, og det er denne endringen i aktiveringstilstand som regulerer relasjoner (for en mer utdypende redegjørelse, se Clarke, 2008, 2009).

Fra dette perspektivet er selve eksistensen vår basert på relasjoner, og vi skaper bare mening i et nettverk av relasjoner. Familie og de som står oss nær, er utvilsomt avgjørende her, men dette strekker seg til de mest omfattende og dypeste relasjonelle opplevelsene, til det åndelige eller religiøse. Ved å fremheve at det emosjonelle eller relasjonelle aspektet ved mennesket er det viktigste, er CCC-modellen i overensstemmelse med ikke-vestlige kulturer. Erfaringer og fysiske sanseopplevelser («felt sense») er kjernen i tilnærmingen, og «symptomer» anses som forståelige, men selvødeleggende forsøk på å håndtere en uutholdelig indre tilstand, en tilstand som vil ha oppstått på grunn av forstyrrelser i det nettverket av roller og relasjoner som holder en enkeltperson sammen, og/eller forstyrrelser i den viktige selvrelasjonen.

Opplæringen

Noen av klientene med komplekse traumer må henvises til tjenester på trinn 4,[27] av årsaker som risiko og kompleksitet. Innenfor IAPT-tjenester på trinn 2 (eller den delen av tjenesten som håndterer det innledende kartleggingsintervjuet) må personalet ha den kompetansen som trengs for å kunne identifisere og styre interaksjonen med denne gruppen. Opplæringen gjør videre IAPT-praktikere på trinn 3 i stand til å anerkjenne, engasjere og arbeide effektivt med de av klientene i denne gruppen som kvalifiserer for intervensjoner innenfor primærhelsetjenesten.

Tilbudet består i fire heldags arbeidsseminarer. Hver gruppe av praktikere deltar på tre av dem.

Dag 1 er avsatt for trinn 2, for å utvikle ferdighetene som trengs for å gjenkjenne og håndtere komplekse traumer når dette kommer frem i kartleggingen, og for å kunne skille ut tilfeller av komplekse traumer som kvalifiserer for trinn 3.

Dag 2 er avsatt for trinn 3, for å utvikle ferdigheter i hvordan man anerkjenner, motiverer og engasjerer mennesker med bakenforliggende komplekse traumer, og for å bli kjent med den emosjonsfokuserte kasusformuleringen.

Dag 3 er avsatt for trinn 2 og 3 samtidig, for å forstå utfordringene med motivasjon og terapeutisk allianse som arbeidet med denne klientgruppen fører meg seg, og for å tilegne seg ferdigheter til å håndtere disse utfordringene, der man arbeider med utgangspunkt i den individuelle kasusformuleringen.

Dag 4 er avsatt for trinn 2 og 3 samtidig, for å bruke kasusformuleringen til å identifisere de mest hensiktsmessige intervensjonene for bestemte pasienter, og for å introdusere et spekter av programmer som integrerer passende intervensjoner.

---

27   Om tjenestetrinnene, se https://www.mhm.org.uk/pages/faqs/category/stepped-care (overs. anm.).

På denne måten blir personalet i stand til å tilby fire individuelle, transdiagnostiske, emosjonsrettede kasusformuleringsøkter i et intensivt tolv økters gruppekurs, etterfulgt av en eller to individuelle evalueringsøkter.

Gruppeprogrammet er tatt i bruk med entusiasme i de fire områdene, og inntrykket så langt – og tilbakemeldingene fra brukerne – er svært lovende. Datainnsamlingen har imidlertid gått noe tregt på grunn av organisatoriske utfordringer (tjenesten hadde, da dette dokumentet ble skrevet i 2018, nettopp vært igjennom en anbudsprosess). En fullstendig evaluering av modellen, slik den blir brukt i IAPT-tjenester innenfor primærhelsetjenestem i Hampshire, var under utarbeidelse på tidspunktet da rammeverket ble skrevet. Så snart det er blitt skikkelig dokumentert at modellen er effektiv, vil vi kunne anbefale denne ikke-diagnostiske intervensjonen til den store andelen klienter som har opplevd komplekse traumer, og gjøre den mer allment tilgjengelig.

Referanser

Clarke, I. (2008). Pioneering a cross-diagnostic approach founded in cognitive science. I I. Clarke & H. Wilson (Red.), *Cognitive behavior therapy for acute inpatient mental health units: Collaborating with clients, staff and the milieu* (s. 65–77). London: Routledge.

Clarke, I. (2009). Coping with crisis and overwhelming affect: Employing coping mechanisms in the acute inpatient context. I A. M. Columbus (Red.), *Coping mechanisms: Strategies and outcomes* (s. 111–129). *Advances in Psychology Research, 63.* Huntington, NY: Nova Science Publishers Inc. Tilgjengelig fra http://www.isabelclarke.org/docs/ Coping_Mechanisms.docClarke, I. (2015). The emotion focused formulation approach: Bridging individual and team formulation. *Clinical Psychology Forum, 275,* 28–32.

Division of Clinical Psychology. (2013). Classification of behaviour and experience in relation to functional psychiatric diagnoses: Time for a paradigm shift. London: Britisk Psychological Society.

Durrant, C., Clarke, I., Tolland, A. & Wilson, H. (2007). Designing a CBT service for an acute in-patient setting: A pilot evaluation study. *Clinical Psychology and Psychotherapy, 14,* 117–125.

Teasdale, J. D. & Barnard, P. J. (1993). *Affect, cognition and change: Remodelling depressive thought.* Hove: Lawrence Erlbaum Associates.

Vedlegg 3

En modell for arbeid med barns og unges psykiske helse: The Outcome-Oriented CAMHS model

Den resultatorienterte CAMHS-modellen (Child and Adolescent Mental Health Services) er utviklet og implementert i et CAMHS-team i Lincolnshire over en seksårsperiode, under ledelse av professor Sami Timimi (Timimi et al., 2013). Modellen er basert på å forstå evidensbasen for resultater av tjenester innenfor psykisk helse, der det er vist at det å matche behandlingsmodellen med en diagnostisk kategori innenfor psykiatri har en ubetydelig effekt. Behandlingsresultatene som ble oppnådd i studier for femti år siden, tilsvarer resultatene som oppnås i dag. I tillegg ser det ut til å være små effektivitetsforskjeller mellom de ulike behandlingsmetodene med sine «merkevarenavn». Det som ser ut til å være viktig i terapirommet, er at man har en meningsfull terapeutisk allianse, mens eksterne faktorer utenfor behandlingsrommet (historier og kontekster fra det virkelige liv), som blant annet sosioøkonomisk status, motivasjon og at et sosialt nettverk er tilgjengelig, er de viktigste bidragene til effektene.

Et CAMHS-team i Lincolnshire utviklet en ny helhetlig helsetjenestemodell – «The Outcome Orientated Child and Adolescent Mental Health Services» (OO-CAMHS-modellen) – som bygget på prinsippene til PCOMS-tilnærmingen («Partners for Change Outcome Management Systems») (Duncan, 2012). Med et motsatt utgangspunkt av de diagnostiske «modelltro» prinsippene, som for ofte blir påtvunget på en rigid måte som fremmedgjør klinikere, og som mangler en troverdig evidensbase (Bracken et al., 2012; Timimi, 2015a), bygger tjenesten på oppfatningen at terapeutisk interaksjon bør anerkjenne pasientens stemme, se psykisk lidelse som del av de menneskelige dilemmaene og utfordringene med å leve, og tro på at positive endringer er mulig. På en formåls-rettet måte inngår personalet innenfor denne tjenesten samarbeidsallianser for å:

- forbedre de faktorene som, uavhengig av teorier, forklarer suksess – de såkalte felles endringsfaktorene.
- bruke pasientens ideer og preferanser til å veilede valg av tilnærming.
- gi en base for arbeidet i form av pålitelige og valide resultatmål og pasientens opplevelse av alliansen.

En del av modellen går ut på å få øktvise eller regelmessige vurderinger av barnas og ungdommenes progresjon (slik barnet eller ungdommen selv og/eller hans eller hennes foreldre eller pårørende oppfatter den), sammen med regelmessige vurderinger av hvordan de opplever behandlingen. Modellen innbefatter muligheter for å drøfte kasuser som ikke viser bedring, for å vurdere en endring i tilnærming eller bytte av behandler.

Fordi det er vist at 40–85 prosent av variasjonen i resultater forklares av utenforterapeutiske faktorer, som sosial støtte, foreldres psykiske helse, sosioøkonomisk status og motivasjon (Duncan et al., 2010; Wampold, 2001), er individuelt arbeid bare en liten del av tilbudet. De fleste klinikere må også takle press fra «systemet» rundt den «identifiserte» pasienten. OO-CAMHS-modellen innbefatter derfor også å utforske systemet rundt barnet eller ungdommen samt gruppedynamikker. Det er ikke uvanlig at et barn eller en ungdom med vansker – og hans eller hennes familie – har en rekke ulike instanser involvert (som skole, spesialpedagogisk støtte, sosialtjenesten, foreldrerådgivning og så videre) før vedkommende blir henvist til CAMHS. Mangel på god dialog med de andre involverte instansene kan ha en negativ effekt på påfølgende intervensjoner via CAMHS. Ikke bare kan fagpersoner tilby liknende intervensjoner, noe som medfører unødvendig dobbeltarbeid; barnet eller ungdommen og hans eller hennes familie kan også bli forvirret og føle maktesløshet i møte med motstridende råd og den økende fagliggjøringen av problemet. Før man begir seg ut i behandlingen – og underveis i selve behandlingen – tar vi derfor de eksterne faktorene og systemet rundt pasienten med i betraktningen, for å unngå faren for å distansere mennesker fra deres eksisterende styrker og evner eller forsterke følelser av sårbarhet og mangel på mestring. Vi prøver å unngå at flere enn én instans arbeider med hvert enkelt problem av gangen. Vi har fagteammøter når én eller flere instanser er involvert i problemstillingen som pasienten er blitt henvist for.

Det er ikke uvanlig at man innenfor ulike instanser forestiller seg at en diagnose vil lede til en spesiell effektiv behandlingsform, og at den større konteksten er irrelevant for denne prosessen. En forklaring på at en diagnose i psykiatri helt enkelt beskriver sett av observerte væremåter og beretninger om opplevelser som ofte følger hverandre, men ikke forklarer årsaken eller hvilken behandling som bør brukes, er nyttig (Timimi, 2013). Dette kan åpne opp muligheter for å bygge på eksisterende relasjoner med for eksempel omsorgspersonell og/eller fosterforeldre som er blitt holdt utenfor som følge av den feiloppfatningen at bare fagpersoner med spesialopplæring vet hvordan de skal håndtere barnets eller ungdommens problemer. Det å redusere antallet involverte fagpersoner til et minimum er ofte mer myndiggjørende enn å øke det. Pasienten og hans eller hennes familie kan være sentrale i drøftinger for å informere de viktigste interessentene om pasientens og familiens nåværende behov og for å veilede fremtidige innspill fra instanser.

OO-CAMHS-modellen er designet ikke bare for å støtte unge pasienter og deres familier ved å sette dem i sentrum av deres egen behandling, men også for å oppmuntre teammedlemmer til å støtte hverandre.

Fagpersoner kan da også bygge gode relasjoner som bidrar til lagånd på arbeidsstedet sitt. God terapi ser positiv verdi, styrker, aksept og evner hos pasientene sine. Gode team ser positiv verdi, styrker, aksept og evner hos klinikerne sine og støtter og respekterer deres selvstendighet og videre opplæring.

Tjenesten mottok utmerkelsen East Midlands Regional Innovation Fund Award i november 2010 for bidraget med å utvikle modellen og implementere den i hele nedslagsområdet til Lincolnshire CAMHS. Den har senere fått flere andre utmerkelser, inkludert at Lincolnshires CAMHS-team (det første implementeringsstedet) ble nummer to til utmerkelsen British Medical Association Mental Health Team of the Year i 2015. Dessverre ble OO-CAMHS-modellen avviklet i april 2016, i kjølvannet av bestemmelser fra høyere hold om å implementere en omsorgstilnærmingsmodell (terapi tilpasset spesifikke diagnostiske tilnærminger) i henhold til den nasjonale tilnærmingen Children and Young People's Improving Access to Psychological Therapies (CYP-IAPT) i Storbritannia (for en kritikk av CYP-IAPT-modellen, se Timimi 2015a, 2015b). Innen OO-CAMHS ble avsluttet, var den blitt utrullet i alle CAMHS-team i Lincolnshire. Vi hadde en database med registrerte utfall for flere enn 4000 utskrevne klienter, med en pålitelig forbedrings- og/eller «tilfrisknings»-rate» på 75 prosent. I en gjennomgang av data i Lincolnshire-teamet som sammenliknet situasjonen henholdsvis før og to år etter at OO-CAMHS ble implementert, fant vi at frafallsratene var betydelig redusert, utfallene var betydelig forbedret, bruken av medisiner hadde gått dramatisk ned, og andelen kasuser som hadde vært åpne for teamet i mer enn to år, var redusert fra 34 prosent til 18 prosent av saksmengden, noe som indikerer at flere pasienter var friske ved utskrivning, og at færre pasienter var blitt «kroniske».

Professor Sami Timimi, *Avdelingsoverlege, spesialist i barne- og ungdomspsykiatri ved Lincolnshire Partnership Foundation NHS Trust*

Referanser

Bracken, P., Thomas, P., Timimi, S. et al. (2012). Psychiatry beyond the current paradigm. *British Journal of Psychiatry, 201*, 430–434.

Duncan, B. (2012). The Partners for Change Outcome Management System (PCOMS): The Heart and Soul of Change Project. *Canadian Psychologist, 53*, 93–104.

Duncan, B., Miller, S., Wampold, B. & Hubble, M. (2010). *The heart and soul of change* (2. utg.). Washington, DC: American Psychological Association.

Timimi, S. (2013). Non-diagnostic practice. *Context, 127*, 21–26.

Timimi, S. (2015a). Children and Young People's Improving Access to Psychological Therapies: Inspiring innovation or more of the same? *Psychiatric Bulletin, 39*, 57–60.

Timimi, S. (2015b). Update on the Improving Access to Psychological Therapies programme in England: Author's reply. *Psychiatric Bulletin, 39*, 252–253.

Timimi, S., Tetley, D., Burgoine, W. & Walker, G. (2013). Outcome Orientated Child and Adolescent Mental Health Services (OO-CAMHS): A whole service model. *Clinical Child Psychology and Psychiatry, 18*, 169–184.

Wampold, B. E. (2001). *The great psychotherapy debate: Models, methods, and findings.* Mahwah, NJ: Erlbaum.

Vedlegg 4

Kasusformulering i team

Kasusformulering i team, prosessen der en gruppe eller et team av fagpersoner er satt sammen for å utarbeide en felles kasusformulering eller hypotese om årsakene til en tjenestebrukers vansker, er en praksis som blir stadig mer vanlig innenfor alle spesialfelter (Johnstone, 2013). Mens praksisen er mest vanlig for tjenestebrukere som antas å ha komplekse vansker eller «står fast» (f.eks. Summers, 2006), har noen tjenester integrert individuell og teambasert kasusformulering i alle deler av omsorgstilnærmingen, med tilhørende personalopplæring og dokumentasjon (Casares & Johnstone, 2015; Clarke, 2015; Dexter-Smith, 2015). Beskrivelser av teambasert kasusformuleringspraksis innenfor fagfeltene voksen, eldre, psykisk utviklingshemming, helse, rettsmedisin og ungdom finnes i novemberutgaven 2015 av *Clinical Psychology Forum*[28]. Om kasusformulering i team innenfor nevropsykologisk arbeid, se Wilson et al., 2009.

Et av de prosjektene i Storbritannia som har eksistert lengst, er innenfor eldrehelse i stiftelsen Tees Esk and Wear Valleys NHS Foundation Trust (Dexter-Smith, 2015). Individuell og teambasert kasusformulering blir brukt av elleve lokalteam og ni avdelinger. Alt personell får obligatorisk opplæring i kasusformulering, og de går gjennom en anerkjent prosess for å utvikle kompetanse i å avholde slike møter (Marshall & Craven-Staines, 2015). Et annet storskalaprosjekt dekker den akuttpsykiatriske tjenesten ved stiftelsen Southern Health NHS Foundation Trust, der opplæring i den ikke-diagnostiske tilnærmingen Emotion Focused Formulation Approach, utviklet av klinisk psykolog Isabel Clarke, er blitt gitt til flere enn 200 ansatte innenfor alle fagfelter, inkludert ledere (Clarke, 2015). Hele organisasjonen bruker nå[29] en kasusformuleringsbasert tjeneste som tar utgangspunkt i antakelsen om at all atferd som ligger under alle diagnoser innenfor psykisk helse, er forståelige forsøk på å takle uutholdelige indre tilstander. Dette gjør at man kan velge fra en «meny» av intervensjoner på første trinn, som mindfulness og aktiveringskontroll. Undervisningen inngår i de åtte til tolv øktene i gruppe for tilegnelse av emosjonsmestringsferdigheter (Emotional Coping Skills Group), som er selve hjertet i programmet. Ikke-stigmatiserende måter å forstå det å høre stemmer og andre uvanlige sanseopplevelser på blir også introdusert. Hvis det er hensiktsmessig, kan tjenestebrukere så delta i traumebearbeidingsarbeid der man går mer i dybden.

Selv om strukturen og den terapeutiske modellen varierer fra tjeneste til tjeneste, kan kasusformulering i team trolig best anses som en form for personalrådgivning eller veiledning, der motoverføring av følelser av å stå fast, frustrasjon eller forvirring kan stå sentralt. Som med andre former for veiledning er det kanskje ikke hensiktsmessig eller hjelpsomt å inkludere tjenestebrukeren i drøftingen i sin helhet, selv om en parallell prosess med kasusformulering på én-til-én-basis bør påvirke teamversjonen, og vice versa. Kasusformulering i team kan også være svært hjelpsomt hvis tjenestebrukeren for tiden er for opprørt til å klare å snakke om sin personlige historie og sine kontekster. I slike situasjoner kan en foreløpig kasusformulering bidra til å unngå å falle tilbake til en snever medisinsk tilnærming, og til å inkludere teamet inntil det er mulig å se et mer helhetlig bilde. Brukerperspektiver og involvering kan opprettholdes på en rekke måter, som ved å ha en brukerrepresentant med i møtene, ved å ha brukerrepresentanter med i prosjektgruppen

---

28   Kan lastes ned via https://explore.bps.org.uk/content/monograph/bpsmono.2005.cat537/chapter/000709907X203706
29   2018

som jobber med kasusformulering, ved å ha felles opplæring med brukerrepresentanter, og så videre (se eksempler i *Clinical Psychology Forum*, november 2015)[30].

Frem til i dag er det forskningsfunnet som har fått mest støtte, personalets entusiasme for denne måten å arbeide på (Cole et al., 2015; Hollingworth & Johnstone, 2014; Unadkat et al., 2015). I småskalarevisjoner og evalueringer rapporterer personalet om en rekke fordeler, inkludert økt forståelse og empati, tettere og mer støttende teamarbeid, færre uenigheter innad i teamet, forbedret lagånd, mer konsistente tiltaksplaner og større håp om muligheten for bedring (se sammendrag i Cole et al., 2015; DCP, 2011). Å tilrettelegge møter der man arbeider med kasusformuleringer er en kompleks og krevende oppgave, og som med alle andre tilnærminger kan den gjennomføres på en dårlig måte (Johnstone, 2013; Marshall & Craven-Staines, 2015). Imidlertid vil det, under ellers like omstendigheter, være forventet at disse fordelene kan overføres til en mer effektiv praksis preget av mer medfølelse. Dette støttes av nyere evidens for at kasusformulering i team kan bidra til å redusere utbrenthet hos personalet og episoder med «utfordrende atferd» hos tjenestebrukerne (Berry et al., 2009; Newman-Taylor & Sambrook, 2012), og at det kan føre til at tjenestebrukerne opplever betydelig redusert emosjonell smerte og vesentlig større tro på seg selv når det kommer til det å ta egne valg (Araci & Clarke, 2016). Det trengs mer forskning på hvordan tjenestebrukere opplever virkningene av denne tilnærmingen, og på om den fører til spesifikke utfall som redusert behov for medisiner og innleggelser, høyere tilfredshet hos tjenestebrukerne, høyere tilfriskningsrater og så videre.

Av spesiell relevans for MTM-rammeverket er hvordan mer psykososiale perspektiver kan fremmes gjennom bruken av kasusformulering i team, gjennom en struktur der personalet kan få støtte til å forstå årsaksvirkningen av relasjonelle og sosiale belastninger (Clarke, 2015; Johnstone et al., 2015). Praktikere har rapportert at kasusformulering i team kan – uten direkte å utfordre den diagnostiske modellen – føre til en gradvis forvitring av mer avgrenset medisinsk tenkning etter hvert som traumer, overgrep og belastninger blir temaer som kan drøftes mer åpent, effekten av tvangsintervensjoner blir mer anerkjent og teamet blir stadig mer kompetent til å oversette «symptomer» og «sykdommer» til forståelige responser på livsomstendigheter (Dexter- Smith, 2015; Johnstone, 2013; Johnstone et al., 2015).

---

30   https://explore.bps.org.uk/content/monograph/bpsmono.2005.cat537/chapter/000709907X203706

Referanser

Araci, D. & Clarke, I. (2016). Investigating the efficacy of a whole team, psychologically informed, acute mental health service approach. *Journal of Mental Health.* doi:10.3109/09638237.2016.1139065

Berry, K., Barrowclough, C. & Wearden, A. (2009). A pilot study investigating the use of psychological formulations to modify psychiatric staff perceptions of service users with psychosis. *Behavioural and Cognitive Psychotherapy, 37,* 39–48.

Clarke, I. (2015). The Emotion Focused Formulation Approach: Bridging individual and team formulation. *Clinical Psychology Forum, 275,* 28–32.

Cole, S., Wood, K. & Spendelow, J. (2015). Team formulation: A critical evaluation of current literature and future research directions. *Clinical Psychology Forum, 275,* 13–19.

Dexter-Smith, S. (2015). Implementing psychological formulations service-wide. *Clinical Psychology Forum, 275,* 43–54.

Division of Clinical Psychology (2011). *Good Practice Guidelines on the use of psychological formulation.* Leicester: British Psychological Society.

Hollingworth, P. & Johnstone, L. (2014). Team formulation: What are the staff views? *Clinical Psychology Forum, 257,* 28–34.

Johnstone, L. (2013). Using formulation in teams. I L. Johnstone & R. Dallos (Red.), *Formulation in psychology and psychotherapy: Making sense of people's problems* (2. utg., s. 216–242). London: Routledge.

Johnstone, L., Durrant, C., James, L. et al. (2015). Team formulation developments in AMH services in South Wales. *Clinical Psychology Forum, 275,* 38–42.

Marshall, J. & Craven-Staines, S. (2015). Developing the use of a formulation session reflection tool in mental health services for older people. *Clinical Psychology Forum, 275,* 69–74.

Newman-Taylor, K. & Sambrook, S. (2012). CBT for culture change: Formulating teams to improve patient care. *Behavioural and Cognitive Psychotherapy, 40,* 496–503.

Summers, A. (2006). Psychological formulations in psychiatric care: Staff views on their impact. *Psychiatric Bulletin, 30,* 34–352.

Unadkat, S.N., Irving Quinn, G., Jones, F. et al. (2015). Staff experiences of formulating within a team setting. *Clinical Psychology Forum, 275,* 85–88.

Wilson, B.A., Gracey, F., Evans, J.J. & Bateman, A. (2009). *Neuropsychological rehabilitation: Theory, models, therapy and outcome.* Cambridge: Cambridge University Press.

Vedlegg 5

Gruppearbeid for kvinnelige overgrepsofre

Traumefokusert gruppeterapi for kvinner som har opplevd overgrep i barndommen har vært et kontinuerlig tilbud de siste tre tiårene i Exeter i Devon i det sørvestlige England. SAGE (Sexual Abuse Groups Exeter) er et gruppebasert program for bearbeiding av traumer, med utgangspunkt i feministisk teori og terapi (Brown 2004; Herman, 2001; Mendelsohn et al., 2011; Watson et al., 1996), og er et av de psykoterapeutiske tilbudene ved den psykiske helsetjenesten for voksne innenfor stiftelsen Devon Partnership NHS Trust. Det meldes om høy forekomst av overgrep i barndommen av kvinner som henvises til voksenpsykiatri med alvorlig og kompleks emosjonell smerte. Før de starter i en SAGE-gruppe, får kvinnene tilbud om individuell traumeterapi for å kunne fortelle om opplevelsen av overgrep på en trygg måte og kunne begynne å bygge opp effektive strategier for å håndtere smerte. I gruppene får de mulighet til å redusere følelsen av skam og isolasjon og til å bli hørt og forstått. Denne traumefokuserte gruppeterapien er nylig blitt utvidet til helseorganisasjonen Cwm Taf Health Board i South Wales under betegnelsen SAFE (Sexual Abuse: Freedom and Empowerment), der den nå tilbys kvinner innenfor første- og andrelinjes voksenpsykiatri i hele helseorganisasjonens nedslagsfelt.

På SAGE- og SAFE-gruppene deltar maks seks kvinner, og gruppene tilrettelegges av to skolerte kvinnelige arbeidere. De to og en halv time lange øktene gjennomføres ukentlig over tolv uker, med oppfølging etter én måned og seks måneder. Hver av kvinnene får også tildelt en individuell støttearbeider som møter dem ukentlig for å hjelpe dem med å bearbeide materialet som dukker opp i gruppeøktene. Gruppelederne og støttearbeiderne får kontinuerlig veiledning, og støttestrukturene rundt både personalet og gruppedeltakerne gjør det mulig å gjennomføre det intense traumeprosesserende arbeidet på en trygg og effektiv måte.

Gruppeterapi er kjent for å være spesielt effektiv når det kommer til å hjelpe kvinner med å ta tak i effektene av seksuelle overgrep i barndommen, som traumesymptomer, isolasjon, stigma, skam, selvklandring og det å bli gjort til offer på nytt (Higgins Kessler et al., 2003; Walker & Rosen, 2004). Med Judith Hermans ord «gjenoppretter [traumefokusert gruppearbeid] en følelse av tilhørighet; der hvor traumer degraderer offeret, roser gruppen henne, og der hvor traumer avhumaniserer offeret, gjenoppretter gruppen medmenneskeligheten» (Herman, 2001, s. 14, vår oversettelse). Den gjensidige empatien og samhørigheten som oppstår innenfor gruppene, skaper et svært effektivt forum der kvinner kan bryte hemmeligholdet, isolasjonen, skammen og tausheten om overgrepene. Gruppene legitimerer den intense smerten og skadene fra overgrep i barndommen og åpner opp muligheten for å uttrykke, innenfor tryggere rammer, kvinnenes langvarige sorg, tap, tristhet og sinne. Den fortvilelsen som kvinnene har opplevd over mange år, blir forståelig som en konsekvens av overgrep.

Lokale evalueringer av SAGE og SAFE har konsekvent påvist betydelige reduksjoner ved mål på depresjon, traumesymptomer, skam, selvskading, suicidale tanker, bruk av forskrevne legemidler og misbruk av alkohol eller andre stoffer. Tilsvarende økninger i skårer på selvverd er rapportert etter at gruppene er avsluttet og ved seks måneders oppfølging. Kvalitative tilbakemeldinger inneholder kommentarer som: «Jeg føler at jeg ble hørt, og jeg fikk trøst, og følelsen av å bli akseptert til tross for alle overgrepene er så sterk.»

SAGE og SAFE er tidsintensive, men lokale evalueringer har vist at de er kostnadseffektive med besparelser på antall liggedager og nedgang i bruk av spesialisthelsetjenester innen psykiatri. I tillegg rapporterer flerfaglige team at deres engasjement er en svært givende opplevelse som har økt den generelle kompetansen deres innen traumearbeid. Gruppene har bidratt til å innføre traumebevisst tenkning innenfor de flerfaglige teamene og har ført til flere andre nyutviklinger, som støttegrupper for overgrepsofre og muligheten for at de som selv har deltatt i gruppene, kan være med på å lære opp personalet. I Exeter har noen av de tidligere gruppedeltakerne påtatt seg roller innenfor SAGE-tjenesten.

«Stabiliseringspakken»

Som del av utviklingen av traumebevisste tjenester har kliniske psykologer i helseorganisasjonen Cwm Taf Adult Mental Health Services utviklet en «stabiliseringspakke» av ressurser for psykoedukasjon av mennesker som har opplevd komplekse traumer. «Pakken» er delt inn i 14 informasjonsbrosjyrer som forklarer hvordan traumer og belastninger av alle slag kan bidra til en rekke psykiske helsevansker, som å høre stemmer, uvanlige overbevisninger, dissosiasjon, humørsvingninger og selvskading, som kan bli ansett som forståelige konsekvenser og/eller overlevelsesstrategier. Det utdelte materialet presenterer dermed en alternativ forståelse til den biomedisinske modellen i tillegg til en rekke mestringsferdigheter, som grunningsteknikker («grounding»), selvtrøst, avledning og kriseplanlegging. Pakken er blitt utviklet til et åtte ukers stabiliseringskurs, og utfallsdata antyder en forbedring i Core-34-skårer og en reduksjon i traumesymptomer. Evalueringer viser også at personalet føler at pakken har gitt dem økt kunnskap og trygghet på det første stadiet av traumearbeidet, og den er i omfattende bruk i områdets psykiske helseteam for voksne.[31]

Referanser

Brown, L. S. (2004). Feminist paradigms of trauma treatment. *Psychotherapy: Theory, Research Practice & Training, 41,* 464–471.

Herman, J. (2001). *Trauma and recovery.* New York: Basic Books.

Higgins Kessler, M. R., White, B. M. & Nelson, B. S. (2003). Group treatments for women sexually abused as children: A review of the literature and recommendations for future research. *Child Abuse and Neglect, 27,* 1045–1061.

Mendelsohn, M., Herman, J. L., Schatzow, E. et al. (2011). *The trauma recovery group: A guide for practitioners.*

New York: Guilford Press.

Walker, M. & Rosen, W. B. (2004). *How connections heal: Stories from relational cultural therapy.* New York: Guilford Press.

Watson, G., Scott, C. & Ragalsky, S. (1996). Refusing to be marginalised: Groupwork in mental health services for women survivors of childhood sexual abuse. *Journal of Community and Applied Social Psychology, 6,* 341–354.

---

31   Stabiliseringspakken er tilgjengelig på https://ctmuhb.nhs.wales/services/mental-health/self-help-resources/stabilisation-pack/

Vedlegg 6

Tilnærminger innenfor rettspsykiatrien

OPD-tilnærmingen – «Offender Personality Disorder Pathway» – er en nasjonal strategi i Storbritannia for menn og kvinner som er klassifisert av kollegaer innenfor kriminalomsorgen som å være i høyrisikosonen, og som viser indikasjoner på at de kunne ha blitt diagnostisert med en «personlighetsforstyrrelse». Tilnærmingen er et samarbeid mellom NHS England og National Offender Management Service (NOMS), noe som betyr at helsetjenesten og kriminalomsorgen samarbeider for å forbedre den strafferettslige håndteringen av denne gruppen. OPD-tilnærmingen består av en rekke ulike tjenester over hele landet og sikter mot å øke den psykiske trivselen til tjenestebrukerne, øke kompetansen for å jobbe med denne klientgruppen gjennom utvikling av arbeidsstyrken og redusere hyppigheten og alvorlighetsgraden av seksuelle og voldelige handlinger. Arbeidet er basert på prinsippet om at det er best å holde håndteringen av denne klientgruppen innenfor de strafferettslige tjenestene. Til tross for den offisielle terminologien, som ikke er en terminologi vi har valgt eller ville foretrekke, blir det også lagt vekt på en psykologisk informert støtte til håndtering av det enkelte kasus og på kasusformulering. Tilnærmingen gir derfor en mulighet til å redusere vekten på diagnoser og anerkjenne de sammensatte, ofte traumerelaterte årsaksfaktorene som er knyttet til lovbrytende handlinger.

Arbeidet til Yorkshire Humberside Personality Disorder Partnership (som jobber sammen med kriminalomsorgstjenesten i Storbritannia, overs. anm.) er beskrevet nedenfor.

Selv om ODP-tilnærmingen er beskrevet i diagnostiske termer, må ikke menn og kvinner som kvalifiserer for hjelp, nødvendigvis ha en formell diagnose, og tanken er at håndteringen av det enkelte kasus skal være basert på individualiserte kasusformuleringer. Vi har derfor brukt tilnærmingen som en mulighet til å arbeide fra et psykososialt og systemisk informert perspektiv, innenfor et område som tradisjonelt har vært dominert av en individualisert, dekontekstualisert medisinsk modell.

Vår konseptualisering av problemene som er forbundet med en personlighetsforstyrrelse, er basert på en forståelse av følgende:

- At enkeltpersoner som har fått diagnosen «personlighetsforstyrrelse», ikke er en homogen gruppe.
- At de reaksjonene og atferdsformene som forbindes med denne merkelappen, primært kan forstås som en konsekvens av belastende utviklingsmessige opplevelser (Livesley, 2003).
- At konsekvensene ofte inkluderer betydelige og langvarige vansker med selvidentitet og relasjoner.
- At vanskene ofte oppstår som følge av mangel på muligheter til å utvikle mentaliserings- eller refleksjonsevne.
- At tjenestene støter mot sterke og primitive emosjonelle tilstander (Obholzer & Roberts, 1994), noe som betyr at omsorgen for, håndteringen av eller behandlingen av enkeltpersoner med diagnosen «personlighetsforstyrrelse» kan være skadelig eller iatrogen i seg selv.
- At et bredest mulig sosialt perspektiv bør være utgangspunktet (Pilgrim, 2001) for å kunne reagere terapeutisk overfor det mangfoldet av forskjellige problemer som mennesker med en slik diagnose kan ha med livet, sosiale omstendigheter, arbeid, helse og trivsel.

Teamet består av psykologer eller psykoterapeuter, ergoterapeuter og spesialister innenfor kriminalomsorgen. Vi sikter generelt mot å skape et «tankesett» (et system for hvordan man kan «tenke om sinnet») gjennom konsultasjon og opplæring og ved å involvere relevante mennesker i denne samarbeidsprosessen. Vi tilbyr også individuelt arbeid og gruppearbeid, psykoedukasjon og ergoterapi, der det overordnede målet er å bidra til å skape engasjement, fremme tilknytninger og skape betingelsene for økt refleksjon. Psykoedukasjon er en sentral del av våre intensive intervensjonsrettede risikostyringstjenester, og der det er mulig og hensiktsmessig, prøver vi å hjelpe mennesker med å tenke gjennom hvor de traumerelaterte vanskene deres opprinnelig kommer fra. Terapeutiske alternativer inkluderer skjematerapi og medfølelsesfokusert terapiarbeid (CFT), i grupper eller individuelt, og et ettårig mentaliseringsbasert terapiprogram (MBT). I tillegg anbefaler vi det som kalles psykologisk informerte tilrettelagte miljøer («psychologically informed planned environments», PIPE) på ettervernsinstitusjoner.

I arbeidet vårt er søkelyset ofte ikke rettet mot «behandling» i tradisjonell forstand, siden klientene våre kanskje ikke er klare for å forplikte seg på denne måten. I stedet kan de trenge oss for å forstå at de har levd – ofte hver dag av livet sitt – med hat, sinne, fiendtlighet og vold og i kaotiske sosiale kontekster preget av overgrep og utnytting. Vår oppgave er å hjelpe dem med å bevege seg mot en mer sammensatt og reflektert forståelse av sine egne og andres motivasjoner, emosjoner og atferd. Imidlertid dreier en stor del av arbeidet vårt seg om dem de har i livet sitt – de enkeltpersonene og instansene de for tiden har en relasjon til. Samtidig som vi ber klientene om å ha en sammensatt forståelse av disse interaksjonene, krever vi også at instanser og fagpersoner har det samme. Vi tror at mange problemer som er forbundet med diagnosen «personlighetsforstyrrelse», involverer den manglende evnen hos en instans til å identifisere og romme emosjonelle reaksjoner – ikke bare klientens, men også de ansattes. Arbeidet vårt dreier seg derfor om å hjelpe systemer og instanser til å reflektere over sine egne reaksjoner i tillegg til tjenestebrukernes.

Dette arbeidet er relativt nytt, men det ser ut til å kunne være en hjelpsom tilnærming for å utvikle nødvendig kompetanse for å kunne arbeide med denne klientgruppen. Det finnes noe evidens for at færre løslatte fengsles igjen, at disse håndteres bedre, og at relasjonene til tjenestebrukerne er blitt bedre.

Jo Ramsden, *Praktiserende klinisk psykolog*

Referanser

Baker, V., Ramsden, J. & Wood, J. (2016). Psychology working in partnership with probation: Giving away the family silver? *Clinical Psychology Forum, 268*, 42–45.

Livesley, W. J. (2003). *Practical management of personality disorder.* New York & London: Guilford Press.

Obholzer, A. & Roberts, V. Z. (Red.). (1994). *The unconscious at work: Individual and organizational stress in the human services.* London: Routledge.

Pilgrim, D. (2001). Disordered personalities, disordered concepts. *Journal of Mental Health, 10*, 253–265.

Vedlegg 7

Traumebevisste tilnærminger innenfor psykisk helse for voksne

Stiftelsen Tees Esk and Wear Valleys NHS Foundation Trust (TEWV) er en stor tilbyder av tjenester innenfor psykisk helse i det nordlige England. Organisasjonen betjener en befolkning på to millioner mennesker og har over 6700 ansatte. Stiftelsen har nylig investert i et formelt traumebevisst omsorgsprosjekt for å skaffe til veie de ressursene og strukturene som trengs for at den skal kunne ivareta traumerelaterte behov hos menneskene som bruker stiftelsens tjenester. Dette prosjektet ble utviklet etter et vellykket utviklings- og pilotprosjekt for traumebevisst omsorg for voksne, med klinisk psykolog Angela Kennedy som leder.

Som de fleste tjenester innenfor psykisk helse for voksne i England bruker TEWV pasientforløp (eng: pathways) for å beskrive strukturene, styringssystemene og beslutningene som kreves for å ivareta behovene til en spesifikk klientgruppe. De fleste av disse tilnærmingene er diagnostisk baserte. Etter at traumeforløpet (Clinical Link Pathway for Trauma) ble lagt til, kan imidlertid nå alle som trenger det, få mulighet for en traumebevisst intervensjon, uavhengig av diagnose. «The Link» supplerer øvrig omsorg, og for noen mennesker er det dette støttetilbudet man konsentrerer seg mest om. Det innebærer at alle tjenestebrukere kan bli kartlagt for traumer ved første kontakt og få tilbud om traumebevisste intervensjoner, som informasjon, stabilisering og terapi, hvis og når det er indisert. Kasusformulering og kasusformulering i team er bygget inn i kjerneprosessene sammen med muligheter for spesialistrådgivning og veiledning.

Pilotprosjektet på en akuttpsykiatrisk avdeling for voksne inkluderte alt personell, fra leger til pleieassistenter. De fant at tre firedeler av de menneskene som var tatt inn i behandling, kunne koble traumer direkte til sine nåværende vansker. Med støtte og opplæring følte avdelingspersonalet seg myndiggjort til å ha meningsfulle samtaler om traumer og brukte disse som grunnlag for omsorgsplaner basert på kasusformuleringer. De kunne implementere noen sentrale ferdigheter i grunningsteknikker og følelsesregulering, som førte til en reduksjon i bruken av medisiner. Personalet kunne også be om ekstern rådgivning for komplekse tilfeller, noe som ble vurdert som ekstremt hjelpsomt.

Etter dette vellykkede pilotprosjektet begynte den traumebevisste tilnærmingen å bli spredt til resten av tjenestesystemet, med lokale traumespesialister («trauma champions») som bidro med veiledning, styring og implementering av veiledningen. Opplæringen gjennomføres i team, og den har blitt godt mottatt. Mesteparten av personalet rapporterer at den er relevant for arbeidet deres og øker selvtilliten deres i etterkant. Ressurser er blant annet informasjonsbrosjyrer for klienter, for familiene deres og for pårørende, lenker til ressurser på nett og sammendrag for personell, en behandlingsalgoritme, en ferdighetsmatrise, veiledning i god praksis for det å motta historier om traumer, informasjon om screening for dissosiasjon og hvordan man kan håndtere det, en del om tilfredshet og et rammeverk for å forstå risiko. Traumespesifikke veiledningsgrupper og opplæring støtter terapeutene i hvordan de skal håndtere problemstillinger knyttet til komplekse traumer. TEWV har engasjert erfaringseksperter, innbefattet aktivist og kursholder Jacqui Dillon, til å utføre eller samarbeide om opplæringen.

Innføringen av den traumebevisste tilnærmingen har ikke vært rask eller enkel, og det har krevet mye planlegging, tålmodighet og målbevissthet å holde den på agendaen til tross for organisatoriske endringer, sammenslåinger og konkurrerende prioriteringer. Selv om det endelige siktemålet er å implementere tilnærmingen for alle innlagte pasienter og lokale tjenestetilbud, har det uunngåelig vært mer progresjon på noen områder enn på andre. Nylig har stiftelsen engasjert seg i å utvikle denne tilnærmingen innenfor alle spesialfelter, inkludert kriminalomsorgen, tjenester for barn, eldrehelsetjenesten og så videre.

Noen få avgjørende faktorer har bidratt til det ambisiøse omfanget og suksessen så langt. Først og fremst var det viktig å selge inn konseptet til de øverste lederne i organisasjonen, inkludert den medisinske direktøren, ved å bruke språk som knyttet det til organisasjonens endringsprosesser og viktigste mål. Ved hjelp av lokal statistikk og brukerhistorier fremhevet man uidentifiserte traumer (for eksempel føler tre firedeler av innlagte psykiatripasienter innenfor stiftelsen at traumer er en betydelig faktor i vanskene de sliter med) som noe som hindrer recovery, og prosjektet er nå en strategisk prioritering i stiftelsen. Det var også viktig at personalet følte at endringen styrket dem fremfor å være en byrde for dem i arbeidet deres. Den nye metoden er fleksibel og dermed åpen for ulike terapeutiske tilnærminger og pasientvalg. Prosessen med å integrere traumebevisst praksis vil skje gradvis over tid, etter hvert som man får en dypere forståelse og ferdighetene blir mer integrert. I evalueringer har personalet rapportert at relativt enkle intervensjoner og små holdningsendringer har hatt stor positiv effekt.

Og viktigst er det at tjenestebrukernes personlige stemmer og opplevelser har vært avgjørende i å vise veien.

Angela Kennedy, *Praktiserende klinisk psykolog*

Vedlegg 8

Kasusformulering som alternativ til diagnoser – i Midtøsten

FNs hjelpeorganisasjon for palestinske flyktninger (UNRWA)[32] ble etablert av FNs general-forsamling i 1949, og fikk mandat til å gi assistanse og beskyttelse til rundt fem millioner palestinske flyktninger som bodde i 58 av FNs offisielle flyktningleirer i Jordan, i Libanon, i Syria, på Vestbredden og på Gazastripen. UNRWAs tjenester omfatter utdanning, helsetjenester, velferds- og sosialtjenester, infrastruktur og forbedringer i leirene og mikrofinansiering. Med en historie som strekker seg 65 år tilbake i tid er dette en av de mest langvarige flyktningkrisene i verden. Flyktningleirene er ekstremt overbefolket med dårlige sanitærforhold, begrenset elektrisitet, stadig dårligere infrastruktur, økende fattigdom og usikker tilgang på mat. Palestinske flyktningsamfunn har få sosiale eller sivile rettigheter og ingen tilgang på offentlige sosiale fasiliteter. Palestinske flyktninger blir kontinuerlig eksponert for ulike former for vold – innad i familien, i lokalsamfunnet og innenfor en kontekst preget av fiendtlighet fra andre befolkningsgrupper i området, med få eller ingen utsikter til en løsning for sin politiske situasjon og rettsstatus.

I Gaza er den israelske blokaden og sikkerhetsstyrken nå inne i sitt niende år (per 2018, overs. anm.). Det er regelmessige væpnede konflikter med omfattende personskader og ødeleggelse av infrastruktur, inkludert skoler, vann- og elektrisitetsfasiliteter og så videre. Fattigdommen er høy, og arbeidsledigheten er estimert å være den høyeste på verdensbasis. 50 prosent av befolkningen i Gaza er under 18 år og vil sannsynligvis aldri få noe arbeid. Barn, voksne og familier kjenner bare livet under okkupasjon, gjentatte kriger, økonomisk blokade, frykt, vold og vedvarende motgang, der det store flertallet aldri har forlatt eller fått lov til å forlate Gaza.

UNRWA har et samfunnsrettet program for psykisk helse i Gaza, med et bredt spekter av tjenester rettet mot barn, unge, foreldre, eldre og mennesker med funksjonsnedsettelser samt lokalsamfunn, folkekomiteer og lokale organisasjoner. Programmet har vært i drift siden 2002. Det er flere enn 250 skolerådgivere som jobber med barn, familier og lokalsamfunn, og ytterligere 23 helserådgivere jobber med base i helseklinikkene over hele Gazastripen.

I Libanon inkluderer UNRWAs tjenester også psykososial støtte og psykisk helse og spenner over fem regionale områder i Libanon, hvert med svært ulike politiske, sosiale og økonomiske landskaper. Den siste krigen i Syria har ført til at palestinske flyktninger i FNs flyktningleirer i Syria nå er blitt flyttet til flyktningleirer i Libanon. Den voldsomme overbefolkningen har bidratt til vold og opptøyer mellom ulike grupper og regioner samt familievold, overgrep, økt fattigdom og ytterligere mangel på stabilitet.

Alt av UNWRAs frontlinjepersonell i Gaza og Libanon som arbeider i disse leirene, er også palestinske flyktninger – som ofte lever under de samme betingelsene og de samme lidelsene som andre palestinske flyktninger.

---

32 United Nations Relief and Works Agency for Palestine Refugees in the Near East.

I denne konteksten er emosjonell og psykisk smerte en forståelig respons på de mange belastningene og truslene som mennesker møter i det daglige. I 2012 ble professor Nimisha Patel, direktør for International Centre for Health and Human Rights, invitert til å bidra med å utvikle psykososiale tjenester innenfor UNRWA, først i Gaza og deretter i Libanon. Hennes arbeid, spesifikt i UNWRAs flyktningleirer i Gaza og Libanon, sikter mot å tilby et mer meningsfullt og konteksttilpasset alternativ til den tidligere diagnosedrevne tilnærmingen influert av vestlige forskere og klinikere og, i senere tid, av Verdens helseorganisasjons diagnosebaserte prosjekt Mental Health Gap Action Programme (mhGAP), som sikter mot å «oppskalere» tjenester for psykiske helseproblemer i lav- og middelsinntekstland.[33]

Gaza: Siden 2012 har professor Patel lært opp 20 skolerådgivere fra UNRWA i Gaza i en rekke ferdigheter, inkludert psykososial kartlegging samt utvikling og bruk av kasusformuleringer for veiledning i arbeidet deres. Hver av disse 20 skolerådgiverne fikk så opplæring for å bli veiledere, og de lærte i sin tur opp andre rådgivere som arbeider i helsesentre i alle FNs skoler i Gaza. Til sammen er det nå nærmere 300 rådgivere som arbeider i skoler og helsesentre, som har fått opplæring i og bruker kasusformulering i sitt daglige arbeid med barn, voksne og familier. Der rådgivere tidligere rutinemessig brukte diagnoser, bruker de nå en tilnærming som utelukkende er basert på kasusformuleringer. Professor Patel har revidert all støttedokumentasjon, inkludert kartleggingsskjemaer for barn og voksne (inkludert en spesifikk del og ledetråder for å utarbeide kasusformuleringer), risikovurderingsprosedyrer, databaser og databaserte saksregistre, slik at de i stedet for å registrere diagnoser kan vurdere og revidere den gjeldende kasusformuleringen på hvert trinn i forløpet.

Libanon: Som i Gaza har professor Patel lært opp 20 av UNRWAs personale i Libanon til å bruke kasusformuleringer som et alternativ til diagnoser i alt deres arbeid. Dette har inkludert sykepleiere (ikke psykiatriske sykepleiere) på helseklinikker (tilsvarende helsestasjoner eller familiehelsesentre med allmennhelsetjeneste), skolerådgivere og sosionomer med videreutdanning. Under hennes kontinuerlige veiledning har disse i sin tur lært opp alle sosialarbeidere (flere enn 60) innenfor UNRWA over hele Gaza, alle skolerådgivere (nå så mange som 200) og alle sykepleiere og spesialsykepleiere (flere enn 40) i hvordan de kan utforme psykososiale kasusformuleringer. Alle får imidlertid de vanlige fem dagene med mhGAP-opplæring i diagnose, og dokumentasjon (kartleggingsskjemaer, klientregistre, risikokartlegginger og så videre) og daglige praksiser er basert utelukkende på psykososiale kasusformuleringer, der diagnoser bare blir brukt av psykiatere (der de finnes) eller allmennleger.

---

33   https://www.who.int/publications/i/item/9789241596206

Arbeid med kasusformuleringer i kontekst

Spektret av problemer er svært omfattende, men hos barn inkluderer det vanligvis effekten av vold og overgrep og konsekvensene av å leve i familier som strever med fattigdom, arbeidsledighet, dårlige boforhold, flere traumer, tap og dødsfall i nære relasjoner. De voksne opplever svært intens og pågående frykt og sorg, mellommenneskelig vold og samfunnsvold (ofte kjønnsbasert) og generelle konfliktrelaterte trusler og utrygghet.

Personalet har fått opplæring i å bruke kartleggings- og kasusformuleringshjulet (se nedenfor) for hver henviste pasient. De oppfordres til gå gjentatte runder med hjulet sammen med klienten, der man lister opp hypoteser og punkter for utforsking og intervensjon.

Barn, voksen, familie – i kontekst: kartlegging og kasusformulering

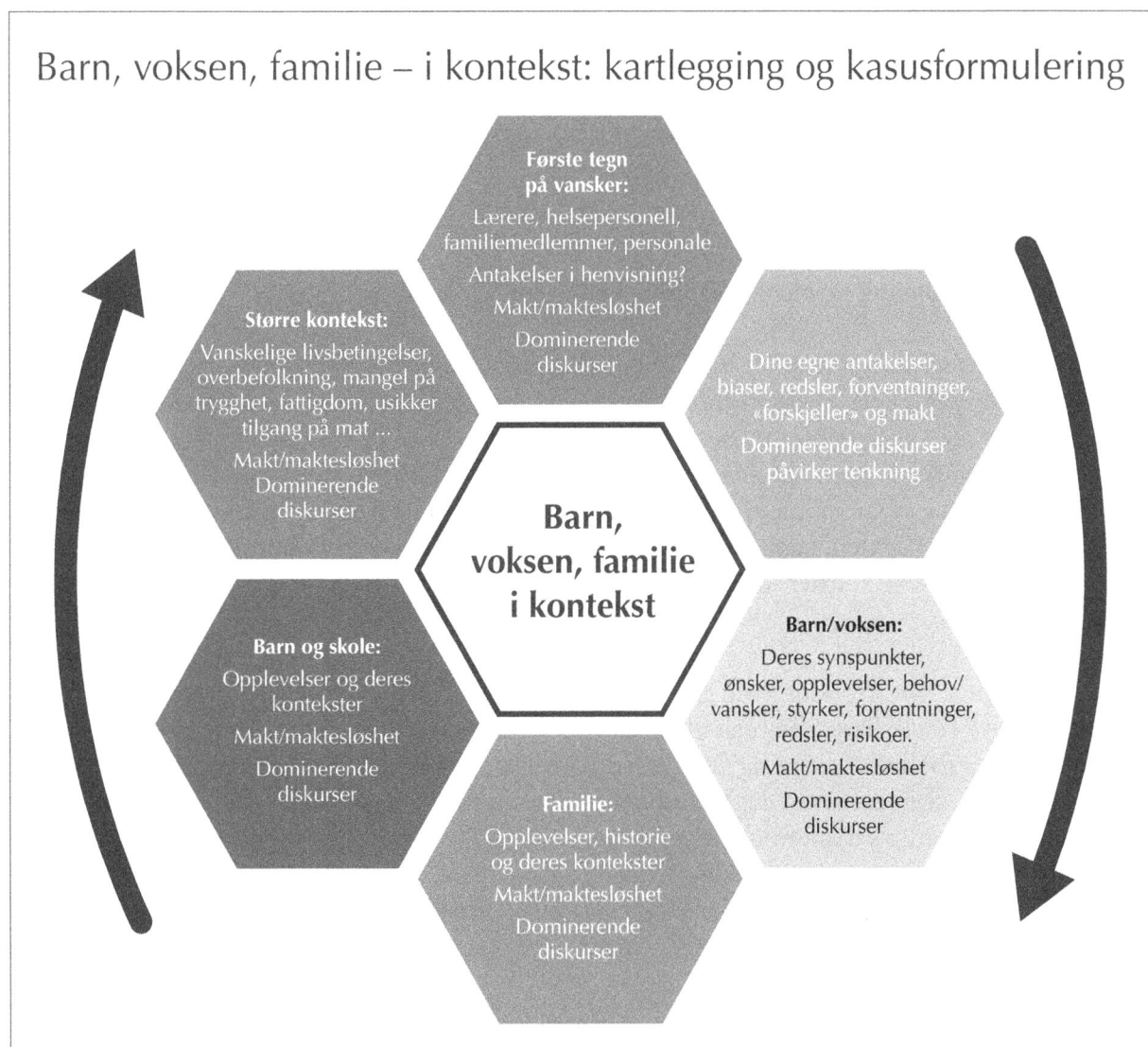

Første tegn på vansker:
Lærere, helsepersonell, familiemedlemmer, personale
Antakelser i henvisning?
Makt/maktesløshet
Dominerende diskurser

Større kontekst:
Vanskelige livsbetingelser, overbefolkning, mangel på trygghet, fattigdom, usikker tilgang på mat ...
Makt/maktesløshet
Dominerende diskurser

Dine egne antakelser, biaser, redsler, forventainger, «forskjeller» og makt
Dominerende diskurser påvirker tenkning

Barn, voksen, familie i kontekst

Barn og skole:
Opplevelser og deres kontekster
Makt/maktesløshet
Dominerende diskurser

Barn/voksen:
Deres synspunkter, ønsker, opplevelser, behov/vansker, styrker, forventninger, redsler, risikoer.
Makt/maktesløshet
Dominerende diskurser

Familie:
Opplevelser, historie og deres kontekster
Makt/maktesløshet
Dominerende diskurser

Figur 2 Barn, voksen, familie – i kontekst: kartleggings- og kasusformuleringshjulet.
© Nimisha Patel, 2012

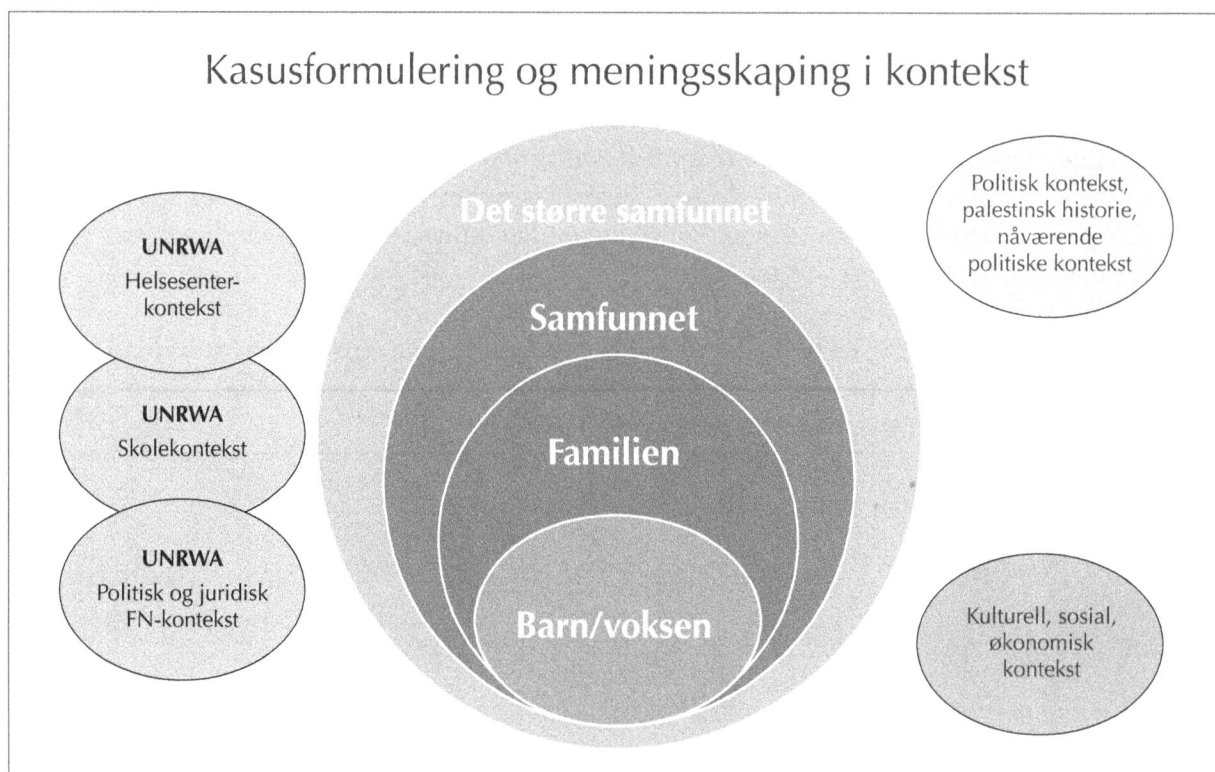

Kasusformulering og meningsskaping i kontekst

Det større samfunnet

Samfunnet

Familien

Barn/voksen

UNRWA
Helsesenter-
kontekst

UNRWA
Skolekontekst

UNRWA
Politisk og juridisk
FN-kontekst

Politisk kontekst,
palestinsk historie,
nåværende
politiske kontekst

Kulturell, sosial,
økonomisk
kontekst

Figur 3. Kasusformulering og meningsskaping i kontekst. © Nimisha Patel, 2012

Personalet bruker så diagrammet (se figur 3) og fyller sirklene med punkter, merknader og meninger fra kartleggings- og kasusformuleringshjulet. Så kan de sette inn piler som viser sammenhenger mellom systemer, og notere seg gjentakende temaer, mønstre og opplevelser (som kan gjenspeile seg i en fagpersons eget liv, og som derfor ofte kan være smertefulle å erkjenne). Det er viktig å merke seg de mer omfattende diskursene og hvordan de påvirker hvert system eller nivå, og hvordan i sin tur klienten, familien eller personalet står imot disse påvirkningene. De konkrete materielle ulikhetene og urettferdighetene og meningsinnholdet de formidler, er også sentrale for kasusformuleringen.

For å oppsummere har professor Patel gitt et rammeverk for å hjelpe det opplærte personalet med å utarbeide kasusformuleringer, sammen med veiledning på hvordan de kan utforme kasusdrøftinger og formuleringer for barn, voksne og familier, som brukes systematisk for alle saker. Ingen i personalet bruker diagnoser i det daglige arbeidet eller i kartleggingsskjemaer eller kasusnotater, og nå promoterer de aktivt kasusformuleringer som en sentral ferdighet og et «verktøy» som hjelper dem med å reflektere over hvilke behov, styrker og så videre palestinerne har, der de tar de sosiale, økonomiske, politiske, historiske, juridiske og kulturelle kontekstene med i betraktningen. Makt og ulikheter, og kjønn i særdeleshet, blir vurdert svært nøye og er sentrale for deres opplevelser av å bo i leirene og som palestinske flyktninger.

Professor Patel tilbyr kontinuerlig veiledning for å hjelpe personalet med å utforme opplærings- og veiledningsmateriell og ferdigheter til å kunne fortsette å inkludere kasusformuleringer som en sentral ferdighet og «intervensjon» eller «verktøy» i arbeidet deres som sykepleiere, rådgivere og sosialarbeidere. Personalet rapporterer at de føler seg myndiggjort med mer kompetanse når det gjelder kasusformuleringer, og at de føler seg inspirert til å skape mening med de svært kompliserte kasusene sine, uten å ty til medikalisert språk og diagnoser. De har gitt uttrykk for at når de har lite tid med klientene sine, gir det å kunne tilby en kasusformulering «trøst, lettelse og en følelse av at vi forstår lidelsen deres – noe som bygger tillit, og de bruker tiden vi kan tilby dem, best mulig, de er takknemlige for at vi bruker tid på å forstå dem ordentlig i stedet for å gi dem elementære ting, som mat eller medisiner, for så å sende dem bort». Sykepleiere har rapportert: «Vi kan være ekte sykepleiere, ikke bare sette en sprøyte og gi helt basal hjelp. I stedet gir vi dem tid, lytter og prøver å forstå deres situasjon sammen med dem. De føler at vi ønsker å forstå.» På tilsvarende vis har sosialarbeidere sagt at kasusformuleringer hjelper dem med «endelig å gjøre sosialt arbeid slik vi vil gjøre det, på den måten vi må gjøre det – der vi forstår psykisk smerte i de komplekse sosiale og politiske kontekstene vi alle lever i». Mer formelle evalueringer er nå på planleggingsstadiet.

Disse pågående prosjektene har vist at det er mulig å implementere en ikke-diagnostisk praksis basert på kasusformuleringer innenfor alle helse-, utdannings- og velferdstjenester i alle lokalsamfunn som opplever omfattende smerte i møte med ekstreme og vedvarende belastninger.

Relatert litteratur

Patel, N. (2019). The mantra of 'Do no harm' in international healthcare responses to refugee people. I B. Drozdek & T. Wenzel (Red.), *The health of refugees: An interdisciplinary perspective.* London: Springer.

Patel, N. (2011). The psychologisation of torture. I M. Rapley, J. Moncrieff & J. Dillon (Red.), *De-medicalising misery: Psychiatry, psychology and the human condition* (s. 239–255). London: Palgrave Macmillan.

Patel, N. & Mahtani, A. (2007). The politics of working with refugee survivors of torture. *The Psychologist, 20,* 164–166.

Vedlegg 9

Narrative tilnærminger

Narrativ-metaforen har påvirket terapeuter fra ulike tradisjoner, men det de har felles, er ideen om at det er nyttig å utvikle «rikholdige» historier om ens liv, som gir muligheter for endring (Angus & McLeod, 2004; Polkinghorne, 2004; White, 2004). Når mennesker søker profesjonell hjelp, har livet deres ofte blitt ensformig, begrensende, begrenset og overflatisk fremfor rikt og mangfoldig (White & Epston, 1990). Spesielt hvis de har hatt kontakt med psykisk helsetjeneste, kan livshistoriene deres ha blitt mettet med problemer og patologisering, og individualiserende merkelapper er sannsynligvis blitt internalisert. En sentral prosess er derfor å engasjere klienten i å evaluere narrativer som utvikler seg, ved å invitere klienten til å ta et skritt tilbake fra de dominerende fortellingene og velge hvorvidt de forbedrer og beriker livet hans eller hennes, eller om de begrenser det og gjør det mindre innholdsrikt. Siktemålet er å hjelpe mennesker til å se at de har alternativer som de tidligere ikke har vært klar over. På den måten vil noen kanskje bli inspirert til å stille spørsmål ved det dominerende narrativet om å være «psykisk syk» eller «schizofren» og til å ta tilbake andre aspekter ved identiteten sin. I tillegg, for å utforme kriterier som disse historiene kan vurderes ut ifra, blir klientene mer bevisst på verdiene sine, og på hvordan de ønsker å leve livet sitt. Tilnærmingen er blitt brukt i ulike settinger, også med psykisk utviklingshemmede (Lyngaarrd & Scior, 2002) og innenfor nevropsykologi (Weatherhead & Todd, 2014).

Michael White og David Epston, sosionomer og grunnleggere av narrativ terapi, benytter seg av ulike metoder for å stimulere til forskjellige typer samtaler som i sin tur kan åpne opp for alternativ forståelse av smerte. Selv om de er interessert i historien bak problemet og det dominerende narrativet, sikter de for eksempel også mot å skissere en historie bestående av nye, tidligere skjulte alternative historier. Men fordi de ser at historier som bygger på oppfatninger av indre tilstand eller karaktertrekk som iboende begrensende, tok de utgangspunkt i Jerome Bruners idé om intensjonelle narrativer for å oppmuntre mennesker til å utforme historier som inneholdt formål, verdier, overbevisninger, håp, visjoner og beslutninger om måter å leve på, fremfor indre tilstander, som «styrker» (et begrep som er avhengig av en oppfatning av «svakhet» for å ha noen mening). Slike samtaler kan avdekke spor av mer marginaliserte eller underordnede historier, som bryter med det dominerende narrativet, og som klienten vil kunne oppleve som en hjelp til å forbedre måten de ser på seg selv på, og at de øker mulighetene som er tilgjengelig for dem i livet deres.

En måte å utdype disse historiene på er gjennom prosessen som kalles «stillasbygging» – et konsept som ble utviklet av teoretikere i kjølvannet av Vygotskijs (1978) begrep «den proksimale utviklingssonen». Ved stillasbygging stilles bestemte spørsmål for å støtte (eller «bygge stillaser for») utformingen av historier som vokser frem. En annen strategi er å bruke «eksternaliserende samtaler» der klienter oppfordres til å distansere seg fra ideer om personlig nederlag og til å gå sammen med terapeuten – og kanskje med andre i familien eller det sosiale nettverket sitt – for å utfordre uhjelpsomme dominerende narrativer.

Det viktigste siktemålet i narrativ terapi er derfor å bidra til å utvikle rikholdige narrativer med flere historier, som noen ganger blir kalt «tykke beskrivelser». Disse kan sammenliknes med de mer overflatiske «tynne beskrivelsene» som for eksempel psykiatriske diagnostiske merkelapper fører med seg, og med årsaksforklaringer rammet inn av «faktorer» som internaliserte psykologiske prosesser. Med påvirkning fra Michel Foucaults arbeid der han tok for seg sammenhengen mellom makt og kunnskap, var White og Epston også opptatt av hvordan bestemte syn på verden er en integrert del av institusjoner, og av hvordan mennesker og deres historier reguleres av det normdannende samfunnsperspektivet. Narrativ terapi gir derfor et grunnlag for å utforme historier som aktivt retter oppmerksomheten mot ulikheter og urettferdighet. For eksempel har den såkalte Just Therapy-bevegelsen, som ble utviklet i New Zealand innenfor den narrative tradisjonen, et eksplisitt søkelys på den historiske og pågående urettferdigheten som maorier og samoanere lever under (Waldegrave, 1990, 2009). Den arbeider med kulturell likhet, kjønnslikhet og sosio-økonomisk likhet og har fått stor innflytelse også på mange andre terapeutiske felter.[34]

Referanser

Angus, L.E. & McLeod, J. (Red.) (2004). *The handbook of narrative and psychotherapy: Practice, theory and research.* London: Sage.

Lyngaarrd, H. & Scior, K. (2002). Narrative therapy and people with learning difficulties. *Clinical Psychology, 17,* 33–36.

Polkinghorne, D.E. (2004). Narrative therapy and postmodernism. I L.E. Angus & J. McLeod (Red.)

The handbook of narrative and psychotherapy: Practice, theory and research (s. 53–67). London: Sage. Vygotsky, L.S. (1978). *Mind in society: The development of higher psychological processes.* London: Harvard University Press.

Waldegrave, C. (1990). Just therapy. *Dulwich Centre Newsletter, 1,* 5–46.

Waldegrave, C. (2009). Cultural, gender and socio-economic contexts in therapeutic and social policy work. *Family Process, 48,* 85–101.

Weatherhead, S. & Todd, D. (2014). *Narrative approaches to brain injury.* London: Karnac. White, M. & Epston, D. (1990). *Narrative means to therapeutic ends.* London: Norton.

White, M. (2004). Folk psychology and narrative practice. I L.E. Angus, & J. McLeod (Red.), *The handbook of narrative and psychotherapy: Practice, theory and research* (s. 15–51). London: Sage.

---

34   Se https://familycentre.org.nz/

Vedlegg 10

Åpen dialog

Åpen dialog er en intervensjon som er sentrert rundt familier og sosiale nettverk, og som er utviklet av psykologen Jaakko Seikkula og kollegaer de siste 30 årene, opprinnelig som svar på den høye forekomsten av mennesker med diagnosen «schizofreni» i det vestlige Lappland. Tilnærmingen blir nå brukt som utgangspunkt for psykiske helsetjenester i hele området, og prosjekter er blitt opprettet i mange andre land, inkludert resten av Skandinavia, Tyskland og flere stater i USA. Mange mener at åpen dialog er den intervensjonen i den vestlige verden som gir de best dokumenterte utfallene når det gjelder «psykose».

Åpen dialog retter søkelyset mot kriseløsning og rask respons etter henvisning. Intervensjonen består av en rekke åpne møter mellom tjenestebrukeren eller personen som er henvist, vedkommendes familie og andre i hans eller hennes sosiale nettverk eller støttesystem samt to til tre fagpersoner med kunnskap om psykoterapi, som vil kunne være psykiatere, psykologer og sykepleiere. Intervensjonens sju veiledende prinsipper er (Seikkula & Arnkil, 2014):

- Umiddelbar hjelp innen 24 timer etter henvisning eller kontakt med teamet.
- Perspektiver fra det sosiale nettverket ved å inkludere (med den hjelpesøkendes samtykke) for eksempel kollegaer eller venner.
- Fleksibilitet og mobilitet, som inkluderer behovsbasert tilpasning av den terapeutiske responsen og/eller møtestedet.
- Ansvaret til fagteamet som jobber med familien gjennom hele intervensjonen.
- Psykologisk kontinuitet, der det avholdes møter så lenge det er behov for det, og for både innlagte pasienter og dagpasienter om nødvendig
- Toleranse for usikkerhet, hvor det skapes et trygt sted for teamet, enkeltpersonen og hans eller hennes nettverk, og der man unngår for tidlige avgjørelser eller konklusjoner.
- Og endelig: Å fremme dialogisme er blant det viktigste og bidrar til å myndiggjøre familier og gi dem en følelse av aktørskap.

Åpen dialog er basert på erkjennelsen av at ingen lever i isolasjon, og at problemer og løsninger er sosialt konstruert gjennom felles språk og forståelser. Fremfor å identifisere svakheter hos enkeltpersonen, antar man at problemer oppstår innenfor det sosiale nettverket (Seikkula et al., 2003). Det er aksept for at det ikke finnes noen endelig «sannhet» – snarere er det flere sannheter som kommer til uttrykk på ulike måter. Filosofisk sagt tar åpen dialog utgangspunkt i sosialkonstruksjonisme, systemisk familieterapi og dialogisk teori og spesielt ideene til litteraturteoretiker Mikhail Bakhtin (se også vedlegg 9, «Narrative tilnærminger»). Han hevdet at språk er iboende dialogisk, ut fra at en idé alltid oppstår i dialog med og som svar på andre ideer, noe som skaper en kontekst for påfølgende ideer. Dette betyr at i praksis, i stedet for å prøve å utvikle et enkelt narrativ om hva som har skjedd, prøver teamet å forstå forskjellige mulige tolkninger og meninger gjennom samtale. Disse meningene kan bare komme frem hvis alle bidrag blir anerkjent og alle stemmer blir akseptert helt ubetinget, der teamet er villig til å tolerere usikkerhet, avstå fra å avbryte og tolke og la de sterke følelsene bli værende i rommet. Det er ingen hast å ta avgjørelser, selv ved alvorlig psykisk smerte, siden det er aksept for at forståelse er en gradvis, organisk prosess. Over tid utvikler det sosiale nettverket sine egne ressurser. Det gir en mulighet til å gjenfortelle menneskers historier og gjennom dette kunne utforske nye identiteter og gjenoppbygge relasjoner. På denne måten kan en krise bli en mulighet for positiv endring.

Det er publisert tre utfallsstudier for tilnærmingen, selv om disse var naturalistiske studier, ikke randomiserte kontrollstudier. Den første studien antydet at gjennom en toårig oppfølgingsperiode hadde åpen dialog-gruppene kortere sykehusopphold og fikk forskrevet mindre nevroleptika (Seikkula et al., 2003), sammenliknet med en gruppe med diagnosen «schizofreni» som fikk behandling som vanlig («treatment as usual», TAU). I de tidlige stadiene av åpen dialog-tilnærmingen ble grupper fra de to første utviklingsfasene (1992–1993 og 1994–1997) sammenliknet over en femårig oppfølgingsperiode. Funn viste at den andre gruppen hadde færre dager på sykehus og færre familiemøter etter hvert som programmet gikk fremover. Utfallene var generelt like for de to åpen dialog-gruppene, og de viste bedre utfall ved sammenlikning med en svensk femårig TAU-oppfølgingsstudie (Svedberg et al., 2001). 29 prosent av deltakerne i den andre åpen dialog-gruppen brukte nevroleptika mens behandlingen pågikk, sammenliknet med 93 prosent i TAU-studien, og 86 prosent hadde gått tilbake til studier eller heltidsarbeid, med 14 prosent på uføretrygd, sammenliknet med 62 prosent som mottok uføretrygd av pasientene i TAU-studien mot slutten av oppfølgingsperioden (Seikkula et al., 2006). En videre studie (Seikkula et al., 2011) sammenliknet de tidligere to fasene av åpen dialog-intervensjonen med en fase fra en senere periode for å vurdere konsistensen i funn over en tiårsperiode. Alle gruppene som hadde mottatt åpen dialog-intervensjonen, hadde tilsvarende prosentandeler (84 prosent) av personer som var tilbake i fullt arbeid eller studier ved oppfølging.

Et randomisert kontrollforsøk er nå i gang på fire steder i Storbritannia, under ledelse av et team ved University College London.[35] Et treårig opplæringsprogram er også satt i gang i London.[36]

Videre lesning

https://open-dialogue.net/

https://developingopendialogue.com/

https://www.youtube.com/watch?v=AxGPcSPR04c

Referanser

Hopfenbeck, M. (2015). Peer-supported open dialogue. *Context, 138*, 29–31.

Seikkula, J., Alakare, B., Aaltonen, J. et al. (2003). Open dialogue approach: Treatment principles and preliminary results of a two-year follow-up on first episode schizophrenia. *Ethical and Human Sciences and Services, 5*, 163–182.

Seikkula, J., Aaltonen, J., Alakare, B. et al. (2006). Five-year experience of first-episode nonaffective psychosis in open-dialogue approach: Treatment principles, follow-up outcomes, and two case studies. *Psychotherapy Research, 16*, 214–228.

Seikkula, J., Alakare, B. & Aaltonen, J. (2011). The Comprehensive Open-Dialogue Approach in Western Lapland: II. Long-term stability of acute psychosis outcomes in advanced community care. *Psychosis, 3*, 192–204.

Seikkula, J. & Arnkil, T.E. (2014). *Open dialogues and anticipations: Respecting otherness in the present moment.* Helsinki: THL Publications.

Svedberg, B., Mesterton, A. & Cullberg, J. (2001). First-episode non-affective psychosis in a total urban population: A five-year follow-up. *Social Psychiatry and Psychiatric Epidemiology, 36*, 332–337.

---

35   Se https://www.nelft.nhs.uk/open-dialogue-training
36   Se http://opendialogueapproach.co.uk/

Vedlegg 11

Hearing Voices-nettverket

Hearing Voices Network (HVN) er en grasrotorganisasjon som har hatt mye innflytelse. Organisasjonen arbeider for å skape aksept og forståelse for det å høre stemmer, å se syner og andre uvanlige sanseopplevelser. HVN er et samarbeid mellom erfaringseksperter (stemme-hørere og familiemedlemmer) og fageksperter (akademikere, klinikere og aktivister) for å stille spørsmål ved, kritisere og se tradisjonelle biomedisinske forståelser av stemmehøring fra et nytt perspektiv. Den har sin opprinnelse i arbeidet til Marius Romme, en nederlandsk psykiater som ble utfordret av sin klient Patsy Hage til å ta stemmene hun hørte, på alvor, som om de var en virkelig opplevelse for henne. Han og vitenskapsjournalist Sandra Escher har publisert flere ledende bøker om å jobbe og leve med å høre stemmer (Romme & Escher, 1998, 2000). Etter hvert som det er blitt mer anerkjent at en utelukkende medisinsk tilnærming til å høre stemmer og andre uvanlige sanseopplevelser har sine begrensninger, og etter hvert som informasjon om alternativer er blitt bedre, har ledende tilbydere av psykiske helsetjenester vist økende aksept for denne tilnærmingen. I England er det nå flere enn 180 HVN-grupper som opererer innenfor mange konvensjonelle psykiske helsetjenester, herunder tjenester for barn og unge, fengsler, døgnbehandlingsenheter, sikkerhetsavdelinger samt i kommunale og lokalbaserte tilbud. 33 andre nasjonale HVN-grupper er spredt rundt i Europa, Nord-Amerika, Australia, New Zealand, Latin-Amerika og Afrika.

Det synspunktet som fremmes av HVN – at stemmehøring og andre uvanlige sensoriske opplevelser er vanlige menneskelige opplevelser som det er mange forklaringer på – står i kontrast til den dominerende medisinske diskursen. Å finne et trygt sted der man kan dele sine opplevelser konfidensielt med andre mennesker som aksepterer en og stemmene man hører, for å prøve å forstå meningen med disse opplevelsene for å forsone seg mer med dem, kan være en transformativ og helbredende opplevelse.

Selv om det å høre stemmer er en ensom og sammensatt opplevelse som varierer fra person til person, er det temaer som synes å være felles for mange stemmehørere i alle kulturer. En antologi med vitnesbyrd fra stemmehørere fra hele verden, *Living with Voices: 50 Stories of Recovery* (Romme, Escher & Dillon et al., 2009), viste at selv om hver enkelt persons beretning var helt unik, var det et antall grunnleggende temaer som kom til syne i alle historiene: At stemmene ofte var en overlevelsesstrategi, at stemmene ble ansett som betydningsfulle, tydbare og tett knyttet til stemmehørerens livshistorie, at stemmer noen ganger brukte metaforer, og at bedring ikke var betinget av å drive stemmene bort, men handlet om å forstå meningen med dem, forbedre kommunikasjonen med dem og følgelig få et mer positivt forhold til dem (Romme et al., 2009).

HVN tilbyr ikke en terapeutisk modell. Nettverket benytter seg av ulike strategier for å bidra til endring, inkludert selvhjelpsgrupper, recovery- og mestringsmodeller, psykososiale kasusformuleringer, sosial eller politisk aktivisme, narrative tilnærminger og å dele lovende, positiv informasjon. Det vektlegger enkeltpersoners rett til å ha sine egne oppfatninger om sine egne opplevelser. I bunn og grunn handler det om solidaritet og sosial rettferdighet. Innenfor nettverket tror man på muligheten for positiv mestring, generell bedring av livskvalitet og at det er mulig å lære å høre stemmer uten pine og smerte. Ingen er «for syk» til å ha nytte av disse strategiene.

Innenfor HVN er holdningene preget av respekt og nysgjerrighet overfor det mangfoldet av måter som mennesker har skapt seg en forståelse av stemmer, syner, sanseopplevelser og en høyere bevissthetstilstand på, og ønsket er å støtte mennesker i å skape mening med opplevelsene sine – på egne betingelser. Så til tross for den anerkjente koblingen mellom det å høre stemmer og traumatiske og belastende livsopplevelser aksepterer HVN eksplisitt alle forklaringer på det å høre stemmer, som kan innbefatte en mengde trossystemer, inkludert åndelige, religiøse, paranormale, teknologiske, kulturelle, motkulturelle, filosofiske, medisinske og så videre. Forskning antyder at «ikke-vestlige» kulturer har noe å lære oss om hvordan vi kan leve mer i harmoni med slike stemmer. For eksempel er det dokumentert at mennesker i USA har høyere sannsynlighet for å anse stemmer som en konsekvens av hjerneskade, for å bruke diagnostiske merkelapper og for å fortelle om at stemmene gir voldelige kommandoer. Mennesker i Ghana og India rapporterte imidlertid om gode relasjoner med stemmene sine, og de insisterte på at deres opplevelse av stemmene for det meste eller alltid var positiv (Luhrmann et al., 2015). Aksepten for en rekke ulike forklaringer på det å høre stemmer har vært avgjørende i arbeidet med å utvikle HVN internasjonalt, uten å prøve å eksportere og påtvinge andre befolkningsgrupper vestlige ideer og antakelser om menneskesinnet eller den menneskelige opplevelsen.

Videre lesning

www.hearing-voices.org

www.intervoiceonline.org

Referanser

Luhrmann, T.M., Padmavati, R., Tharoor, H. et al. (2015). Differences in voice-hearing experiences of people with psychosis in the USA, India and Ghana: Interview-based study. *British Journal of Psychiatry, 206,* 41–44.

Romme, M. & Escher, S. (Red.). (1998). *Accepting voices* (2. utg.). London: MIND Publications.

Romme, M. & Escher, S. (2000). *Making sense of voices: A guide for mental health professionals working with voice-hearers.* London: MIND Publications.

Romme, M., Escher, S., Dillon, J. et al. (Red.). (2009). *Living with voices: 50 stories of recovery.* Ross-on-Wye: PCCS Books.

Vedlegg 12

Leeds Survivor-Led Crisis Service

Jeg føler det som at det å snakke med alle dere fyller opp håpet i sjelen min.
(Tilbakemelding fra besøkende)

Leeds Survivor Led Crisis Service (LSLCS) ble etablert i 1999 av en gruppe helsetjenestebrukere som kjempet for å utvikle et fristed som et alternativ til en diagnostisk, medisinsk tilnærming til psykiske kriser. Organisasjonen er fortsatt styrt, ledet og bemannet av mennesker med førstehåndserfaring med psykiske helseproblemer, hvorav noen av dem er utdannet som rådgivere eller terapeuter.

LSLCS tilbyr et alternativ til innleggelse for psykiatrisk behandling, legevakt, politiets varetekt og andre offentlige tjenester gjennom å tilby følgende:

- Dial House – krisemottak som tilbyr et fristed i hjemlige omgivelser, individuell støtte og støtte fra likesinnede fra klokken 18.00 til klokken 02.00 mandager, onsdager og fredag til søndag. Dial House @ Touchstone – krisetjeneste for etniske minoritetsgrupper fra klokken 18.00 til 23.00 tirsdager og torsdager.
- Connect hjelpetelefon – støtte og informasjon via telefon og på nett fra klokken 18.00 til 02.00 hver kveld hele året.
- Gruppearbeid – inkluderer en støttegruppe for psykisk helsehjelp for døve, LGBT-grupper, en støttegruppe for transpersoner og en gruppe for stemmehørere.
- Leeds Suicide Bereavement Service – en tjeneste for etterlatte etter selvmord (i samarbeid med Leeds Mind).
- Well Bean Crisis Café – fra klokken 18.00 til 01.00 søndager og mandager (i samarbeid med Touchstone).

Terapeutisk er LSLCS basert på den personsentrerte tilnærmingen, en fenomenologisk filosofi med formål om å forstå verden fra enkeltpersonens perspektiv, fremfor ut fra den merkelappen han eller hun har fått. Et sentralt prinsipp ved den personsentrerte tilnærmingen er en tro på at mennesker gjør så godt de kan, i de omstendighetene de er i, med de ressursene de har. Mesteparten av arbeidet foregår med mennesker med høy risiko for selvmord og/eller selvskading. I 2016 var selvmordsproblematikk årsaken til at klientene oppsøkte Dial House i 65 prosent av tilfellene, og andelen for selvskading var 49 prosent. Det gis også omfattende støtte til traumeofre. I 2016 hadde 65 prosent av dem søm besøkte Dial House, opplevd seksuelle overgrep, voldtekt eller seksuell vold på kontakttidspunktet eller tidligere.

Den terapeutiske tilnærmingen med å tilby empati, medvandrerperspektiv og ubetinget positive tilbakemeldinger gjør at besøkende som har utfordringer med komplekse traumer, kan utvikle gode relasjoner med de ansatte, noe som ofte står i kontrast til hvordan de har opplevd det psykiatriske systemet. Denne ikke-dømmende, ikke-medisinske, validerende tilnærmingen fører til at de føler at de kan snakke trygt om sine livshistorier og bekymringer om psykisk helse. Med dette som utgangspunkt har tjenesten tatt i bruke konseptet med «kasusformulering» for å tilby besøkende et sted der de kan bygge opp et kort narrativ i samarbeid. Dette narrativet knytter ofte de nåværende vanskene deres til tidligere traumer, overgrep og omsorgssvikt og vil – når det er ferdig – hjelpe dem med å forstå seg selv bedre og hjelpe medarbeidere innenfor andre tjenester til å utvikle mer terapeutiske, tillitsfulle relasjoner med dem.

Dette ikke-diagnostiske alternativet til tradisjonell medisinsk tilnærming blir satt stor pris på av dem som kommer og ringer inn. Mange av disse er blitt avvist av andre tjenester og/eller har en historie med rettspsykiatri, ofte med diagnoser som «personlighetsforstyrrelse». Tilnærmingen til risiko er å gi mennesker så mye tillit og kontroll som mulig, fremfor å la seg drive av en frykt- og skyldkultur, på bakgrunn av kunnskapen om at ikke alle risikohendelser kan forhindres. Personalet selv får støtte gjennom regelmessig veiledning.

> *Den er annerledes enn andre tjenester – det er lettere å snakke med personalet. Personalet er hyggelig. De dømmer deg ikke eller setter en merkelapp på deg eller sier «det er det som er galt med deg.*

Ved å definere den som en motsetning til den tradisjonelle psykiatrien og ved å innta en plass utenfor de offentlige tjenestene formidler man at dette er en brukerstyrt, personsentrert og traumebevisst tilnærming. Evalueringer har fremhevet følgende essensielle elementer når det gjelder effektiv støtte:

- Å lytte:

> *Noen ganger må man ikke være et geni for å finne ut at hvis du sitter ned og lytter til noen og anerkjenner måten de føler på – at det er greit å føle seg elendig – så vil de føle seg bedre.*

- Å behandle mennesker med varme, godhet og respekt:

> *Bare en kort melding for å si takk til Katharine for at hun hjalp meg med å vaske håret mitt. Det kan virke som en enkel ting å hjelpe til med, men det er det at Dial House er der for å hjelpe til med alt, inkludert enkle ting, som gjør Dial House til et så unikt og fantastisk sted.*

- Å ikke føle seg vurdert eller kartlagt:

> *Kan snakke om absolutt alt og bli anerkjent, hørt, akseptert!*

- Å være i et annerledes og rolig miljø:

> *Takk for at dere fikk meg bort fra galehuset for et par timer; freden og stillheten var en fin aveksling fra den bråkete, hektiske, sprø avdelingen.*

- Å få støtte fra likesinnede:

> *Det gir meg et pusterom. Når du kan være rundt mennesker i samme situasjon som deg, trenger du ikke å skamme deg.*

LSLCS er anerkjent som et innovativt senter med høy kvalitet, og det har vunnet nasjonale utmerkelser fra *The Guardian*, Community Care, *Charity Times*, Investors in People, Charity Evaluation Service og Duke of York's Community Initiative. Det har vist over tid at det er mulig å tilby effektive, barmhjertige og respektfulle alternativer til en diagnostisk tilnærming til smerte. Liknende prosjekter er nå under planlegging eller startet opp på ulike steder i Storbritannia, inkludert London, Bristol og Hertfordshire.

Fiona Venner, *Daglig leder ved Leeds Survivor Led Crisis Service*

Videre lesning

http://www.lslcs.org.uk/

Referanser

James, A. (2010). A beacon of hope. *Mental Health Today*, februar, 18–19.

Venner, F. & Noad, M. (2013). Beacon of hope. I S. Coles, S. Keenan & B. Diamond (Red.), *Madness contested: Power and practice* (s. 332–348). Ross-on-Wye: PCCS Books.

Vedlegg 13

Sharing Voices Bradford

Sharing Voices Bradford (SVB) er en organisasjon etablert i 2002 som arbeider med psykisk helse og styrking av lokalsamfunnet. Den hjelper marginaliserte svarte og etniske minoritetssamfunn i hele Bradford-området i Storbritannia med å øke graden av selvomsorg, med å fremme helse og trivsel og recovery og med å forebygge psykisk smerte. Arbeidet inkluderer ulike sentral- og østeuropeiske, sørasiatiske, afrikanske og afrikansk-karibiske befolkningsgrupper i tillegg til asylsøkere og flyktninger samt andre minoriteter og trossamfunn.

Siktemålene med SVB er:

- å hjelpe mennesker som lever med psykisk smerte, med å takle stigma
- å gi informasjon om psykiske helsetjenester
- å fremme mangfold
- å bryte barrierer
- å føre ulike mennesker og lokalsamfunn sammen
- å tilby en informasjons- og veiledningstjeneste innenfor hjelpeapparatet
- å gi tilbakemeldinger til tjenestetilbydere for å forbedre kvaliteten på psykiske helsetjenester
- å stimulere til debatt om psykisk helse og trivsel
- å samarbeide med den frivillige samfunnssektoren, offentlige helsetjenester og lokalsamfunn

Prosjektet er basert på ideen om at en persons psykiske helsevansker ofte oppstår som følge av problemstillinger rundt fattigdom, rasisme, arbeidsledighet, ensomhet, familiekonflikter og relasjonsvansker og ikke bare kan forstås på bakgrunn av biologi. I prosjektet brukes derfor ikke en diagnostisk modell på psykisk smerte. I stedet lytter man til menneskers egne forklaringer og hjelper dem med å finne sine egne problemløsninger samtidig som man respekterer og støtter deres egne trossystemer. Mennesker som har opplevd psykisk smerte, står sentralt i dette arbeidet og er med på å forme det, og «valg» og «deltakelse» er fortsatt sentralt, slik at mennesker blir aktive i å utvikle sine egne veier mot recovery. Siktemålet er å engasjere enkeltpersoner og hele lokalmiljøer blant svarte og i etniske minoritetsgrupper på en inkluderende og progressiv måte som anerkjenner disse menneskenes kulturelle, religiøse, språklige og åndelige bakgrunn.

Mye av prosjektarbeidet gjøres i samarbeid med tjenestetilbydere som det såkalte Bradford District Care Trust (BDCT), allmennleger og sosialarbeidere. Det er også et samarbeid med offentlige første- og andrelinjetjenester, skoler og frivillige og trosbaserte organisasjoner. De ansatte i SVB som jobber med samfunnsutvikling, bruker metoder basert på samfunnsutviklingsarbeid for å engasjere og støtte enkeltpersoner og utvikle deres evne til å ta tak i problemstillinger rundt psykisk smerte, isolasjon og for å fremme sosial inklusjon. SVB tilbyr og støtter et omfattende spekter av vennskapstiltak, selvhjelps- og selvomsorgsgrupper, oppsøkende familietiltak og samfunnsengasjement i miljøer av svarte og etniske minoriteter og i andre minoritetsgrupper, inkludert spesifikke prosjekter med sørasiatiske menn, sørasiatiske kvinner, ungdom og eldre blant svarte og i etniske minoritetsgrupper, bangladeshiske kvinner og mange andre. Flyktninger og asylsøkere får tilbud om støtte, informasjon og rådgivning. Det overordnede målet er å fremme og muliggjøre utviklingen av tjenester som er tett tilpasset prinsippene og målene med det nasjonale arbeidet i Storbritannia for likhet for alle etnisiteter, «Delivering Race Equality» (Department of

Health, 2003) og det lokale implementeringsentret, noe som sikrer at intervensjoner er i tråd med de kulturelle og åndelige normene innenfor ulike lokalsamfunn.

SVBs og samarbeidspartneres arbeid på skoler, med døgnbehandlingenheter og med en imam ansatt av en lokal muslimsk veldedighetsorganisasjon er blitt omtalt som eksempler på god praksis (Care Services

Improvement Partnership / NIMHE, 2008), ettersom de demonstrerer de tre prinsippene om aktiv deltakelse fra tjenestebrukere eller pårørende, tverrfaglig arbeid samt styrker, motstandsressurser og ambisjoner.

Ishtiaq Ahmed, *Leder for samfunnsutvikling, Sharing Voices Bradford*

Videre lesning

https://sharingvoices.net/about/

Referanser

Care Services Improvement Partnership/NIMHE. (2008). *Three keys to a shared approach in mental health.* London: Forfatteren.

Department of Health (2003). *Delivering race equality: A framework for action.* London: Forfatteren. Tilgjengelig fra https://openlibrary.org/books/OL15550707M/Delivering_race_equality_a_framework_for_action

Vedlegg 14

MAC-UK

MAC-UK er en London-basert veldedighetsorganisasjon som ble grunnlagt i 2008 av en klinisk psykolog og en gruppe ungdommer som har falt utenfor i samfunnet. MAC-UK arbeider primært i lokalsamfunn med sårbare unge mennesker som har havnet utenfor, inkludert dem som er i kontakt med strafferettssystemet. Generasjoner preget av deprivasjon og eksklusjon som følge av store sosiale ulikheter innebærer at disse unge menneskene ofte kommer fra etniske minoritetsgrupper og opplever fattigdom, vold i hjemmet, overgrep, omsorgssvikt samt har begrensede muligheter for sosial mobilitet (Youth Justice Work Group, 2012). Som følge av dette er mange ekskludert fra skoler og er enten hjemløse, i offentlig omsorg eller blir utnyttet fra ung alder og er derfor i høyrisikosonen for å havne i et kriminelt miljø. De har høyere sannsynlighet for å ha dårlig psykisk helse, lærevansker og andre sammensatte behov. Lik tilgang på helsetjenester er det som kjennetegner et sivilisert samfunn. Imidlertid finnes dokumentasjon som indikerer at disse mest marginaliserte lokalsamfunnene blir sveket av det ordinære helsetjenestesystemet vårt, og spesielt av måten psykiske helsetjenester for barn og ungdom er strukturert på.

MAC-UK tilbyr en helhetlig systemtilnærming basert på forebygging og tidlig intervensjon for å transformere psykisk helsetjeneste (til målgruppen, overs. anm.), og denne er bestående av tre hovedkomponenter: oppsøkende arbeid, samarbeid og psykologisk informerte tjenester. Vi har en sosial, ikke medisinsk modell for psykisk helse som anerkjenner at unge menneskers psykiske helse ikke bare handler om det de har i hodet, men om hva som befinner seg i deres verden. Vi vil at det skal være mulig for alle unge mennesker som faller utenfor, å få tilgang til og forme de tjenestene som er der for å støtte dem. Dette krever en radikalt annerledes tilnærming til utformingen av tilbud innenfor psykisk helse, og til måten de gjennomføres på.

MAC-UK-ansatte og ungdom har utviklet INTEGRATE-tilnærmingen, et rammeverk for psykologisk informerte tjenester som anerkjenner de mange sosiale påvirkningene ungdom utsettes for (Zlotowitz et al., 2016). INTEGRATE drar veksler på et spekter av psykologiske konsepter, spesielt samfunnspsykologi, tilknytningsteori, AMBIT[37] (en mentaliserings- og teambasert tilnærmingg, se Bevington et al., 2012), økologisk systemteori og narrativ terapi. For eksempel kan det å lage undervisningsfilmer sammen hjelpe unge mennesker med å utfordre de ofte dominerende kulturelle narrativene om «gjengmedlemmer», «ghettoungdom», såkalte *chavs*[38] eller «ungdomskriminelle», som de føler er påtvunget dem, og med å synliggjøre andre historier. Et av målene med INTEGRATE er å påvirke til større sosiale endringer som retter søkelyset mot sosiale determinanter for psykisk helse og trivsel samt å fremme en større forståelse for unge menneskers behov. Tjenester basert på denne tilnærmingen har vært drevet på ulike steder i London i samarbeid med lokale offentlige helsetjenester innenfor NHS. Personale fra disse enhetene har gått inn i de eksisterende tjenestene for å bidra til at tjenestene fremstår mer integrert. Hver av avdelingene har utviklet sin egen måte å jobbe på, i tråd med lokale behov og ressurser.

---

37   Adaptive mentalization-based integrative treatment (overs. anm.)

38   *Chav* er et slanguttrykk som brukes nedsettende i Storbritannia om ungdom fra enkle kår, som har lav utdanning og behov for å vise seg frem. *Chav* kan også betegne en moteretning og en subkultur, og betegnelsen brukes ofte som synonym for betydningen «vulgær» og «usmakelig» (kilde: Wikipedia) (overs. anm.).

Det er flere ikke-lineære faser i tilnærmingen. Disse er som følger:

FASE 1 – engasjement

Å bygge opp fortrolige relasjoner med ungdommene er avgjørende. Dette oppnås ved å ansette «portvakter» (ungdommer som har tillit og anseelse i ungdomsgruppen), ved å benytte et venneanbefalingssystem og ved at personalet «henger med» de unge. Med påvirkning fra jevnaldrende vil unge mennesker la seg trekke til tjenesten, og de vil lettere stole på personalet.

FASE 2 – ungdomsledede aktiviteter

Tilnærmingen fremhever hvor viktig det er å «gjøre noe sammen med», ikke «gjøre noe mot» unge mennesker. Aktivitetene innenfor en tjeneste er derfor utformet i samarbeid med ungdommene, og prosessen anses som like viktig som resultatet.

FASE 3 – «streetherapy» og psykologisk informerte omgivelser

Vi går dit ungdommene befinner seg, og plasserer basen for arbeidet i hjertet av lokalsamfunnene, der vi tilbyr fleksibel og responsiv «streetherapy», en form for «gateterapi» der personalet engasjerer seg i terapeutiske samtaler der hvor – og når – ungdommen føler at det er komfortabelt. Psykologiske metoder som ukentlige kasusformuleringsøkter i team er integrert i strukturen for å la psykisk helse og livskvalitet være sentralt i prosjektene.

FASE 4 – å bygge broer

Unge mennesker kan be om hjelp med mange forskjellige behov, alt fra støtte til bolig og søknader om velferdsgoder til hjelp med å søke arbeid. Personalet benytter seg av prosjektets samarbeidspartnere og relasjoner og bygger på den måten broer mellom ressurser, muligheter og ungdommene.

FASE 5 – å heie på endring

Unge mennesker uttrykker sin frustrasjon over den sosiale verdenen de lever i, og teamet anerkjenner at faktorer i samfunnet og den sosiale konteksten har en enorm innvirkning på unge menneskers psykiske helse. Personalet finner måter å samarbeide med ungdommene på for å skape sosial endring. Ungdom samarbeider ofte med personalet for å lære opp andre instanser når det gjelder hvilken effekt helsemessige og sosiale ulikheter har på livet deres.

Virkning og evaluering

MAC-UK har lykkes med å engasjere grupper av unge mennesker som tradisjonelt anses som «vanskelige å nå frem til», marginaliserte og involvert i lovbrudd eller i faresonen for å bli lovbrytere.

> De kom hit og dømte ingen, de spør ikke om bakgrunnen din eller ser på hvordan du ser ut eller kler deg, de kom med åpne armer og ga deg en ny start. De setter mennesker først, og de stiller alltid opp for oss, selv om vi gir dem bekymringer.

> [...] det gjør virkelig en forskjell ... Jeg var sikker på at jeg skulle bli satt inn [i fengsel], men [INTEGRATE-medarbeideren] kom dit og snakket om meg, og fortalte dem om målene mine og hva jeg prøvde å få til ... og han [dommeren] roste meg faktisk for å prøve å forandre meg ...

Omtrent en tredel av unge mennesker i som har deltatt i evalueringen, rapporterte om en psykisk helsetilstand som garantert ville ha berettiget henvisning til den psykiske helsetjenesten. Over tid var det en økning i ikke-patologiserende narrativer om psykisk helse, og stigmaet rundt dette temaet ble redusert.

> [...] det ville ha skremt vettet av meg [temaet psykisk helse] ... jeg ville ha løpt flere mil unna. Men nå vet jeg at mange mennesker kan bli skikkelig stressa ... det handler om å gjøre positive ting, sånn at du har god psykisk helse ...

MAC-UK er blitt eksternt evaluert av Centre for Mental Health, og denne forskningen pågår fortsatt.[39] Organisasjonen gjennomfører også interne gjennomganger og evalueringer. Ettersom den arbeider på flere nivåer og på tvers av flere sektorer, har den hatt innflytelse og ført til endring på mange områder, inkludert arbeid, utdanning, kriminalomsorg og policy og praksis i spesialisthelsetjeneste. Flere detaljer er tilgjengelig på MAC-UKs nettsider eller i Centre for Mental Healths informasjonsskriv (Durcan et al., 2017). Organisasjonen har vunnet mange priser, inkludert Times Charity of the Year 2011 og Positive Practice in Mental Health Criminal Justice Award i 2014.

Vårt ønske er at alle tjenestetilbydere skal integrere MAC-UKs tilnærming i sin kjernestruktur når det gjelder styreform, kultur og praksis. Tiden er inne for å gå modig inn i en ny æra preget av samskapte tjenester og psykologisk informerte miljøer som gjøres tilgjengelig på steder der ekskluderte grupper kan ha tilgang til dem, og gjennom mennesker de kan stole på.

Liz Greenaway, *psykologpraktikant*
Jade Templer, *klinisk psykologpraktikant*
Grace Clayton, *frivillig assistent*
Dr. Laura Casale, *klinisk samfunnspsykolog og klinisk leder, prosjektavdelingen*
Dr. Sally Zlotowitz, *klinisk samfunnpsykolog og klinisk leder, informasjonsavdelingen*

---

39   2018; Se https://www.centreformentalhealth.org.uk/sites/default/files/mac_uk_anniversary_evidence_summary_0.pdf (nedlastet 6. desember 2022, overs. anm.)

Videre lesning

http://www.mac-uk.org

Referanser

Bevington, D., Fuggle, P., Fonagy, P. et al. (2012). Adolescent Mentalization-Based Integrative Therapy (AMBIT): A new integrated approach to working with the most hard to reach adolescents with severe complex mental health needs. *Child and Adolescent Mental Health, 18*, 46–51.

Durcan, G., Zlotowitz, S. & Stubbs, J. (2017). *Meeting us where we're at: Learning from Integrate's work with excluded young people. Briefing paper.* Centre for Mental Health. Tilgjengelig via www.centreformentalhealth.org.uk/meeting-us-where-were-at

Youth Justice Working Group (2012). *Rules of engagement: Changing the heart of youth justice* [nettside]. Tilgjengelig fra www.centreforsocialjustice.org.uk/library/rules-engagement-changing-heart-youth-justice

Zlotowitz, S., Barker, C., Moloney, O. & Howard, C. (2016). Service users as the key to service change? The development of an innovative intervention for excluded young people. *Child and Adolescent Mental Health, 21*, 102–108.

Referanser

Andersen, T. (Red.) (1991). *The reflecting team: Dialogues and dialogues about the dialogues.* London: Norton. American Psychiatric Association (2013). *Diagnostic and statistical manual of mental disorders* (5. utg. *DSM-5*). Washington, DC: Author.

Arthur, E., Seymour, A., Dartnall, M. et al. (2013). *Trauma-informed practice guide.* British Colombia Centre of excellence for Women's Health. Tilgjengelig fra http://bccewh.bc.ca/wp-content/uploads/2012/05/2013_TIP-Guide.pdf

Barker, P. & Buchanan-Barker, P. (2005). *The Tidal Model: A guide for mental health professionals.* London, New York: Brunner-Routledge.

Blue Knot Foundation (2012). *Practice guidelines for treatment of complex trauma and trauma informed care and service delivery.* Author. Tilgjengelig fra https://www.blueknot.org.au/ABOUT-US/Our-Documents/Publications/Practice-Guidelines

Bracken, P. (2002). *Trauma: Culture, meaning and philosophy.* Chichester: John Wiley & Sons.

Burstow, B. (2003). Toward a radical understanding of trauma and trauma work. *Violence against Women, 9*(11), 1293–1317.

Burton, M. & Kagan, C. (2011). Towards a really social psychology: Liberation psychology beyond Latin America. I M. Montero & C.C. Sonn (Red.), *The psychology of liberation: Theory and applications* (s. 53–72). New York: Springer.

Butler, G. (1998). Clinical formulation. I A.S. Bellack & M. Hersen (Red.), *Comprehensive clinical psychology* (s. 1–23). Oxford: Pergamon.

Cassidy, J. & Shaver, P.R. (Red.) (2008). *Handbook of attachment: Theory, research and clinical applications.* New York, London: Guilford Press.

Clayton, S. & Hughes, G. (2016). The use of film and creative media to liberate young refugees and asylum- seeking people from disempowering identities: A dialogical approach. I T. Afuape & G. Hughes (Red.), *Liberation practices: Towards emotional wellbeing through dialogue* (s. 89–99). London, New York: Routledge.

Clements, J. (2005). *People with autism behaving badly: Helping people with ASD move on from behavioural and emotional challenges.* London: Jessica Kingsley Publishers.

Clemon, O. (2016). 'Holdin' on': Using music technology as a tool of cultural liberation with respect to performing masculinities at a young offenders' institution. I T. Afuape & G. Hughes, G. (Red.), *Liberation practices: Towards emotional wellbeing through dialogue* (s. 51–63). London, New York: Routledge.

Coleman, R. (2017). *The Ron Coleman story.* http://www.workingtorecovery.co.uk/ron-coleman/the-ron-coleman-story.aspx

Corrie, S. & Lane, D. (2010). *Constructing stories, telling tales: A guide to formulation in applied psychology.*

London: Karnac.

Courtois, C. & Ford, J. (2013). *Treatment of complex trauma: A sequenced, relationship-based approach.* New York: Guilford Press.

Craddock, N. & Mynors-Wallis, L. (2014). Psychiatric diagnosis: Impersonal, imperfect and important. *The British Journal of Psychiatry, 204*(2), 93–95.

Crittenden, P.M. (2002). Attachment, information processing, and psychiatric disorder. *World Psychiatry, 1*(2), 72–75.

Crittenden, P.M. (2005). Attachment theory, psychopathology, and psychotherapy: The Dynamic- Maturational Approach. *Psicoterapia, 30,* 171–182.

Crittenden, P.M. (2006). A dynamic-maturational model of attachment. *Australian Association of Family Therapy Volume, 27*(2), 105–115.

Crittenden, P.M. & Dallos, R. (2009). All in the family: Integrating attachment and family systems theories. *Clinical Child Psychology and Psychiatry, 14,* 389–409.

Cromby, J., Harper, D. & Reavey, P. (2013). *Psychology, mental health and distress.* Basingstoke: Palgrave Macmillan. Dallos, R. & Stedmon, J. (2014). Systemic formulation: Mapping the family dance. I L. Johnstone & R.

Dallos (Red.), *Formulation in psychology and psychotherapy: Making sense of people's problems* (s. 67–95). London: Routledge.

Davar, B. (2016). Alternatives or a way of life? In J. Russo & A. Sweeney (Red.), *Searching for a rose garden: Challenging psychiatry, fostering mad studies* (s. 14–19). Monmouth: PCCS Books.

Denborough, D. (2008). *Collective narrative practice: Responding to individuals, groups and communities who have experienced trauma.* Adelaide: Dulwich.

Dillon, J. & May, R. (2003). Reclaiming experience. *Openmind, 120,* 16–17.

Division of Clinical Psychology (2011). *Good practice guidelines on the use of psychological formulation.* Leicester: British Psychological Society.

Engle, R.L. & Davis, B.J. (1963). Medical diagnosis: Present, past, and future I. Present concepts of the meaning and limitations of medical diagnosis. *Archives of Internal Medicine, 112,* 108–115.

Freyd, J.J. & Birrell, P.J. (2013). *Blind to betrayal.* Hoboken, NJ: John Wiley & Sons.

Fricker, M. (2007). *Epistemic injustice: Power and the ethics of knowing.* Oxford: Oxford University Press. Frosh, S. (2007). Disintegrating qualitative research. *Theory & Psychology, 17*(5), 635–653.

Gilbert, P. (2007). *Psychotherapy for counselling and depression* (3. utg.). London: Sage. Goldstein, K. (1995). *The organism: A holistic approach to biology.* New York: Zone Books.

Grandin, T. (1984). My experiences as an autistic child and review of selected literature. *Journal of Orthomolecular Psychiatry, 13,* 144–174.

Grant, A. (2015). Demedicalising misery: Welcoming the human paradigm in mental health nurse education. *Nurse Education Today, 35,* 50–53.

Grant, A., Leigh-Pippard, H. & Short, N.P. (2015). Re-storying narrative identity: A dialogical study of mental health recovery and survival. *Journal of Psychiatric and Mental Health Nursing, 22,* 278–286.

Greenhalgh, T. & Hurwitz, M. (1999). Narrative based medicine: Why study narratives? *British Medical Journal, 318,* 48–50.

Haack, S. (1996). *Deviant logic, fuzzy logic: Beyond the formalism.* Chicago: The University of Chicago Press. Hagan, T. & Gregory, K. (2001). Groupwork with survivors of childhood sexual abuse. I P. Pollock (Red.), *Cognitive analytic therapy for adult survivors of sexual abuse* (s. 190–205). Chichester: Wiley.

Hagan, T. & Smail, D. (1997a). Power-mapping 1. Background and basic methodology. *Journal of Community and Applied Social Psychology, 7,* 257–267.

Hagan, T. & Smail, D. (1997b). Power-mapping II. Practical application: The example of child sexual abuse. *Journal of Community and Applied Social Psychology, 7,* 269–284.

Harper, D. & Moss, D. (2003). A different kind of chemistry? Reformulating 'formulation'. *Clinical Psychology, 25,* 6–10.

Harper, D. & Spellman, D. (2013). Formulation and narrative therapy: Telling a different story. I L. Johnstone & R. Dallos (Red.), *Formulation in psychology and psychotherapy: Making sense of people's problems* (2. utg.), pp.96–120. London, New York: Routledge.

Hawtin, S. & Moore, J. (1998). Empowerment or collusion? The social context of person- centred therapy. I E. Lambers & B. Thorne (Red.), *Person-centred therapy: A European perspective.* London: Sage.

Herman, J.L. (2001). *Trauma and recovery: The aftermath of violence - from domestic abuse to political terror.* New York: Basic Books.

Jankovic, J., Bremner, S., Bogie, M. et al. (2012). Trauma and suicidality in war affected communities. *European Psychiatry, 28,* 514–520.

Jetten, J., Haslam, C. & Haslam, S.A. (Red.) (2012). *The social cure: Identity, health and well-being.* New York and Hove: Psychology Press.

Johnstone, L. (2013). Controversies and debates about formulation. I L. Johnstone, L. & R. Dallos (Red.) *Formulation in psychology and psychotherapy: Making sense of people's problems* (2. utg.), pp.260–289. London, New York: Routledge.

Kerr, L. K. (2022). *Trauma's labyrinth. Reflections of a wounded healer.* San Francisco 2022. LK Kerr Books. https://laurakkerr.com/

Kuyken, W. (2006). Evidence-based case formulation: Is the emperor clothed? In N. Tarrier (Red.) *Case formulation in cognitive behaviour therapy: The treatment of challenging and complex cases,* pp.12–35. London, New York: Routledge.

LeDoux, J. E. (1999). *The emotional brain.* London: Phoenix.

Lee, D. & James, S. (2012). *The compassionate mind approach to recovery from trauma.* London: Robinson.

Leeming, D., Boyle, M. & MacDonald, J. (2009). Accounting for psychological problems: How user-friendly are psychosocial formulations? *Clinical Psychology Forum, 200,* 12–17.

LeFrancois, B.A. (2016). Foreword. I J. Russo & A. Sweeney (Red.), *Searching for a rose garden: Challenging psychiatry, fostering mad studies* (s. v–vii.) Monmouth: PCCS Books.

Longden, E. (2013). *Learning from the voices in my head* (TED Books, Bok 39). TED Conferences.

Maercker, A., Brewin, C.R., Bryant, R.A. et al. (2013). Diagnosis and classification of disorders specifically associated with stress: Proposals for *ICD-11. World Psychiatry, 12*(3), 198–206.

McClelland, L. (2014). Reformulating the impact of social inequalities. I L. Johnstone & R. Dallos (Red.), *Formulation in psychology and psychotherapy: Making sense of people's problems* (s. 121–144.) London, New York: Routledge.

McInnis, E.E. (2017). Black psychology: A paradigm for a less oppressive clinical psychology? *Clinical Psychology Forum, 299,* 3–8.

Mead, S. & Filson, B. (2016). Becoming part of each other's narratives: Intentional Peer Support. I J. Russo & A. Sweeney (Red.), *Searching for a rose garden: Challenging psychiatry, fostering mad studies* (s. 109–117.) Monmouth: PCCS Books.

Meichenbaum, D. (1993). Changing conceptions of cognitive behavior modification: Retrospect and prospect. *Journal of Consulting and Clinical Psychology, 61*(2), 202–204.

Ncube-Millo, N. & Denborough, D. (2007). *Tree of life – mainstreaming psychosocial care and support: A manual for facilitators.* Randburg: REPSSI.

Nelson, G. & Prilleltensky, I. (2010). *Community psychology: In pursuit of liberation and well-being.* Basingstoke: Palgrave Macmillan.

Orford, J. (2008). *Community psychology: Challenges, controversies and emerging consensus.* Chichester: Wiley. Otto, H. & Keller, H. (2014). *Different faces of attachment: Cultural variations on a universal theme.* Cambridge: Cambridge University Press.

Panksepp, J. (1998). *Affective neuroscience.* Oxford: Oxford University Press.

Pinderhughes, H., Davis R. & Williams M. (2015). *Adverse community experiences and resilience: A framework for addressing and preventing community trauma.* Oakland, CA: Prevention Institute.

Redhead, S., Johnstone, L. & Nightingale, J. (2015). Clients' experiences of formulation in cognitive behaviour therapy. *Psychology and Psychotherapy: Theory, Research and Practice, 88*(4), 453–467.

Romme. M. & Escher, S. (2000). *Making sense of voices: A guide for mental health professionals.* London: Mind Publications.

Romme, M., Escher, S., Dillon, J. et al. (2009). *Living with voices: 50 stories of recovery.* Ross on Wye: PCCS Books. Rosenberg, C.E. (2002). *The tyranny of diagnosis: Specific entities and individual experience.* The Milbank Quarterly, 80, 237–260.

Rosen, C., Jones, N., Longden, E. et al. (2017). Exploring the intersections of trauma, structural adversity, and psychosis among a primarily African-American sample: A mixed-methods analysis. *Frontier Psychiatry 8*(57). doi:10.3389/fpsyt.2017.00057

Russo, J. (2016). Towards our own framework, or reclaiming madness, Part two. I J. Russo & A. Sweeney (Red.), *Searching for a rose garden: Challenging psychiatry, fostering mad studies* (s. 59–68.) Monmouth: PCCS Books.

Sackett, D. (2002). *Evidence-based medicine: How to practise and teach evidence-based medicine* (2. utg.). London: Churchill Livingstone.

Schafer, R. (1980). Narration in the psychoanalytic dialogue. *Critical Inquiry, 7*(1), 29–53. Schon D.A. (1987). *Educating the reflective practitioner.* San Francisco: Jossey-Bass.

Seikkula, J. & Arnkil, T.E. (2006). *Dialogical meetings in social networks.* London: Karnac.

Shevlin, M., McAnee, G., Bentall, R. & Murphy, J. (2015). Specificity of association between adversities and the occurrence and co-occurrence of paranoia and hallucinations: Evaluating the stability of childhood risk in an adverse adult environment. *Psychosis, 7*(3), 206–216.

Skills for Health, Health Education England and Skills for Care (2016). *Mental Health Core Skills Education and Training Framework.* Bristol: Author.

Skultans, V. (2003). From damaged nerves to masked depression: Inevitability and hope in Latvian psychiatric narratives. *Social Science and Medicine, 56*(12), 2421–2431.

Somasundaram, D. & Sivayokan, S. (2013). Rebuilding community resilience in a post-war context: Developing insight and recommendations – a qualitative study in Northern Sri Lanka. *International Journal of Mental Health Systems, 7*(3). doi:10.1186/1752-4458-7-3

Speed, B. (1999). Individuals in context and contexts in individuals. *Australian and New Zealand Journal of Family Therapy, 20,* 131–138.

Spence, D.P. (1982). *Narrative truth and historical truth: Meaning and interpretation in psychoanalysis.* London: Norton.

Steel, Z., Chey, T., Silove, D. et al. (2009). Association of torture and other potentially traumatic events with mental health outcomes among populations exposed to mass conflict and displacement: A systematic review and meta-analysis. *Journal of the American Medical Association, 302*(5), 537–549.

Sweeney, S., Clement, S., Filson, B. & Kennedy, A. (2016). Trauma-informed mental healthcare in the UK: What is it and how can we further its development? *Mental Health Review Journal, 21*(3), 174–192.

Thomas, P. & Longden, E. (2013). Madness, childhood adversity and narrative psychiatry: Caring and the moral imagination. *Medical Humanities, 39*(2), 119–125.

Ulster University (2015). *Towards a better future: The trans-generational impact of the Troubles on mental health. Commission for Victims and Survivors.* Ulster: Author. Tilgjengelig fra https://www.cvsni.org/wp-content/uploads/2022/11/2015-Research-Towards-A-Better-Future-The-Trans-generational-Impact-of-the-Troubles-on-Mental-Health.pdf

United Nations Human Rights Commission (2017). *Report of the Special Rapporteur on the right of everyone to the enjoyment of the highest attainable standard of physical and mental health.* New York: United Nations General Assembly.

van der Kolk, B. (2014). *The body keeps the score: Brain, mind, and body in the healing of trauma.* New York: Viking. Waddingham, R. (2013). *Symptom or experience: Does language matter?* Tilgjengelig fra www.madinamerica.com/2013/08/does-language-matter

White, M. (2000). Reflecting teamwork as definitional ceremony revisited. I M. White (Red.), *Reflections on narrative practice: Essays and Interviews* (s. 59–88.) Adelaide: Dulwich Centre Publications.

Wylie, M. S. (2010). The long shadow of trauma: Childhood abuse may be our number one public health issue. *Psychotherapy Networker, March/April.* Tilgjengelig fra https://www.psychotherapynetworker.org/article/long-shadow-trauma

www.ingramcontent.com/pod-product-compliance
Lightning Source LLC
Chambersburg PA
CBHW080845270326
41930CB00013B/3007